非洲区域国别学丛书　　总主编　刘鸿武

非洲区域国别学教材系列　主　编　徐　薇

浙江省优秀研究生课程"中非人文交流"配套教材

中非人文交流简论

王　珩　编著

ZHEJIANG UNIVERSITY PRESS
浙江大学出版社

·杭州·

研究阐释党的十九届五中全会精神国家社科基金重大项目"'五位一体'构建中非命运共同体的战略路径探索与实践创新研究"阶段性成果

代 序

中非人文交流推动中非合作行稳致远

刘鸿武

人文交流是新时期中非关系的新动力、新方向，有助于中非合作行稳致远。习近平同志高度重视人文交流在中非关系中的基础性地位与战略性意义，在多个场合就推进中非人文交流作出过重要而明确的指示。人文交流因惠及民间、扎根人心，对未来中非关系的稳定发展，更具有基础性、长远性作用。推进中非人文交流是一项系统工程，需要战略引领、政策支持、理论支撑、实践操作各方面的通力配合，而深入把握中非文明文化的特质，提升学术理论研究水平则是重要前提与基础性工作。

一、中非人文交流的理论意义与战略价值

文明与文化的价值与意义，对世界上任何一个国家或民族都是不言而喻的。文明与文化是一个国家或民族在其漫长历史进程中积淀下来的价值理念、精神遗产与知识体系，承载着各民族的心灵生命及其延续发展的精神根基。国家之为国家，民族之为民族，不仅是因其有疆域国土需守护开发，更因其有文化历史需传承光大。经久流传的文化传统与文明精神，因保留了国家与民族的古老情感与遥远记忆，而得以让每个国家和民族虽历无数风雨而能命

脉不断，经重重磨难而可复兴再生。[1]

人类文化或人类文明，因其有地域之属性、民族之精神而有明显差异与个性。唯因存在差异性，也就有了各国各民族进行文化交流与文明互鉴的必要与可能。通过与他族他国的接触与交流，人类方得在"我与他"的关系对比中发现自我、认知他者，并由此汲取他者文化文明的精华，丰富自身的文化与文明。因而，历史纵向上的传承光大、地域横向上的吸收扩散，构成了古往今来人类文化或文明演进的基本形态。可以说，文化文明既是人类相异相别的原因，也是人类相通相连的基础。[2]

在人类文明与文化的漫长演进过程中，中国与非洲因在地理上天各一方，历史上形成的文明与文化既有相同之处，亦有巨大差异。中华文明与非洲文明都曾长期走在世界文明前列，皆以自己的方式创造过特定时空内的区域文明，产生过各有特色的知识体系与思想智慧，并在许多时候与许多领域影响过人类文明的发展进程与演进走向。因地理上相距遥远，中华文明与非洲文明直接交往与相互认知并不容易，较之世界其他文明间的交往历程，中非文明交往的发生发展相对晚近，但从世界文明史的角度上看，整体形态与精神气质具有巨大差异的中非两大区域性文明，一旦相遇并开启跨越大洋的对话交流，必然会带来特殊成果，引发深远影响。

回顾世界文明、文化的交往史，古代中非间的往来也曾一度繁荣。10—16世纪，阿拉伯世界兴盛并与东亚中华文明相遇后，形成了一个"环西北印度洋商贸文化圈"，传承了古代中华文明、印度文明、波斯文明、阿拉伯文明、东非阿克苏姆文明、斯瓦希里文明的众多国家与民族等，都不同程度地参与其中。

事实上，中非人文交流早在唐宋时期已出现，元明后达相当规模。14世纪元代航海家汪大渊抵达东非桑给巴尔岛[3]，北非摩洛哥旅行家伊本·白图泰到中国游历考察[4]。15世纪初，明代航海家郑和率庞大船队七下西洋，四次抵

---

① 刘鸿武. 非洲文化与当代发展. 北京：人民出版社，2014：2.
② 刘鸿武. 人文学散论. 北京：人民出版社，2019：134.
③ 汪大渊. 岛夷志略校释. 北京：中华书局，1981：358.
④ 白图泰. 伊本·白图泰游记. 马金鹏，译. 银川：宁夏人民出版社，2000：539-559.

达东非沿海，至今桑给巴尔王宫仍藏有郑和远航图。^①东非斯瓦希里海岸因保留众多中国瓷器而被称为"瓷器海岸"。明代彩绘世界地图《大明混一图》已对非洲做出绘制。^②可见，中非在交往的早期就将彼此纳入各自的域外知识体系，尝试建构关于人类世界的真实图景，这在世界文明交往史上具有重要意义。

近代以来，随着西方列强兴起并在全球殖民扩张，中非间直接的人文往来逐渐沉寂，在被迫卷入西方主导下的世界体系后，双方有过一些间接交往。进入20世纪后，中国与非洲面对西方的压迫，发现了双方具有相似的身份与时代角色，怀有共同的奋斗目标与发展主题，即反抗殖民压迫、实现民族独立、建构新兴国家、复兴传统文明、推进国家建设等。这些历史使命赋予中国与非洲相近的现代政治属性，从而跨越原有文明形态差异而建立一种现代意义的文明交往关系，使人类现代文明发展的总体格局发生意义深远的改变。百年来，中非双方的人民在承受现代变革压力的同时，也在努力通过复兴传统文化，加强交流互鉴，探索自身现代发展，而逐渐参与全球现代文明的塑造过程，开拓出人类现代性的新内涵与外延。^③

今天，中非探寻各自文明复兴与合作的持续努力，也在推进世界文明交往的基本格局与国家关系基本形态从"单向度的""中心支配边缘的"不平等的世界文明体系，逐渐转向"多向度的""网状平等的"多元文明平等交往、合作发展的新世界体系。今天，世界历史的变革动力日益来自人口众多、地域更为广阔、文化更为多样的非西方世界，这是今天我们推进中非人文交流的开阔世界背景与时代基础。

习近平主席指出，"历史发展、文明繁盛、人类进步，从来离不开思想引领"^④。从开阔的世界历史发展与人类文明进步的角度观察，我们可以看到，中

---

① 刘鸿武. 蔚蓝色的非洲：东非斯瓦希里文化研究. 昆明：云南大学出版社，2008：10.
② 刘若芳，汪前进.《大明混一图》绘制时间再探讨//中国明史学会. 明史研究（第10辑）. 合肥：黄山书社，2007：329.
③ 刘鸿武. 西方政治经济理论反思与"亚非知识"话语权重建. 西亚非洲，2011(1)：12.
④ 习近平. 为建设更加美好的地球家园贡献智慧和力量——在中法全球治理论坛闭幕式上的讲话. (2019-03-26)[2020-02-03]. http://www.gov.cn/xinwen/2019-03/26/content_5377046. htm.

非人文交流的意义是寓于世界文明发展史之中的。它不仅将促进中非文明复兴，加强中非合作发展，还将从思想源头上推进中非人民更积极主动而自信地参与人类现代性的二次建构，诠释人类现代性发展的文明史意义，丰富人类现代文明的结构与基础。

进入21世纪，随着中非合作论坛的成立，中非文明交往进入新时期，中非发展合作的内容快速扩展、影响日益扩大、前景更趋广阔，双方致力于建立政治上平等互信、经济上合作共赢、文化上交流互鉴的新型战略伙伴关系。[①]中非人文交流由此提升至新的战略高度，其广度与深度均以前所未有的速度向前发展，为中非合作与世界文明发展注入新的动力。

今天，中非合作关系包含政治互信、经贸往来与人文交流三个方面。对这三者的关系，多年前笔者就曾以"鱼塘论"喻之。[②]形象地说，政治互信如池塘，经贸往来如池中之鱼，人文交流就如池中之水。若无稳固池塘，若无源头活水，鱼就长不好、长不大。池中之水虽不能卖钱，却是滋养鱼长大之关键。可见，只有政治、经济、人文形成相互支撑之势，中非合作关系才能在稳固基础之上实现可持续发展，而人文交流因惠及民间、扎根人心，对未来中非关系的稳定发展更具有基础性、长远性作用，具有无可替代的战略价值，在未来中非交流过程中更应该给予特殊的重视与推进。

二、中非人文交流的时代精神与方向路径

开放与包容是世界各国各民族的文化文明相处之道，也是繁荣进步之道。习近平主席曾指出，"中华文明是在同其他文明不断交流互鉴中形成的开放体系"[③]。历史上，中华文明就广泛吸纳世界各国、各族的优长，形成了博大精深的文化。在中华民族过去百年的复兴发展进程中，中华文明更充分发挥了善于吸收外部世界先进文化的传统优势，在许多领域主动汲取外部世界的先进知识与思想，获得了经济社会的快速发展。

---

① 中国对非洲政策文件. (2006-01-06)[2020-02-03]. http://www.gov.cn/gongbao/content/2006/content_212161.htm.

② 刘鸿武. 非洲文化与当代发展. 北京：人民出版社，2014：326.

③ 习近平. 深化文明交流互鉴　共建亚洲命运共同体——在亚洲文明对话大会开幕式上的主旨演讲. 人民日报，2019-05-16(2).

从全球比较的视野上看，中国经济已经高速发展40多年，未来一二十年，中国还将继续保持较高的经济增长速度并进入高质量发展的新时期。中国经济规模的巨大变化与科技力量的明显提升，毫无疑问将对全球既存的政治经济格局产生重大影响。事实上，当今中国的经济社会生活已高度融合于外部世界，这使得今日中国比历史上任何时候都更深刻地与外部世界形成复杂的互动关系结构，在此背景下，更高层面与更复杂领域的观念与文化、思想与知识的内外互动交流也将日益频繁、紧密和重要。

当前，中国处于近代以来最好的发展时期，世界处于百年未有的大变局，两者同步交织、相互激荡。①时代的变革要求当代的思想与知识精英们创新性地重新思考中国与外部世界的相互关系，思考中华文明如何在往昔基础上开创新的发展前景并进而影响外部世界的未来发展。在这一时代背景下，中非双方努力以文明和文化的力量，突破现有国际环境的时空限制，在全球范围内打开文明交往的新局面，将为中非双方开辟更广阔的外部发展空间，这不仅能推进中非双方现实发展合作，也将带动发展中国家的发展进程，为整个世界带来新的发展机遇、发展资源、发展平台与发展空间。

总体来看，在新的时代条件下推进中非人文交流应该牢牢把握正确的方向。

第一，推进中非人文交流，应着眼于创造中非发展合作所需的人文环境与社会基础，为当代中国构建更具政治合法性、道德感召力与文化魅力的"国家身份"与"国家形象"提供特殊的国际舞台。当今各国在应对共同挑战的过程中，既需要经济科技力量，也需要文化文明力量。②通过由中非文明内核驱动的中非人文交流，中国可以在一个足够宽广的、能持久产生全球效应的国际活动平台上，更主动地树立一个文明、负责的大国积极形象，以此缓和由全球复杂利益与发展变化引起的外部压力与冲突。

第二，推进中非人文交流，应有助于推进当代中华文明的世界化进程，

---

① 习近平在中央外事工作会议上强调：坚持以新时代中国特色社会主义外交思想为指导努力开创中国特色大国外交新局面. 人民日报，2018-06-24(1).

② 习近平. 深化文明交流互鉴　共建亚洲命运共同体——在亚洲文明对话大会开幕式上的主旨演讲. 人民日报，2019-05-16(2).

使中华民族在新时期形成更开阔的全球视野、更包容的文明胸襟、更多元的文化欣赏力。今日的中国已是"世界之中国","未来之中国，必将以更加开放的姿态拥抱世界、以更有活力的文明成就贡献世界"。①历史上，南亚印度文明、中东阿拉伯文明和欧洲西方文明，先后进入中国并对中华文明之进程与结构产生了影响，今天非洲文明与中华文明的交流也必将写下重彩篇章。中非人文交流，可使当代中国人观察到非洲文化艺术的天然品质与本真美感，形成更全面的世界文明眼光、更均衡的全球文化视野，培养对人类多元文化的普遍关爱。

第三，推进中非人文交流，应努力激发当代非洲知识精英群体的民族理想与文化情感，使其重新审视非洲与中国、非洲与西方、非洲与世界的关系，对当代非洲发展问题与非洲发展道路选择问题等做出独立思考与自主判断。当代非洲知识精英群体大多接受过比较多的西方教育，对当代非洲问题的看法也深受西方主流观念影响。②加强与中国在发展减贫、治国理政等人文领域的交流，能促进其反思西方主流理论，探索非洲本土文化与知识传统在全球化背景下的变迁、转化和提升，获得非洲发展与现代化的内源性动力与积极力量。

第四，推进中非人文交流，应努力增强中非人民的文化自信与知识自立意识，促进中非双方平等地双向建构共通共享的现代知识体系。习近平同志指出，"文化自信是更基础、更广泛、更深厚的自信，是更基本、更深沉、更持久的力量"③。人文交流的影响不仅仅局限于精神文化领域，它将带动政治、经济等其他领域的一系列发展变化。了解和认知对方文化的过程，将会带动学术、智库、媒体各界在内的文化交流与合作发展，推动中非经贸合作向更利于民生改善的新领域发展，有助于双方从文明演进的角度来理解对方的发展道路选择，并据此更好地制定符合双方真实发展需要的中非合作战略。

---

① 习近平. 深化文明交流互鉴 共建亚洲命运共同体——在亚洲文明对话大会开幕式上的主旨演讲. 人民日报, 2019-05-16(2).

② 刘鸿武. 凤凰浴火涅槃新生——丹比萨·莫约的《援助的死亡》述评. 西亚非洲, 2011(7): 141.

③ 习近平在全国宣传思想工作会议上强调: 举旗帜聚民心育新人兴文化展形象 更好完成新形势下宣传思想工作使命任务. 人民日报, 2018-08-23(1).

今天，中非合作已经成为中国推进全球新型合作体系与人类命运共同体构建的特殊观察窗口与最佳实验平台。[①]习近平主席在中非合作论坛北京峰会上，从责任共担、合作共赢、幸福共享、文化共兴、安全共筑、和谐共生六个方面，提出了共筑更加紧密的中非命运共同体重大理念[②]，为中非命运共同体增添了时代内涵，也为构建人类命运共同体指明了方向。

三、中非人文交流的实践要求与行动本质

习近平总书记反复强调，"大道至简，实干为要"，"要做起而行之的行动者，不做坐而论道的清谈客"。[③]人文交流之本质，就在于实践与行动。从字面上看，所谓人者，仁也、仁者爱人；文者，纹也、纹采斑斓；交者，交也、交汇融通；流者，流也、流动往来。[④]通俗地讲，人文交流就是要交起来、流起来、动起来，就是要通过丰富多彩的人文交往实践，在具体的、感性的、亲民的、优美的文化、艺术、音乐、体育、诗歌、舞蹈、绘画等具象而美好的活动中，感染天人人心，推进民心相通，从而推进人类间的平等往来、互学互鉴、美美与共。

就此而言，今日中国学术界研究与推进中非人文交流，须知其层次丰富、领域广阔、形式多样，不能仅停留在理论研究层面，更重要的是知行合一，将理念付诸实践、将无形付诸有形。可以说，推进中非人文交流的要义是中非人民间日益紧密的合作行动与交流实践。与非洲人民交流，感受非洲文化的魅力，如习近平主席所说，"最直接的方法莫过于走入不同文明，发现别人的优长，启发自己的思维"[⑤]。

研究非洲文明与中非人文交流，尤其应当如此。研究者只有走入非洲，置身于非洲文化场景与生活环境，并实质性地参与中非人文交流的具体活动，

---

① 刘鸿武，林晨. 中非关系70年与中国外交的成长. 西亚非洲，2019(4)：51.
② 习近平. 携手共命运　同心促发展——在2018年中非合作论坛北京峰会开幕式上的主旨讲话. 人民日报，2018-09-04(2).
③ 杜尚泽，张晓松. 始终牢记党的初心和使命——记习近平总书记在内蒙古考察并指导开展"不忘初心、牢记使命"主题教育. 人民日报，2019-07-18(1).
④ 刘鸿武. 人文学散论. 北京：人民出版社，2019：76.
⑤ 习近平. 深化文明交流互鉴　共建亚洲命运共同体——在亚洲文明对话大会开幕式上的主旨演讲. 人民日报，2019-05-16(2).

才能真切感受和理解非洲文化的个性特征，这样的理论研究才是接地气、通民情、可资政的。虽然深入非洲大陆、领略其文明、学习其文化殊为不易，但舍此别无捷径。因此，人文交流研究是一门行走的学问，研究者只有长期行走非洲、扎根非洲、观察非洲，才能做好中非人文交流研究。[①] 习近平总书记在敦煌研究院座谈时提到，"敦煌文物保护和敦煌学研究博大精深，需要毕生精力才能见成效、出成果。择一事、终一生。希望大家把研究保护工作当作终身事业和无悔追求"[②]。从事非洲研究，推动中非人文交流，也是如此：须怀揣温情，心怀敬意，点滴积累，持久努力。

我们说，构建人类命运共同体，需要通过平等对话、多元交流，汇通人类的知识、思想、文化，创造出超越个别区域、个别国家范畴的真正的人类共建、共通、共享的知识体系与文化体系。在这一宏大背景下，中非学术界应跟上时代节奏，创新学科建设，返本开新，立足中非，融通全球，双向建构"中国非洲学"与"非洲中国学"。[③] 我们认为，这两大学科的创新建构过程，孕育着人类知识与理论创新的巨大空间，包括当代国际关系理论和相关的人文社会科学理论。长期以来，中国高校人文社科领域的学科建设存在一些短板[④]，仍有巨大的拓展空间，当代中非学术界应当以建设"中国非洲学"与"非洲中国学"为契机，携手努力，有所作为，突破西方哲学社会科学的话语垄断，产生原创性理论与全球性思想，构建中非及全球共通共享的知识、话语、文化体系，从而以学术和思想助推中非发展共同体、利益共同体、命运共同体的建构。

---

① 钱穆. 中国历史研究法. 北京：生活·读书·新知三联书店，2005：1.
② 习近平. 在敦煌研究院座谈时的讲话. (2020-01-31)[2020-02-05]. http://www.gov.cn/xinwen/2020-01/31/content_5473371.htm.
③ 刘鸿武. 命运共同体视域下中非共享知识体系的建构. 西亚非洲，2018(5)：42.
④ 刘鸿武. 命运共同体视域下中非共享知识体系的建构. 西亚非洲，2018(5)：47-50.

前　言

　　时任国家副主席习近平出席2010年11月由浙江师范大学非洲研究院在南非主办的"纪念中非合作论坛成立十周年国际学术研讨会"时指出，"我们的非洲问题研究急需培养后备人才。我们国家应该加强在这方面的支持"①。然而，我国非洲区域国别学专业人才培养起步晚，面临无系统完整的课程教学体系、无学科学位点支撑、无专业师资的"三无"困境，远不能适应国家和区域发展的战略需求。国家对非战略需要相应的专门学科和人才来支撑，构建完整的涉非人才培养体系是极具重要性和紧迫性的战略任务。

　　本书系浙江省2021优秀研究生课程"中非人文交流"的配套教材，乃浙江师范大学非洲区域国别学系列教材的第一部作品。教材立足百年未有之大变局、中非合作70余年、中非合作论坛20年及后疫情时代等背景，紧扣"中非人文交流"核心主题，采用"历史与现实、区域与国别、整体与个案、定性与定量"相结合的方法，从理论与实践两个层面对其战略体系、理念内涵、建设路径、传播认同等内容开展探究，以期形成包括理论基础、战略理念、政策原则、内涵特质等在内的理论体系，包括机制范式、平台网络、建设路径、行动方案等在内的实践体系，尝试构建以习近平外交思想为指导、以"真实亲诚"为理念、以"思想共通、知识共享和文化共兴"为目标，以"面

---

① 王珩，张凯滨，陈明昆. 深度探索原创性"非洲学"人才培养机制. 中国教育报，2018-05-25(4).

向人民、面向中非、面向未来"为思路,突出重点群体和领域的全方位、深层次、多渠道的中非人文共同体,旨在促进民心相通,推动构建中非命运共同体,为人类命运共同体建设提供示范样板。

本教材旨在初步构建中非人文交流的理论体系,明晰理论框架,适合"非洲区域国别学""非洲学"专业研究生深入学习,同时也适合对国际关系、国际政治、中外人文交流感兴趣的其他硕士、博士研究生及本科生学习,对于强化、深化、细化浙江师范大学的非洲区域国别学特色学科建设、扩大推广应用范围并提升影响力大有裨益。通过对本教材的学习,学习者可以达到以下学习目标:(1)提升政治学、国际关系理论素养,培养全球视野,了解非洲情况,领悟中国特色;(2)掌握中非人文交流的内涵和外延,拓展全球视野;(3)通过对中非人文交流案例的学习,进一步强化对中非关系的理解;(4)树立并践行服务国家战略、服务地方发展、助力构建人类命运共同体的远大志向抱负。

在内容编排上,本教材梳理了中非人文交流的历史,分析了其发展现状,通过案例提炼介绍了中非人文交流的理论与实践,并结合中非关系发展对中非人文交流的未来发展做出了思考,提出了对策建议。教材第一章对中非人文交流的理论图谱与政策进行解读,从跨学科视角分析对比国际关系理论范式、外交理论范式、政治传播理论范式、文化理论范式等,从政策层面解读中国对非政策、中外人文交流文件中关于中非人文交流的逻辑理路。第二章分别从古代、近现代、当代三个时间维度讲述了中非人文交流的历史变迁,以期用历史实证说明中非人文交流之悠久。第三章分别从传统领域与新兴领域分析了中非人文交流的现状,并解读出中非交流合作在多个领域呈现出程度更深入、机制更成熟、领域更广泛、主体更多元等特点。第四章以中国—南非人文交流机制为例,探讨了该机制建立的基础与构架,对其现状、特点与成效进行了评估,对未来中非其他人文交流机制的建立提出了建议。第五至第十章分别从智库、教育、科技、体育、医卫、文艺、旅游、民间、减贫、青年等角度介绍了中非人文交流的现实困境与机遇,并总结了相应的经验,以期实现智慧启民、知识育民、科技惠民、文体亲民、发展为民的目标。第十一章展望了中非人文交流的未来发展趋势,提炼了"真实亲诚"的政策观、义利统一的价值观、合作共赢的发展观、命运共同体世界观等指导思想，并提出了中非人文交流的发展愿景。本教材还分别从主体、平台、队伍、国别、区域等角度选取了特色案例进行分析。教材内容多改编自编者及其团队发表在《人民日报》《光明日报》及学术期刊上的理论文章等成果，体现了学科的前沿性、理论的原创性，具有一定的教学参考和研究借鉴意义。

本课程的主讲团队来自浙江师范大学非洲研究院，这是2007年成立的国内规模最大、独立建制的非洲研究机构。非洲研究院10余年来积极致力于培养服务国家对非战略的"中国的非洲通"和"非洲的中国通"，即"非洲学"硕士、博士研究生和非洲高学历留学生、进修生，构建了原创性的中国特色"非洲学"学科体系和人才培养模式，建成了"多层次课程、多类型教学和多平台实践"三大体系协同创新的人才培养体系。培养的近200名研究生和3000余名各类涉非高学历人才就职于中国和非洲各国国家部委、智库、高校、企业等机构，扎实服务"一带一路"与中非战略合作，受到中国外交部、教育部等部委，以及非洲54国相关机构和国际社会的关注与认可，得到中央电视台、《人民日报》、《光明日报》、《中国教育报》、《埃及太阳报》、坦桑尼亚国家电视台等国内外主流媒体的关注报道。团队获首批全国高校黄大年式教师团队、浙江省高等教育教学成果奖一等奖、全球智库最佳区域研究中心等荣誉。2017年5月11日，在国务院新闻办"一带一路"沿线国家民心相通情况发布会上，教育部副部长田学军高度评价浙江师范大学对非人才培养工作，认为其极具代表性、示范性和推广性。

浙江师范大学非洲研究院院长刘鸿武和研究生院院长孙炳海担任本课程的课程指导。作为教育部长江学者特聘教授、浙江省特级专家，刘鸿武院长秉持非洲情怀，坚守教学一线，为国培养对非人才。对青年教师，他指方向、扶上马、送一程；对学生，他以渊博学识、高尚情操引导其成长成才。他培养的教师团队成果丰硕，获赞"国家信得过，部委离不开"；他培养的数百名博士、硕士、留学生，多数继续奋战在非洲研究与中非合作领域，逐渐成长为助推中非关系的中坚力量。30多年来，他的足迹遍布大半个非洲，深入丛林、乡村、田间，多次身染疟疾，依然无怨无悔，矢志为中非友好和对非人才培养奉献终身，获评中非友好贡献奖、浙江省"我最喜爱的高校优秀思政课老师"、浙江师范大学首届"我最喜爱的研究生导师"。

　　本教材主编为浙江师范大学非洲研究院非洲区域国别学院党委书记、副院长、博士生导师王珩教授，也是"中非人文交流"课程负责人，主讲中非人文交流的理论基础与内涵、历史变迁、回顾前瞻，中非智库、科技、文艺、青年等方面的交流与合作等主要内容。非洲研究院副院长、中国—南非人文交流研究中心执行主任徐薇研究员承担中国—南非高级别人文交流机制解读、中非减贫发展、健康卫生、旅游交流与合作等内容的讲授工作。尼日利亚研究中心副主任王严博士、非洲教育与中非教育合作研究中心副主任欧玉芳博士分别承担中非体育、教育交流与合作部分内容的讲授工作。团队成员初次编写教材，时间紧张，加之水平有限，经验不足，错误疏漏在所难免，敬请各位批评指正。

目 录
Contents

第一章

中非人文交流的理论图谱与政策解读 ————————•

人文交流作为一个重要的跨学科研究领域，其研究与发展建立在多学科理论的基础上，国际关系、教育学、传播学、公共关系、文化研究等构成了其核心理论支撑图谱。人文交流发挥影响力的机制是通过影响民众，进而推动国家形象建构和软实力提升。这一机制需要借助各种人文交流的媒介、路径，需要多元化行动主体和内容的支撑，其影响力的实现是在跨文化交流的语境和国际关系的大背景下展开的。

本章对人文交流的主要学科和基础理论进行分析，但人文交流的相关理论并不仅限于此。人文交流应借助其他成熟学科的理论来丰富和完善自身的理论体系。本章从跨学科视角分析对比国际关系理论范式、外交理论范式、政治传播理论范式、文化理论范式等，从政策层面解读中国对非政策、中外人文交流文件中关于中非人文交流的逻辑理路。

第一节　多学科理论基础

一、国际关系合作理论

人文交流的研究与实践，必须建立在对国际关系基本理论的基础理解之上，国际关系是人文交流研究的重要学科基础。目前从事人文交流领域研究

的学者主要来自国际关系学界。大量的人文交流研究也是在国际关系学相关
理论基础上展开的。相关研究基于现实主义、新自由制度主义和建构主义三
大主流理论分析框架，从自由主义的认识论出发，以现实主义所注重的国家
利益为最终目标，将建构主义强调的角色、身份和认同理念贯之于实践。

（一）现实主义、自由主义和建构主义理论

现代国际合作理论研究发轫于西方。现实主义认为，公共外交可通过对
国家施加影响从而改变外国公众舆论；自由主义理论认为，人文交流的主体
除国家外还包括非国家行为体；建构主义理论认为人文交流项目可作为国外
公众辩论的触发工具。[①]

现实主义认为，冲突是国际政治的根本特征，实力是关键因素，大国间
的实力分配是维持和平的根本机制。其外交理念的生成似乎只能是政府外交
和实力外交的逻辑，但还是为人文交流提供了一些依据。如经典现实主义者
摩根索认为，争取公众舆论的支持是人文交流的直接目标之一，"对于政府来
说，只引导本国的公众舆论支持及其外交政策是不够的，还必须赢得其他国
家的公众舆论对其国内外政策的支持"，"国家的权力不仅依赖于外交的技术
和武装力量的强大，而且依赖于它的政治哲学、政治机构和政治政策对其他
国家的吸引力"。[②]进攻性现实主义也肯定人文交流在国家权力中的重要性，
其代言人米尔斯海默就曾积极倡导美国在反恐战争中推行"赢得人心"的
战略。[③]

自由主义有几个核心假定，其中和人文交流直接相关的有两方面：一是
个人或者团体是最重要的国际国内政治行为体，个人行为与世界政治有直接
的关联；二是作为世界政治的基本行为体，国家是国内社会利益的集合体，
其政策与行为是由国内社会团体与个人的偏好累积而成。[④]延伸到外交领域，
自由主义认为，国家只是外交关系中的角色之一，个人和团体在国际事务中
的地位不容忽视；决定外交政策的首要因素是价值观念，而不是物质利益；

---

① Sevin, Efe. Pathways of Connection: An Analytical Approach to the Impacts of Pubic Diplomacy. *Public Relations Review*, 2015, 14(4): 567.

② 汉斯·摩根索. 国家间的政治. 北京：中国人民公安大学出版社，1990：230.

③ Mersheimer, John. Hearts and Minds. *National Interest*, 2002, 6 (9): 13-16.

④ Manning, David. *Liberalism*. New York: St. Martin's Press, 1976: 14-23.

一个国家不应该只关注国家权力问题，而应该重点关注经济福利、人权、价值观念等；针对国际社会存在的无政府状态和各种战争与冲突行为，它强调运用道德力量、舆论力量和价值观念的力量去克服。外交往往更加注重在民众中开展深入细致的工作，更加注重用充满情感的道义行动，赢得大众的支持，利用理性和良知来避免战争和冲突。因此，自由主义呼吁外交公开化，提倡民主外交和大众外交，建立新的制度和国际规范。其理念指引下的外交逻辑实际上是人文交流的行动逻辑，认为一个国家的外交行为应该尽可能透明，尽可能保证让广大的民众参与进来。

建构主义国际关系理论强调观念的作用，表现在反物质主义、反理性主义、反国际体系特征的恒定性三方面。从某种角度上可以说，人文交流是建构主义国际关系在外交领域的体现。首先，从目的看，人文交流是为了提升本国的国家形象，改善国外民众对本国的政治态度。马克斯·韦伯说，"直接影响人的行为的因素不是意念，而是物质和精神的利益。但是'观念'造就的'对世界的认识'却往往像扳道工一样起到确定方向的作用，使被利益驱动的行动沿着这个方向行进"[1]。人文交流的目的就是改变对象国公众的观念，从而改变对象国的利益方向。其次，从内容看，人文交流的主要内容是对外文化交流与信息传播，其主要形式是语言和信息。与传统的"权力政治"不同，人文交流注重的是"心灵政治"。再次，从过程看，人文交流的行为方式是间接的，采取的是"迂回"战术，以国内政治与国际政治之间理性与非理性交织互动的方式进行。某种程度上这与建构主义强调施动者和结构的互构是相同的。

总体观之，现实主义学派以权力视角解读国际关系，对国际合作普遍感到悲观；自由主义对国际合作持乐观态度；建构主义和英国学派也论述了国际合作问题，形成了各具特色的国际合作理论。这些国际合作理论被冠以"权力合作论"（霸权合作论）、"制度合作论"、"文化合作论"和"社会合作论"等名称，它们之间存在分歧。

客观而言，西方国际合作理论的研究存在以下问题：第一，西方国际合

---

① 罗伯特·杰维斯. 国际政治中的知觉与错误知觉. 秦业青，译. 北京：世界知识出版社，2003：36.

作理论的研究还是初步的，仍没有形成完整体系。第二，西方主要国际合作理论在本体论和方法论方面存在缺陷，带有明显的"西方中心主义"色彩。第三，西方国际合作理论不适用于中非合作关系。中国国际关系学界对国际合作理论的研究已经晚于西方同行，面对西方理论在中非关系上水土不服的现状更应加深研究与思考，创立具有中国特色的国际合作理论，为推动中非合作关系可持续发展提供理论支持和智力保障。

（二）软实力理论

美国哈佛大学肯尼迪政治学院前院长约瑟夫·奈在1990年出版的《注定领导世界——美国权力性质的变化》（*Bound to Lead: The Changing Nature of American Power*）一书中，首先提出"软实力"概念，这一概念原是指在国际关系中，一个国家所具有的除经济及军事外的第三方面实力，主要是文化、价值观、意识形态及民意等方面的影响力。后有学者把软实力引申应用于区域、企业、个人等，并分别形成区域软实力、企业软实力及个人软实力等。"软实力"最初提出时，就是定位于国家层面，是"一国通过吸引和说服别国服从你的目标从而使你得到自己想要的东西的能力"。软实力主要存在于三种资源中，即"文化（在能对他国产生吸引力的地方起作用）、政治价值观（当这个国家在国内外努力实践这些价值观时）及外交政策（当政策被认为合法且具有道德威信时）"[1]。

软实力通过吸引力而不是强制或劝说发挥作用。一国可以通过文化、意识形态以及制度本身的投射性使外部行为者产生学习和效仿的愿望，从而达到实现国家战略的目的；软实力反映了一国倡导和建立各种国际制度安排的能力；软实力具有认同性，既可以是对价值和体制的认同，也可以是对国际体系判断的认同，有助于一个国家获得国际上的合法性。[2]

2004年，约瑟夫·奈出版了《软实力：权力，从硬实力到软实力》，分析并强调了软实力在当今国际政治中的重要性，从文化、价值观、外交政策等

---

[1] Nye, Joseph. *Bound to Lead: The Changing Nature of American Power*. New York: Basic Books, 1990: 10.

[2] Nye, Joseph. *Bound to Lead: The Changing Nature of American Power*. New York: Basic Books, 1990: 10.

方面追溯了美国软实力的来源和构成，探讨了美国在人文交流中运用软实力的方式。①

在这里，软实力概念是政治学和社会学领域里实力概念的延伸，是相对于硬实力而言的。硬实力指的是硬性命令式权力，它来自一个国家的军事和经济实力，一般通过经济或军事等手段来引诱或威胁他人改变自己的意志或行为；而软实力是通过吸引力让他人自愿追求你所要的东西的能力，强调"要了解吸引力在何种条件下发挥作用"②的重要性。

美国学者尼古拉斯·欧维纳则认为："军事以外的影响力都是软实力，包括意识形态和政治价值的吸引力、文化感召力等。"③软实力的主要特征有三：一是软实力可以感知的潜在的隐性力量。这种力量具有很强的扩张性和传导性，可以超越时空，产生巨大的影响力。我们绝不可因为它的内在形式而忽视它的存在，也不能把软实力当作"软指标"而视其为可有可无。二是软实力不仅是一种终极竞争力，而且是核心竞争力。其产生的效力是缓慢的、长久的，而且更具有弥漫扩散性，更能决定长远的未来。三是软实力资源难以控制，需要长期的艰苦建设，且主要依靠自己独立建设，不可以模仿或依靠外援，也不可以通过交易的方式取得。软实力建设比硬实力更缓慢，因此，软实力的建设比硬实力的建设更艰难。

软实力依赖环境发挥作用，其使用具有局限性。首先，在全球化信息时代，非官方的软实力资源日趋重要，但许多关键的软实力资源并非掌握在政府手中，如电影公司、高校、基金会、教会以及其他非政府组织都能够开发出自己的软实力，这些软实力资源有可能强化官方的外交政策目标，也可能与之相左。其次，软实力更加依赖自发的解读者和接受者，其效果在很大程度上取决于受众的接受程度，因而更具多变性。再次，软实力通常具有扩散效应，产生的是一般性影响，而不是某种具体可见的行为效果。最后，软实力往往通过塑造政策环境间接地发挥作用，有时候要耗费数年时间才能获得

---

① 约瑟夫·奈. 软实力：权力，从硬实力到软实力. 马娟娟，译. 北京：中信出版社，2013：XV.
② 约瑟夫·奈. 软实力：权力，从硬实力到软实力. 马娟娟，译. 北京：中信出版社，2013：21.
③ 转引自：云博. 基于国家战略视角的软实力发展路径探索. (2020-08-22)[2020-12-19]. https://net.blogchina.com/blog/article/1116408.

预期效果，具有长期性。

因此，在全球一体化日趋明显的信息时代，国家软实力的作用比过去更加重要，可以巩固和扩大一个国家的国际影响力，有助于增强一个国家的外交政策在其他国家眼中的合理性和合法性。而人文交流的核心目标之一正是提升国家的软实力。

二、公共外交理论

近年来，很多西方学者探讨公共关系与人文交流的直接关系和融合性，并运用其核心理论分析研究人文交流。有学者指出，公共关系的理论也可以通过观察由政府力量整合的战略性公众的相互关系，促进国家发展。基于卓越公共关系理论的"对称性"，人文交流意味着传播中的政府和民众应该是开放的和可变化的，而这种变化是可以进一步加强各方的共同利益的。

（一）国家品牌理论与身份竞争力理论

人文交流的目的之一是构建良好的国家形象，提升国外受众对一国国家形象的认知度和好感度。在这个意义上，如何构建一个国家的品牌并对其进行有效的传播是人文交流的重要研究内容。1996年，英国的西蒙·安霍特最先提出"国家品牌化"这一概念，认为国家声誉具有与公司品牌形象类似的功能，对国家的发展和繁荣具有至关重要的作用。他在《身份竞争力：国家、城市和地区的新品牌管理》一书中阐释了身份竞争力理论，其核心思想为：国家声誉往往表现为刻板印象，这种印象无论好坏很少真正反映国家的现状。改变国家形象要从六方面开始，即旅游体验、出口产品与服务、对内对外政策制定、投资环境及对外来人才的吸引力、文化产品的交流与输出、从领袖明星到普通国民在国内外的言行。六方面必须协同建构有内在竞争力的国家身份才能帮助这个国家摆脱刻板印象。创建有竞争力的国家、地区和城市身份，80%依靠创新，15%依靠协调一致，5%依靠传播。国家需要制定身份战略并动员大量企业和机构致力于创造新事物，如新思想、新政策、新法律、新产品、新服务、新行业、新建筑、新艺术、新科学、新知识产权。当来自同一地方的创新事物积累到一定程度，足以吸引人们的注意力和广泛言论时，人们才会做好改变刻板成见的准备，这个地方的声誉才会开始改变。①

（二）卓越公共关系理论

人文交流追求的理想效果是传播主体与受众之间建立一种和谐、互信、共赢的关系，这与卓越公共关系的诉求完全一致。1992年，国际商业传播者协会资助格鲁尼格研究小组开展了一项名为"公共关系与沟通管理"的卓越公共关系研究，研究历时15年。1992年出版的《卓越公共关系与传播管理》标志着这一理论的提出。后续著作分别报告了用量化和质化方法进行实证研究的结果。其研究表明，公共关系可以在五个执行层面的维度协助组织的战略管理，并且有十大原则：（1）战略管理必须成为公共关系实践的核心；（2）必须将公共关系纳入组织的权力中心；（3）要整合公共关系的功能；（4）公共关系作为一种管理功能必须与其他管理职能进行区分，独立于组织的其他管理功能；（5）公共关系部门要由管理人员而不是技术人员来担任领导；（6）公共关系工作采用双向平衡的模式；（7）必须具备管理与对等沟通的知识；（8）组织内部必须实施对等沟通系统；（9）组织内部必须采用多元化的理念，尊重女性、少数民族及弱势族群；（10）组织必须恪守企业道德，并履行社会责任。

我国的对外人文交流是为了让世界了解真正的中国，化解中国和平发展的阻力。可以预见，所谓的"中国威胁论"会伴随中国发展的全过程，我们需要用摆事实、讲道理的方式表明中国的发展会给世界带来新机遇。

三、文化研究理论

在人文交流的具体实施中，文化是核心内容，因此，很多国家把人文交流等同于文化外交。人文交流作为一种作用于国际受众的外交与信息传播活动，需要克服诸多跨文化传播中面临的文化障碍。

（一）传播学理论

传播学研究的两大路向是经验学派和批判学派，后者包括传播政治经济学、文化研究与文化帝国主义。文化研究作为一个学科，发端于欧洲，从西

---

① Anholt, Simon. *Competitive Identity: The New Brand Management for Nations, Cities and Regions*. Basingstoke: Palgrave Macmillan, 2007.

方马克思主义的鼻祖卢卡奇的物化思想到法兰克福学派的批判理论，从法国结构主义的传媒符号分析到伯明翰大学的传媒文化解剖，从贝尔的资本主义文化矛盾到詹明信的资本主义文化逻辑等，这一研究领域十分广泛。[①]

（二）文化维度理论

古尔特·霍夫斯泰德认为，文化的层次关系像洋葱一样由多层次组成，每一层都影响着更高层次，价值观被认为是文化的核心部分，是早已在人们头脑中生根的不被意识到的假设、价值、信仰等，是行为规范的决定性因素。它们解释并直接影响人们的信仰、思想、观念、行动以及社会行为。文化维度理论把文化分解成易于辨识的要素特质，为人们提供了观察不同国家文化差异性的坐标系，使人们可以按照不同的文化维度来认识不同国家文化差异，处理文化冲突。[②]

塞缪尔·亨廷顿在《文化的重要作用——价值观如何影响人类进步》一书的前言中介绍，加纳和韩国在20世纪60年代的国民生产总值大致相等，经济构成类似。30年后，韩国成为工业巨人，名列世界第14位，加纳却没有发生同样的变化，人均国民生产总值仅相当于韩国的十四分之一。他认为，韩国与加纳发展快慢相差悬殊的重要原因是文化，韩国人珍视节俭、投资、勤奋、教育、组织和纪律，加纳人的价值观则有所不同。[③]曾任世界银行非洲顾问委员会委员、非洲研究、开发和管理协会创办人和会长的喀麦隆人埃通加-曼格尔认为，非洲需要一个文化调整计划，在教育、政治、经济和社会生活这四个方面进行和平的文化变革。[④]

（三）智库学理论

朱有志等的《智库学概论》提出要构建智库学，认为"智库学虽然是一门新兴学科，但一定会成为一门永远值得重视的新学科"，并乐观估计"不久的将来，就会有智库学的硕士点、博士点出现"。[⑤]智库学关注智库研究对

---

① 李彬. 传播学引论. 北京：新华出版社，2003：299.
② 古尔特·霍夫斯泰德. 文化与组织：心理软件的力量. 北京：中国人民大学出版社，2010.
③ 塞缪尔·亨廷顿. 文化的重要作用——价值观如何影响人类进步. 北京：新华出版社，2010：7.
④ 埃通加-曼格尔. 非洲需要一个文化调整计划吗？//塞缪尔·亨廷顿. 文化的重要作用——价值观如何影响人类进步. 北京：新华出版社，2010：120.
⑤ 朱有志，贺培育，刘助仁，等. 智库学概论. 北京：中央党校出版社，2015.

象与智库建设本身，是对智库运行机制、建设模式与发展规律等的学理探究，是对中国特色新型智库建设所做的实践思考、经验总结和理论升华。

智库间的交流已成为世界人文交流的新趋势，这种趋势大致包括两层含义：一是以智库为主体，即智库之间的国际交流；二是以外国智库为对象与目标的国际交流，包括本国政府官员到外国重要智库进行专题演讲，向外国智库派出访问学者等。[①]中国原驻法大使、外交学院原院长吴建民认为，智库在人文交流方面可以发挥四个方面的作用：一是出点子，智库要在中国和平发展的过程中，帮助国家去化解国际上的不同声音，打消国际社会对中国发展的疑虑。二是讲道理，智库要让人听得懂，喜欢听，能打动人。三是挑毛病，智库在向世界各国表达中国主张的过程中，也要反思中国本身实际存在的问题。智库作为一种新型的研究者，不要避讳讨论问题，应该积极客观地找出问题、解决问题，从而促进国家进步。四是重实践。智库研究者要积极践行研究成果。例如，在国际会议中传播自己的观点，通过与会者的反应检验自己的研究成果是否具有可行性，是否能够达到预期的效果。

四、"非洲学"理论

"非洲学"是一门专门以非洲大陆为研究对象、探究非洲文明历史进程及其当代政治经济与社会发展问题的综合性交叉学科。19世纪晚期以后，西方的非洲研究逐渐成为大学体系中一个相对独立的人文社科分支学科。第二次世界大战后，非洲研究活动由西方扩展到全球，成为国际性的学术领域。当代中国的非洲研究肇始并建基于20世纪中叶。新中国成立后与非洲交往的需要、中非交往合作快速发展的广泛知识需求推动了这一领域的研究。目前，中国非洲学建设发展的核心任务与基本路径，应该是在秉承中华学术传统的基础上，深入观察和综合把握当代中非发展合作的民族实践，形成可以说明、解释和指导这一民族实践的原创性理论体系与话语体系，并在学科建设的一些基础领域做出持续的努力，最终建立起具有中国学术品格而又融通中外的"中国非洲学"。刘鸿武对此有较为系统的论述，如《初论建构有特色之"中

---

① 李华.世界新公共外交模式与趋势.北京：时事出版社，2017.

国非洲学"》《在国际学术平台与思想高地上建构国家话语权——再论建构有
特色之"中国非洲学"的特殊时代意义》《非洲研究与中国学术"新边疆"》
《中非发展合作与历史理论创新》《中非发展合作与人类现代文明的再塑造》
《西方政治经济理论反思与"亚非知识"话语权重建》《"非洲学"的演进形态
及其中国路径》《推进有特色的中国非洲研究事业的发展——关于建构有特色
的中国非洲学的若干思考》等。本章第三节还将对这一理论加以论述。

第二节　多层面政策梳理

一、《中国对非洲政策文件》

2006年，中国政府首次发表《中国对非洲政策文件》。文件指出，中非友
谊源远流长，基础坚实。中非有着相似的历史遭遇，在争取民族解放的斗争
中始终相互同情、相互支持，结下了深厚的友谊。真诚友好、平等互利、团
结合作、共同发展是中非交往与合作的原则，也是中非关系长盛不衰的动力。
强调中非要在政治、经济以及教、科、文、卫和社会等领域开展合作。教、
科、文、卫和社会等领域主要包括人力资源开发和教育、科技、文化、医疗
卫生、新闻、行政、领事、民间交流、环保、减灾救灾和人道主义等十个
方面。①

2015年12月，中非合作论坛第二次峰会在南非举办，这是中非合作论坛
峰会首次在非洲大陆举办，对于加强中非团结、引领中非合作具有里程碑意
义。12月4日，中国政府在约翰内斯堡发表《中国对非洲政策文件》（以下简
称《政策文件》），旨在进一步明确中国致力于发展对非友好合作关系的坚定
决心和良好意愿，全面阐述新形势下中国对非洲政策的新理念、新主张、新
举措，以指导今后一段时期中非各领域的交流与合作。《政策文件》分建立和

---

① 《中国对非洲政策文件》（全文）. (2006-01-12)[2022-08-04]. http://www.gov.cn/zwjw/2006-
01/12/content_156498.htm.

发展中非全面战略合作伙伴关系，巩固和夯实中非命运共同体；坚持正确义利观，践行"真实亲诚"对非工作方针；推动中非合作全面发展；中非合作论坛机制建设及其后续行动；中国与非洲区域组织关系五个部分。《政策文件》指出，中非从来都是命运共同体，始终是风雨同舟的好朋友、休戚与共的好伙伴、肝胆相照的好兄弟。中非传统友好深得人心，已成为中非双方的宝贵财富。中非双方坚持真诚友好、平等相待，这是中非关系历久弥坚的精神内核。①

《政策文件》明确，要通过拓展文化、体育交流与合作，扩大旅游合作，扩大新闻和广播影视合作，鼓励学术和智库交流，增进民间交流等途径，进一步深化和扩大人文领域的交流与合作。

（一）拓展文化、体育交流与合作

保持文化高层交往势头，实施双边文化合作协定及其执行计划。鼓励并支持非洲国家开展汉语教学，继续在非洲国家增设孔子学院（现更名为中外语言交流合作中心），鼓励和支持中非互设文化中心。支持在中国和非洲举办"国家年"活动。丰富"中非文化聚焦""中非文化人士互访计划"和"中非文化合作伙伴计划"等活动的内容，提高文化交流实效，尊重彼此文化多样性，促进中非文化兼容并蓄、共同繁荣，增进双方人民彼此了解和友谊。推动双方文化机构和人员往来，加强人才培养和文化产业合作。根据突出重点、量力而行原则，加强与非洲国家的体育交流和务实合作，继续提供援助，支持非洲国家体育事业的发展。

（二）扩大旅游合作

继续为公民赴对方国家和地区旅游提供签证、服务等便利，支持对方在本国、本地区境内举办旅游推介活动，鼓励双方航空公司开辟更多中非间航线航班，扩大人员往来。中方欢迎具备条件的非洲国家提出成为中国公民出境旅游目的地的申请，并将予以积极考虑。支持双方企业在旅游基础设施建设等领域开展互利合作，改善和优化旅游环境。

---

① 中国对非洲政策文件. (2015-12-05)[2020-12-23]. http://www.gov.cn/xinwen/2015-12-05/content_5020197.htm.

（三）扩大新闻和广播影视合作

大力推动中非新闻媒体开展形式多样的交流与合作，积极为此创造条件并提供指导和便利。加强政府新闻主管部门对话与磋商，就深化新闻合作、加强网络空间管理、处理与媒体关系交流经验，优先支持非洲媒体加强能力建设。支持办好中非新闻交流中心，加大中国与非洲各自发展以及中非关系的信息传播力度，力求全面、客观报道，增进双方人民彼此了解和认知。鼓励中非媒体加强新闻研讨、人员培训、内容互换、联合采制和新媒体领域等合作。加强中非广播影视技术交流与产业合作，鼓励中非广播电视机构互联互通。继续支持非洲推进广播电视数字化，提供融资、技术支持和人才培训，鼓励中非企业开展合资合作。

（四）鼓励学术和智库交流

鼓励中非高校开展合作研究，壮大中非学术研究力量。积极实施"中非联合研究交流计划"和"中非智库10+10合作伙伴计划"。积极支持中非学术研究机构和智库开展课题研究、学术交流、研讨会、著作出版等多种形式的交流与合作，优先支持双方开展治国理政、发展道路、产能合作、文化与法律异同等促进中非友好合作的课题研究与成果分享。

（五）增进民间交流

继续加强中非民间交往，促进民意沟通，推动民生合作。落实《中非民间交流合作倡议书》，鼓励实施"中非民间友好行动"和"中非民间友好伙伴计划"等，支持民间组织和社会团体开展形式多样的友好交流和公益活动。

着力开展中非青年交流活动。推动双方政府青年事务部门和政党青年组织交往。积极开展双方社会各界青年杰出人才交流活动。鼓励和引导中国青年志愿者赴非洲国家服务，开展扶贫、支教等活动。

继续加强中非性别平等领域的交流与合作，进一步深化妇女机构和组织交往，加强妇女问题高层对话，保持在多边妇女事务上的良好协作，共同促进中非妇女事业发展。继续向非洲国家提供必要的妇幼领域援助，加强技能培训合作。

开展残疾人服务体系和社会保障政策等方面的交流。加强在康复、教育就业、社会保障、扶贫开发等领域合作。

加强中非工会组织之间的友好交流与合作。

同时，持续增加对非洲发展的援助，支持非洲加强公共卫生防控体系和能力建设，扩大教育和人力资源开发合作，分享和推广减贫经验，加强科技合作与知识共享，加强气候变化和环境保护协作等，加强中非发展合作。

二、中非合作论坛相关行动计划

为进一步加强中国与非洲国家在新形势下的友好合作，共同应对经济全球化挑战，谋求共同发展，在中非双方共同倡议下，中非合作论坛—北京2000年部长级会议于2000年10月10—12日在北京召开，中非合作论坛正式成立。其宗旨是：平等磋商、增进了解、扩大共识、加强友谊、促进合作。成员包括中国，以及与中国建交的53个非洲国家以及非洲联盟委员会。中非合作论坛后续机制建立在三个级别上：部长级会议每三年举行一届；高官级后续会议及为部长级会议做准备的高官预备会分别在部长级会议前一年及前数日各举行一次；非洲驻华使节与中方后续行动委员会秘书处每年至少举行两次会议。部长级会议及其高官会轮流在中国和非洲国家举行。中国和承办会议的非洲国家担任共同主席国，共同主持会议并牵头落实会议成果。部长级会议由外交部长和负责国际经济合作事务的部长参加，高官会由各国主管部门的司局级或相当级别的官员参加。除上述三个级别的机制性会议外，根据中非关系发展需要，中非双方将2006年11月在北京举行的论坛第三届部长级会议、2015年12月在约翰内斯堡举行的论坛第六届部长级会议和2018年9月在北京举行的论坛第七届部长级会议升格为峰会。[①]此外，随着中非合作不断拓展和深化，中非民间论坛、中非青年领导人论坛、中非部长级卫生合作发展研讨会、中非媒体合作论坛、中非减贫与发展会议、中非合作论坛—法律论坛、中非地方政府合作论坛、中非智库论坛、对非投资论坛等中非合作论坛分论坛陆续成立。

（一）《中非合作论坛—约翰内斯堡行动计划（2016—2018年）》

2015年12月3日至5日，中非合作论坛约翰内斯堡峰会暨第六届部长级

---

① 详见：中非合作论坛官网（http://www.focac.org/chn/ltjj/ltjz/）。

会议在南非约翰内斯堡召开，主题是"中非携手并进：合作共赢、共同发展"。本次峰会是首次在非洲大陆举行的中非峰会。中国国家主席习近平在峰会上全面阐述中国对非关系政策理念，宣布未来3年中国对非合作重大举措，提出把中非新型战略伙伴关系提升为全面战略合作伙伴关系。会议通过了《中非合作论坛约翰内斯堡峰会宣言》和《中非合作论坛—约翰内斯堡行动计划（2016—2018年）》，决心共同致力于做强和夯实政治上平等互信、经济上合作共赢、文明上交流互鉴、安全上守望相助、国际事务中团结协作"五大支柱"。

习近平主席在峰会开幕式上，发表题为《开启中非合作共赢、共同发展的新时代》的致辞，表示中方愿在未来3年内同非方重点实施"十大合作计划"，涉及工业化、农业现代化、基础设施、金融、绿色发展、贸易和投资便利化、减贫惠民、公共卫生、人文、和平与安全十个方面。在中非人文合作计划中，中方将为非洲援建5所文化中心，为非洲1万个村落实施收看卫星电视项目；为非洲提供2000个学历学位教育名额和3万个政府奖学金名额；每年组织200名非洲学者访华和500名非洲青年研修；每年培训1000名非洲新闻领域从业人员；支持开通更多中非直航航班，促进中非旅游合作。[①]

（二）《中非合作论坛—北京行动计划（2019—2021年）》

2018年9月4日，2018年中非合作论坛北京峰会举行，中国国家主席习近平出席开幕式并发表题为《携手共命运　同心促发展》的主旨讲话，强调中非要携起手来，共同打造责任共担、合作共赢、幸福共享、文化共兴、安全共筑、和谐共生的中非命运共同体，重点实施好产业促进、设施联通、贸易便利、绿色发展、能力建设、健康卫生、人文交流、和平安全"八大行动"。会议通过了《关于构建更加紧密的中非命运共同体的北京宣言》和《中非合作论坛—北京行动计划（2019—2021年）》。习近平指出，我们一致通过了峰会成果文件，为中非关系发展指明了方向，对未来3年和今后一段时间中非各领域务实合作进行了规划，展现了中非携手实施"八大行动"、推动中非合作

---

① 习近平在中非合作论坛约翰内斯堡峰会开幕式上的致辞. (2015-12-04)[2020-12-23]. http://www.xinhuanet.com/world/2015-12/04/c_1117363197.htm.

提质增效的坚定意愿，描绘了中非合作共赢、共同发展的新蓝图。①

该行动计划从文化、新闻与媒体、学者与智库、民间交往等方面对中非人文领域交流与合作进行了阐述，同时对社会发展领域合作进行了规划，主要包括发展合作、医疗与公共卫生、教育与人力资源开发、减贫经验交流、科技合作与知识共享、生态保护和应对气候变化、青年与妇女等方面。②

（三）《中非合作2035年愿景》和《中非合作论坛—达喀尔行动计划（2022—2024年）》

2021年11月29日至30日，中非合作论坛第八届部长级会议在塞内加尔首都达喀尔举行，习近平主席在会上发表题为《同舟共济，继往开来，携手构建新时代中非命运共同体》的主旨演讲。在此期间，中国与53个非洲国家和非洲联盟委员会代表团团长围绕"深化中非伙伴合作，促进可持续发展，构建新时代中非命运共同体"这一主题，致力于推进中非合作论坛建设，深化中非全面战略合作伙伴关系，经协商一致通过《中非合作论坛—达喀尔行动计划（2022—2024年）》，并提出中非双方将秉持真实亲诚理念和正确义利观以及有利与和谐原则，在合作中坚持真诚友好、平等相待，坚持发展为民、务实高效，坚持开放包容、兼收并蓄。③中国和非洲作为世界上最大的发展中国家和发展中国家最集中的大陆，将高举和平、发展、合作、共赢旗帜，坚定不移深化中非全面战略合作伙伴关系，实现中非务实合作高质量发展。综合考虑双方各自的发展历史、背景和特点，结合中国2035年远景目标、联合国2030年可持续发展议程、非盟《2063年议程》及非洲各国发展战略，中非双方共同制定《中非合作2035年愿景》，确立中长期合作方向和目标，推动构建更加紧密的中非命运共同体，共同开启全面合作新征程，实现中非发展共进；共同迈上务实合作新台阶，实现中非利益共融；共同构建转型增长新格

---

① 携手并进再出发，信号强烈. (2018-09-04)[2020-12-23]. https://baijiahao.baidu.com/s?id=1610714021173756041&wfr=spider&for=pc.

② 中非合作论坛—北京行动计划（2019—2021年）. (2018-09-05)[2020-12-25]. http://www.focac.org/chn/zywx/zywj/t1592247.htm.

③ 中非合作论坛—达喀尔行动计划（2022—2024年）. (2021-12-02)[2021-12-24]. https://www.fmprc.gov.cn/web/ziliao_674904/zt_674979/dnzt_674981/qtzt/kjgzbdfyyq_699171/202112/t20211202_10461174.shtml.

局，实现中非产业共促；共同打造绿色发展新模式，实现中非生态共建；共同提升民生福祉新水平，实现中非幸福共享；共同谱写人文交流新篇章，实现中非文化共兴；共同探索和平安全新路径，实现中非安全共筑。①

三、《关于加强和改进中外人文交流工作的若干意见》

2017年7月，中共中央总书记、国家主席、中央军委主席习近平主持中央全面深化改革领导小组会议，审议通过了《关于加强和改进中外人文交流工作的若干意见》（以下简称《意见》）。之后，中共中央办公厅、国务院办公厅印发了文件，并发出通知，要求各地区各部门结合实际认真贯彻落实。

《意见》指出，中外人文交流是党和国家对外工作的重要组成部分，是夯实中外关系社会民意基础、提高我国对外开放水平的重要途径。党的十八大以来，以习近平同志为核心的党中央高度重视人文交流工作，中外人文交流事业蓬勃发展，谱写了新的宏伟篇章，为我国对外开放事业的推进做出了重要贡献，有力推动了全球范围内的人文交流与文明互鉴。加强和改进中外人文交流工作要以服务国家改革发展和对外战略为根本，以促进中外民心相通和文明互鉴为宗旨，创新高级别人文交流机制，改革各领域人文交流内容、形式、工作机制，将人文交流与合作理念融入对外交往各个领域。

《意见》强调，加强和改进中外人文交流工作要坚持以人为本、平等互鉴、开放包容、机制示范、多方参与、以我为主、改革创新等原则，着力推动中外人文交流渠道更加畅通，平台更加多元，形式内容更加丰富，形成一批具有中国特色、国际影响的人文交流品牌；着力推动我国吸收借鉴国外先进文明成果取得更大进展。

一要创新高级别人文交流机制，充分发挥元首外交和首脑外交的引领作用，充分发挥高级别人文交流机制的示范带动作用，巩固深化我国同有关国家的人文合作。通过集成整合和改革创新，进一步汇聚资源、丰富内容，重心下沉、贴近民众，探索新的交流形式和合作领域。依托高级别人文交流机制推动区域人文交流，扩大参与的国家范围，进一步发挥机制在区域人文交

---

① 中非合作论坛第八届部长级会议通过《中非合作2035年愿景》. (2021-12-08)[2021-12-24]. http://www.mofcom.gov.cn/article/syxwfb/202112/20211203226142.shtml.

流中的辐射和带动作用。要丰富和拓展人文交流的内涵和领域，打造人文交流国际知名品牌。坚持走出去和引进来双向发力，重点支持汉语、中医药、武术、美食、节日民俗以及其他非物质文化遗产等代表性项目"走出去"，深化中外留学与合作办学，高校和科研机构国际协同创新，文物、美术和音乐展演，大型体育赛事举办和重点体育项目发展等方面的合作。在人文交流各领域形成一批有国际影响力的品牌项目，进一步丰富中外人文交流年度主题。

二要健全全社会广泛参与的体制机制，充分调动中央与地方、政府与社会的积极性，进一步挖掘各地方、各部门、各类组织和群体在中外人文交流中的潜力和资源。加强人文交流相关知识和理念的教育、传播、实践，引导海外华侨华人、留学人员、志愿者以及在海外投资的中资企业积极参与人文交流，将人文交流寓于中外民众日常交往中。鼓励专业化、国际化的社会组织和民间力量参与人文交流具体项目运作。

三要加强中外人文交流综合传播能力建设，推动中外广播影视、出版机构、新闻媒体开展联合制作、联合采访、合作出版，促进中外影视节目互播交流，实施图书、影视、文艺演出等领域的专项交流项目和计划，丰富人文交流的文学艺术内容和载体；做大做强"互联网＋人文交流"，实现实体与虚拟交流平台的相互补充和良性互动。通过丰富媒体交流形式、打造具有国际影响力的全媒体和文化传播机构等举措，讲好中国故事，传播中国声音，阐释中国道路，增强中国文化形象的亲近感。深化我国与有关国际组织和机构的交流合作，积极参与人文领域全球治理，积极向国际社会提供人文公共产品，分享我国在扶贫、教育、卫生等领域的经验做法，加大对广大发展中国家的援助。不断创新和丰富多边人文平台的内容形式，深入推进不同国家、不同地区、不同文明之间的交流互鉴。①

---

① 中共中央办公厅国务院办公厅印发《关于加强和改进中外人文交流工作的若干意见》. (2017-12-21)[2020-12-23]. http://www.gov.cn/xinwen/2017/12/21/content_5249241.htm.

第三节　多维度理论内涵

　　人文交流具有丰富的内涵。它是人们对所创造的非物质文化财富进行交流的社会实践活动，交流者把各自拥有的人文产品提供给对方以增进彼此之间理解和友谊。它的外延可表现为教育、旅游、科技、体育、艺术、民俗等领域的广义交流，但不包括专门意义上的军事或经济领域交流。[①]

　　人文交流是以人为主要载体的文化沟通和交流活动。它以增进国家及民众间的相互理解和信任为前提，以相互性、平等性、包容性为原则，以塑造良好的国家形象和奠定坚实的民意基础为目标，是现代国际关系的重要推动力之一。新时代人文交流既要弘扬中国特色社会主义文化自信，又要体现全球化发展的潮流，兼具民族性、时代性与全球性，其基本内涵应包括平等与尊重、欣赏与共享、包容与互鉴、发展与创新，并具有根植于中华传统文化、把握全球化发展本质、反映人类追求和平发展的共同愿望、体现中国领导人的博大情怀等特质。[②]人文化成，中西文化之"化"都不仅仅在于实现自己的欲求，而是志在构筑一个更加美好的世界，这与人类命运共同体理念高度契合。[③]

一、中外人文交流内涵"五说"

　　概括而言，中外人文交流理论有"五说"[④]：一是地基说。习近平主席在会见美国前总统特朗普时曾说，人文交流是中美关系的地基，我们这个报告是为大国合作筑牢地基。[⑤]二是支柱说。人文交流、战略互信、经贸合作，共同构成中国特色大国外交的三大支柱，三大支柱相互依存，相互支撑，相辅

① 刘永涛. 人文交流：概念、视野和运行机制. 北京：世界知识出版社，2019：4.
② 邢丽菊. 人类命运共同体视阈下的人文交流：内涵、挑战与路径. 北京：世界知识出版社，2019：93-118.
③ 陈玉聃. 何以化天下：对软权力论的反思. 世界知识，2017(23)：23.
④ 杜柯伟谈人文交流"五说"，(2019-01-26)[2020-12-23]. http://www.CRNTT.com.
⑤ 刘延东：中美双边关系历久弥新　望人文交流进一步夯实中美关系的地基. (2017-09-28)[2020-12-23]. https://www.sohu.com/a/195077778_115239.

相成。[①]三是柔力说。习近平主席在2014年访问韩国首尔大学的演讲中指出，如果说政治、经济、安全合作是推动国家关系发展的刚力，那么人文交流则是民众加强感情，进行心灵沟通的柔力，只有使两种力气交汇融通，才能更好推动各国以诚相待、相即相容。[②]四是"三器"说。时任国务院副总理刘延东在2018年2月召开的一次会议上指出，人文交流促进了中国与世界各国民心相通相亲，发挥着国家关系"稳定器"，务实合作"推进器"，人民友谊"催化器"的作用。五是红利说。清华大学副校长杨斌教授在人口红利、人才红利的基础上提出"人文红利"的概念，并指出，人文红利包括四个方面的内涵，即信仰带来的红利，愿景产生的红利，以人为本激发的红利，还有工匠精神、拼搏精神、领导力等蕴含的红利。

二、中非人文交流的理论探索

本书编者团队基于实践，不断探索中非人文交流的理论体系，从"三位一体"到"四位一体"再到"五位一体"，从鱼水依存论到合作保障论再到知识共享论，不断充实和发展其理论体系，指导和促进中非人文交流的实践发展。

（一）"两轮驱动"的体用说

所谓"两轮驱动"的体用说，也就是"以学科建设为本体、以智库服务为功用"。浙江师范大学非洲研究院最初作为学术性科研机构，聚焦非洲学这一学科，立足学科建设，夯实基础研究，通过建设高端学术平台与研究基地、培养非洲学学术人才，建立非洲学学位体系、课程体系、教材体系等十大创新举措，组建了服务中非发展的非洲学科创新群，很好地处理了学科支撑智库、智库反哺学科、基础研究与应用研究的关系，实现了高校智库的知识供给与社会现实对知识需求的双向互动。在新时代"双一流"建设背景下，非洲研究院将建设"一流"特色学科与建设"一流"特色智库，作为"双一流"

---

① 多家央媒集中聚焦该中心成立　教育部副部长出席解说. (2017-08-28)[2020-12-23]. https://opinion.huanqiu.com/article/9CaKrnK4Wld.

② 柳丝，彭茜. 习主席访韩：惟心相交　方成久远. (2014-07-07)[2021-12-23]. http://www.xinhuanet.com/world/2014-07/07/c_1111498042.htm.

建设的两轮驱动，并以此推进高校供给侧改革，延伸了来自高校智库特有的知识思想价值链。

我经常对我们院里的年轻老师讲，其实我们现在做非洲研究一定要想着，这是国家有很高期待的一个学科。国家是对知识、对思想、对学问是高度重视的。现在最大的问题是，我们不能够提供国家所期待的相应的知识体系。我把它叫作高等学校的供给侧结构的重大缺陷，就是我们所设置的专业、培养的学生、创造的知识，满足不了今天国家的需求。

非洲研究在今天越来越成为一个国家在全球发展战略当中的一个关键的支撑点。但是，这个战略需要新的知识、新的思想、新的人才来支撑、来推进。所以，这个时候，我们国内的高校也特别强调"学科＋智库"的发展转型，就是高校的发展可以两轮驱动。一个是学科驱动，创建一流的学科；第二个是把学科的功能加以适当的改造，延伸大学知识的价值链，使它更好地服务国家的需求。所以，我们现在办大学，就要需求导向和问题导向，就是你为什么要办这个专业，为什么要培养这样的人才，一定要根据国家发展的需要，根据国家现在面临的问题，来改造你的专业，就是需求导向、问题导向，也可以叫市场导向，就是根据人才嗜好，来调整专业，这个嗜好就是要拓展高校服务国家的功能，也叫作高校的智库功能，要提升起来。

[2018年1月5日，刘鸿武在济南大学教育部国别和区域研究中心（非洲研究中心、冰岛研究中心）高层论坛上的讲话]

正如刘鸿武院长所言，地方高校智库要处理好学科建设和智库服务的关系，通过学科与智库的双向建构，可以让智库的"想法"变为领导的"说法"，让智库的"文章"变为上级的"文件"，让智库的"谋划"变为组织的"规划"，让智库的"言论"变为社会的"舆论"，让智库的"对策"变为党和政府的"决策"，做到了这些，就能够高质量地延伸中国大学知识的价值链，拓展学术服务国家和社会的空间。

（二）"三位一体"说

所谓"三位一体"说，就是以学科建设为本体，以智库服务为功用，以媒体传播为手段，并使三者融会贯通。刘鸿武院长结合非洲研究院建设面临的挑战与困难，指出以往中国的学科建设和智库建设一直存在三大短板：一是学科建设落后，缺乏原则性知识思想贡献，可持续发展能力不够；二是往往在小圈子内自说自话，缺乏对国家和社会的服务功能与实际影响力；三是国际传播力弱、缺乏话语优势和国际影响。为此，他在提出关于学科建设和智库建设的本体与功用的体用说之后，针对性地补充提出了以学科建设为本体、以智库服务为功用、以媒体传播为手段，并使三者融会贯通的解决方案，努力追求三者融合发展。非洲研究院实施了一系列创新性建设举措，逐渐成为有国际影响力的学术机构与思想智库，成为推进中外思想知识双向、平衡、互动的国际传播机构。

关于三者之间的关系，简言之，即智库服务与媒体传播的基础在于学科建设。建立中国的非洲学，需要从中国的非洲观、非洲战略、中非发展合作实践中，提炼出可以解释和促进中非共同发展和人类命运共同体的知识形态、理论体系、话语概念。媒体是传播工具，与媒体建立联系非常重要。高校智库既要"走出去"，又要"请进来"，推进中华文化走进非洲的同时，也要非洲文化走向中国，构建中非之间双向、平衡、互动的传播模式。浙江师范大学非洲研究院拍摄的大型纪录片《我从非洲来》是学术机构进入影视界的尝试；纪录片《重走坦赞铁路》在央视国际频道播出，已经产生了广泛的国际影响力。[①]

（三）"四位一体"说

所谓"四位一体"说，也就是以政党与智库、教育与科技、历史与文化、影视与艺术为支撑的"四位一体"的合作与交流体系。南非是金砖国家之一和发展中大国，在非洲54个国家中综合实力最强，是我国推进中非关系的重要支点国家。南非也是中国侨民最多、与中国建立友好省市最多、吸引

---

① 单敏. 建构学科、智库、传媒三位一体发展格局——从纪录片《我从非洲来》看非洲研究院智库建设之路. 智库理论与实践，2018(5)：87-92.

中国游客最多、接收中国留学生最多的非洲国家。中南互办"国家年"，活动丰富，效果较好。2015年9月，由浙江师范大学、南非外交部、南非马篷古布韦战略反思研究所主办的"中非智库论坛第四届会议"在南非召开。此外，建立中南非人文交流机制对中非人文交流有辐射带动作用，能与政治互信、经贸往来一起有效推动中非关系快速发展。随着涉及范围的不断扩大，未来可将更多领域纳入到机制中。

（四）"五位一体"说

所谓"五位一体"说，也就是以学科建设为本体、智库服务为功用、媒体传播为手段、扎根非洲为前提、国际（中非）合作为路径的中非交流学说。高校智库要为政府和社会提供有针对性的、有价值的建言，进行系统、深入、客观的调查研究，探究事实和问题的真相，这是一个基本前提。务实求真是智库进行调查研究、保证产品质量的生命线。要扎根非洲，以非洲区域、领域、国别、专题问题和需求导向为基本出发点，将研究基地前移到非洲国家，以了解、探究真实的发展问题和发展需求，体现智库研究的问题导向和应用导向，洞悉中国非洲学发展进步的动力资源，把握中非合作的丰富实践需要。这一学说也从方法论上体现了"知行合一，在行走中记录真实，在实践中探索学术"这一非洲研究的人类学田野调查的基本特点。非洲研究院在强化实证研究、个案分析、田野调查的基础上，充分发挥中国学术重视追寻"文明大道"、努力探究"天人之际""古今之变"的思想传统，对非洲各国各方面的基本问题做出更具历史眼光的战略把握。[①]

（五）其他学说

鱼水依存论由刘鸿武提出。他有个形象的比喻："人文交流是水，经贸合作是鱼，政治互信是塘。鱼塘建好了，鱼要成长变大，就要有好的人文交流的水来滋养。"[②]他认为中非合作"既要授人以鱼，也要授人以渔"，也就是说，对非人文交流与思想合作、对非制度能力建设合作，可以大致比喻为，为了中非经贸合作这条"大鱼"建个更大的"水塘"，助这条"鱼"长得更大、更

---

① 王珩，王丽君. 命运共同体视域下的中非人文交流理论体系构建. 浙江师范大学学报（社会科学版），2020(6)：10-17.

② 高毅哲，蒋亦丰. 刘鸿武：逐梦非洲. 中国教育报，2019-03-28(4).

强。而且这条"鱼"无论今后长到多大，依然会在中非友好这个"大池子"中成长。只有这样，我们才能保证未来逐渐发展起来的非洲国家，依然是对华友好的，非洲人民依然是认同中国、喜爱中华文化的。[①]

合作保障论，是指通过"推进对非思想文化交流，重视对非人文合作，提升中国知识、中国思想、中国制度在非洲的影响力，为中国在非洲的国家利益与安全保障做出一种战略性的"长线投资，为中国在非洲的利益成长与安全维护"购买保险"，因此我们必须从长远的角度来重视和推进中非人文交流。中非合作关系要长期保持可持续发展，有赖于中非双方建构起一种以共同发展为目标的、以相互尊重和平等相待为特征的"知识共享和思想交流的人文伙伴关系"，为中非在政治、经济、安全、外交的多领域可持续合作提供宽广坚实的精神支撑平台。

所谓知识共享论，是指从建构人类共通、共享的知识体系以助推人类命运共同体建设的角度，阐释建构人类共通共享的知识体系的动因、路径、方向与具体举措，通过展示非洲各国、各民族丰富生动的人文创造与知识积累，推进当代"中国的非洲学"和"非洲的中国学"双向建构的学术实践。[②]

---

① 刘鸿武. 人文交流与知识共享将为中非合作保驾护航//刘鸿武，徐薇. 中国南非人文交流发展报告（2016—2017）. 杭州：浙江人民出版社，2018：7–8.
② 刘鸿武参加中外人文交流论坛并作大会报告. (2019–12–02)[2020–12–23]. http://news.zjnu.edu.cn/2019/1202/c8450a309562/page.htm.

中非人文交流的历史变迁 ————————————————— ●

　　人文交流是人与人之间沟通情感和心灵的桥梁、国与国之间加深理解与
信任的纽带。与其他对外交流方式相比，人文交流更具有基础性、广泛性、
先导性和持久性。^①这种以人为主要载体的文化沟通和交流活动，以增进国家
及民众间的相互理解和信任为基础，以相互尊重、包容互鉴、创新发展为原
则，以塑造良好的国家形象和奠定坚实的民意基础为目标，是构建人类命运
共同体的重要支柱。^②

　　国之交在于民相亲，民相亲在于心相连。中非合作之所以能够行稳致远，
一个重要因素是民心相通及心灵上的契合。这首先体现在共同的历史际遇和
现实中的紧密合作。^③人文交流对于中非合作具有基础性战略意义，是政治互
信的基础、经贸往来的保障，民心相通的桥梁，也是提升中非合作大局、维
护中非共同发展利益的长期投资与风险防控举措。随着人类命运共同体的协
同共建、"一带一路"的构筑完善，双方人文交流的形式和渠道更加多样，可
以说新的国际环境促使人文交流与合作成为大国竞争的制胜之道。

　　艾周昌与沐涛将中埃建交作为中非关系发展的开端。两人还将张骞
通西域至今的中非关系史分为三个时期：第一时期，从公元前2世纪至
16世纪初，即西汉至明初；第二时期，从16世纪到1949年中华人民共和

---

① 刘延东. 深化高等教育合作开创亚洲人文交流新局面. 世界教育信息, 2010(12)：11.
② 邢丽菊. 人文交流与人类命运共同体建设. 国际问题研究, 2019(6)：35.
③ 齐明杰. 新时代中非关系中的多维度特性. 公共外交季刊, 2018(3)：15.

国的成立；第三时期，从1949年中华人民共和国成立至今，这也是中非友好关系全面发展的时期。[①]

第一节　古代的中非人文交往

中非人文交流的历史久远、积淀深厚。中国与非洲最早的人文交流起源于丝绸之路的开辟。在古代朝贡体系下的中非交流取得过举世瞩目的成绩，自郑和下西洋后，中非就成了丝路上的"命运共同体"。

中国与非洲都有着古老而灿烂的文明，也有过落后屈辱的经历，两者之间的交往历史源远流长。中国与非洲的交往，从古代即已开始，双方的接触可以说是循序渐进的、缓慢的。中国对于非洲的认识经历了一个由间接到直接的过程，对非洲的理解经历了一个由传闻到亲身体验的过程，而与非洲的交往则经历了一个由民间到官方的过程。[②]

中国是何时以何种方式认识非洲的，中国与非洲的交往又始于何时，学术界的认识至今并不统一。从目前的研究情况来看，存在着以下几种观点。

一、汉代以前

张象认为，历史学家将公元前138—前126年作为中非关系史的开始并不确切，因为这种观点忽略了官方交往前的民间交往。他认为，"中非关系史的起点早于张骞通西域"。他的论据是：约从公元前6世纪起，大夏与埃及即有往来，"只要中国的商品及有关中国的信息传到大夏，就有可能传到埃及；只要中国人来到大夏，也就有可能获得埃及的信息"[③]。在《古代中非关系研究中的几个问题》一文中，他重申了这一观点。[④]当然，他的观点也只是一种推论而已。

[①]　艾周昌，沐涛. 中非关系史. 上海：华东师范大学出版社，1996：2-5.

[②]　李安山. 非洲华侨华人史. 北京：中国华侨出版社，1999：44.

[③]　张象. 古代非洲与中国交往的四次高潮. 南开史学，1987(2)：18.

[④]　张象. 古代中非关系研究中的几个问题. 西亚非洲，1993(5)：71-74.

二、春秋战国时期

沈福伟则将中西交往的最早时间确定为春秋战国,"埃及和中国的西部地区,可以通过草原牧民,成为彼此的近邻。中国和非洲之间最早发生的往来,因此可以追溯到春秋(公元前770—前476)、战国(公元前475—前221)时代"[①]。他认为,由于路途遥远,交通不便,双方的贸易只能通过转手进行。他还提出,《后汉书·西域传》中的兜勒是古代厄立特里亚的著名海港阿杜利,其使者早在1世纪时即到达洛阳,在中非关系史上写下了极其辉煌的一页。"埃塞俄比亚的阿克苏姆王国由于阿杜利使者的来华,成为第一个和中国正式建立外交关系的非洲国家。"[②]

三、两汉时期

杨人楩指出,"可以肯定,中非之间的间接贸易关系在中国两汉时期业已开始"[③]。陈公元认为,"早在公元前两世纪(即我国汉代),非洲文明古国埃及就和中国有了间接的交往和海上贸易"[④]。张俊彦认为,"在东汉时,中国经过北非和罗马帝国已经有了直接的海上往来"[⑤]。三位学者中,一位提到"间接贸易关系",一位强调"直接的海上往来",但两者所说的时间则大致相同。孙毓棠先生在1979年的一篇论文中也提到这一点,"远在汉代,中国和埃及通过中介国转手,已有商品交易,相互文化交流。这种关系开始于张骞西使后不久"[⑥]。《中非关系史》的两位作者持同样观点,他们认为尽管中国和埃及之间在公元前10世纪左右已有间接的民间往来,但中埃关系的起点仍应是张骞通西域。因为"从这个时候起,中国人才知道了埃及的亚历山大城(黎轩),并发使黎轩"[⑦]。

① 沈福伟. 中国与非洲——中非关系二千年. 北京:中华书局,1990:11-12.
② 沈福伟. 中国与非洲——中非关系二千年. 北京:中华书局,1990:70-72.
③ 杨人楩. 非洲通史简编. 北京:人民出版社,1984:112.
④ 陈公元. 古代非洲与中国的友好交往. 北京:商务印书馆,1985:1.
⑤ 张俊彦. 古代中国与西亚非洲的海上往来. 北京:海洋出版社,1986:11.
⑥ 孙毓棠. 汉代的中国与埃及. 中国史研究,1979(2):142.
⑦ 艾周昌,沐涛. 中非关系史. 上海:华东师范大学出版社,1996:14.

四、宋元明清时期

从唐朝的各种文献和国内外考古发掘来看，中国对非洲的认识在此时完成了从间接到直接的转变。张星烺在其著作中设专节汇编了"唐代中国史书关于非洲之记载"。沈福伟也在著作中对这一时期有专章论述，从各个方面阐述了中国与非洲的关系。[①]学者陈信雄的论文详尽地分析了各种唐代文献，加上自己参观存放在坦桑尼亚国立博物馆库房的中国陶瓷的亲身感受和对20世纪60年代以来的考古成果的考察，在综合各种资料的基础上提出了自己的见解。[②]

宋元以来，中国与非洲的交往有所加深。这体现在两个方面：其一，中国与非洲的海上交通已成事实，这在南宋人周去非所著的《岭外代答》（1178年成书）、赵汝适的《诸蕃志》（1225年成书）和元人汪大渊的《岛夷志略》（1349年成书）等书中已有记载。其二，双方的民间和官方关系有所发展。在非洲发现的宋代和元代古瓷比唐代古瓷更多。根据马文宽、孟凡人等人的研究，目前已发现宋元古瓷的非洲国家有埃及、苏丹、摩洛哥、埃塞俄比亚、索马里、肯尼亚、坦桑尼亚、津巴布韦等。[③]

由于宋朝时期重视对外贸易和元代统治者大力发展海外贸易，宋元时期中国与非洲的民间与官方往来也进一步加强。

到明初，中国与非洲的交往更进一步。这体现在两个方面：一是三保太监郑和下西洋，他渡过西印度洋，直抵非洲东部海岸；二是数部重要中外交通著作的出版，这包括费信的《星槎胜览》、马欢的《瀛涯胜览》和巩珍的《西洋番国志》。由于这三人均随同郑和出使非洲，其著作对非洲诸国家和地区的描述更为详尽，更具史料价值。

到清代前期，中国与非洲之间的官方关系已被民间交往取代，直接贸易转为间接贸易。由于这时期国门被逐渐打开，加上外国传教士对世界各国的介绍，一些中国人深刻认识到翻译编辑外国史书的必要，因此出现了一批介绍外国历史的著作，其中包括有关非洲的图书。

---

① 张星烺. 中西交通史料汇编 2. 北京：华文出版社，2018：436-449.
② 陈信雄. 从文献看宋元的中非关系——间接而广泛的东非贸易//陈信雄. 宋元海外发展史研究. 台南：甲乙出版社，1992：49-103.
③ 艾周昌，沐涛. 中非关系史. 上海：华东师范大学出版社，1996：30-32.

此外，18世纪的一些著作中均提到了"好望角""毛里求斯""开普"等非洲地名，如樊守义的《身见录》、陈伦炯的《海国闻见录》、谢清高的《海录》和王大海的《海岛逸志》等。后来，容闳在《西学东渐记》中提到了自己在圣赫勒拿岛看见华人的情况，而张德彝在《航海述奇》中则提到了埃及开罗等地的风土人情。丁廉在其《三洲游记》中对东非内陆的民俗民风进行了详细记述，这是中国近代唯一一部关于非洲内陆的游记。[①]

第二节　近现代中非人文交流

近代中非之间的人员来往未断，贸易未断，特别是19世纪中叶以后，大批华商和华工进入非洲各国，因而中非之间的文化交流也依然存在。中国的饮茶习俗在近代传入非洲，茶叶的栽培技术亦随之在许多非洲国家推广。华工和华侨在推广茶叶的种植上发挥了重要作用。同时，非洲的咖啡亦在此时期传入中国，随后在云南、广东一带栽培。

近代的中非关系是国际关系的一部分，是在殖民主义侵略亚非以后形成和发展起来的。欧洲资产阶级摧毁一切旧的温情脉脉的封建宗法关系，代之以冷酷无情的商品金钱关系，它不但用武力打开亚非国家的大门，破坏了前资本主义的自给自足的自然经济，也破坏了这些国家之间原有的友好关系，随后又逐步插手和操纵亚非国家之间的交通、贸易和外交关系。

第一，自古以来的旧有交通被破坏，新的航道为殖民者所垄断，起先是葡萄牙人，继之是荷兰人、法国人和英国人。中国和非洲的往来都要借助殖民者的船只，中国商人要"附番舶"到非洲，学者和政要只能搭乘外国公司的轮船，货物也由殖民公司的船只运输，在19世纪中叶以后，才偶有中国船只航经非洲的好望角。

第二，由于中非交通要道被殖民者控制，旧的传统贸易（商队贸易、船队贸易和贡赐贸易）也就遭到了破坏。新时期的贸易是通过殖民国家的中介，

---

① 艾周昌，沐涛.中非关系史.上海：华东师范大学出版社，1996：35.

他们的商业公司垄断买卖，由他们的船只运输货物。19世纪中叶以后，有不少中国商人到非洲从事贸易活动，也受到殖民者的排挤和欺压，南非殖民当局对华商的迫害更为严重。

第三，古代的中非官方关系是独立国家之间的平等友好关系，而近代的中非官方关系是一个不能独立自主的半殖民地的中国同沦为殖民地的南非、莫桑比克、刚果自由邦的关系，不仅阿扎尼亚人、莫桑比克人和刚果人无权参与其中，清政府也只能任人摆布。中国在非洲的外交官不与非洲人民的合法代表打交道，而是同英国、葡萄牙的总督及其僚属交涉。中国驻莫桑比克领事和1911年以后的驻南非的领事也由美国人和德国人充任。[①]

尽管近代的中非关系受制于殖民主义而不能自主，但仍然冲破殖民者的阻挠和破坏，得到了发展。从地域来看，中国同非洲国家的直接交往，已经突破北非和东非的界限，与西非、中非、南非也有了直接的民间和官方往来。

就深度而言，近代的中非关系则远非古代所可比拟。古代虽有使者往还，但没有像近代这样签约建交，派遣常驻代表之事。古代有频繁的贸易往来，但没有中国商人像近代这样在非洲开设商号，成立"中华会馆"。古代就有黑人在中国居留，但近代黑人被殖民者掳掠而来者更多，且有常驻澳门者。近代有大批华人在非洲侨寓居住，许多人在侨居国"咸有眷属"，并与所在国居民结婚。[②]

近代中国人民同非洲各国人民友好关系最本质的特性，是中非人民共同遭受殖民主义的侵略、奴役、欺侮和压迫，在反帝反殖斗争中建立了战斗的友谊。在近代，中国和非洲各国都变成了欧洲资产阶级侵略和压迫的对象，一种同病相怜、命运与共感油然而生，长期承续。

民国时期的中非官方关系有了一定的发展。中国同阿尔及利亚、毛里求斯、马达加斯加建立了领事关系，同埃及建立了公使级外交关系，互派了公使。此时的中非官方关系仍具有近代时期的特点。民国时期的中非贸易也有所发展，但呈现出巨大的波动。1911—1949年是中国和非洲历史上一个至关重要的时期。中国和非洲人民在反帝反殖斗争中的互相援助是这一时期中非关系的基本特征，这也为1949年以后中非关系的全面发展奠定了基础。[③]

---

① 艾周昌，沐涛.中非关系史.上海：华东师范大学出版社，1996：184-185.
② 艾周昌，沐涛.中非关系史.上海：华东师范大学出版社，1996：186.
③ 艾周昌，沐涛.中非关系史.上海：华东师范大学出版社，1996：188.

第三节　当代的中非人文交流

新中国成立之初，中国已开始关注非洲民族解放事业。1955年4月的万隆会议，为中非直接接触提供了机会。会议期间，中国国务院总理周恩来、副总理兼外交部部长陈毅宴请了埃及总理纳赛尔，并与加纳、利比亚、苏丹、利比里亚、埃塞俄比亚等国代表进行了沟通对话。这一努力很快产生了成效，一年后的1956年5月30日，埃及成为第一个与中国建交的非洲国家，中非现代外交关系由此开启。1959年10月，几内亚成为撒哈拉以南非洲第一个与中国建交的国家。此后20年，中非关系获得快速发展。至1979年，与中国建立外交关系的非洲国家已达44个。

1967年8月，中国政府同坦桑尼亚和赞比亚两国政府签订关于修建坦赞铁路的协定，先后有5万多名中国技术施工人员奋战在热带丛林，1976年，这条非洲"自由之路"正式通车。铁路交通建设极大促进了民心相通，铁路沿线的居民甚至会唱《大海航行靠舵手》等中国歌曲。

1971年10月，第二十六届联合国大会恢复中国在联合国合法席位，23个提案国中有11个是非洲国家，76张赞成票中有26票来自非洲国家。毛主席说，是非洲兄弟把我们抬进了联合国。

自1978年中国实行改革开放政策以来，中国社会及中国与外部世界的关系发生了重大变革。中非新型合作关系构建及中国发展经验在非影响的扩大具有时代转换的象征意义。1978—1998年，42位非洲国家领导人访华。中国也有多位国家领导人、10多位部长级以上官员访问了多个非洲国家。同期，中非双方派出大批的经贸、文化、体育、教育、军事代表团互访，非洲来华留学生、进修生近1000人次，中方有数十支医疗队活跃在非洲广袤的土地上，还有一批中国留学生到非洲学习斯瓦希里语、豪萨语。

2000年举行的中非合作论坛部长级会议既是对中非双方过去近50年友好关系的总结，也是对未来中非关系发展前景的展望，这次会议的召开使中非双方结成了"长期稳定、平等友好的新型战略伙伴关系"的共识，共识的内容涉及政治、经济、文化、教育、环境等方面，不仅对中非关系的未来发展趋势产生重大影响，而且对建立一个相互尊重、平等互信的国际关系新格局具有特殊意义，为双方的人文交流打下了良好的基础。

2006年，中非合作论坛北京峰会确立了中非新型战略伙伴关系，并宣布成立中非发展基金，建立境外经贸合作区等对非经贸八项举措。

党的十八大以来，以习近平同志为核心的党中央高度重视中非人文交流。2013年，习近平主席访问非洲三个国家，并在南非出席金砖国家领导人第五次会晤。2014年5月4日至11日，李克强总理对非洲四国和非盟总部进行了访问，提出了"461"中非合作框架，即坚持平等相待、团结互信、包容发展、创新合作等四项基本原则，推进产业合作、金融合作、减贫合作、生态环保合作、人文交流合作、和平安全合作等六大工程，完善中非合作论坛这一重要平台，从而全方位打造中非合作升级版。

2015年12月4日至5日，在南非举行了中非合作论坛约翰内斯堡峰会。该峰会是继北京峰会之后的第二次中非峰会，也是首次在非洲大陆举行的中非峰会。中国国家主席习近平在峰会上全面阐述了中国对非关系政策理念，宣布了未来3年中国对非合作重大举措，提出把中非关系提升为全面战略合作伙伴关系。为推进中非全面战略合作伙伴关系建设，宣布中方将在未来3年同非方重点实施"十大合作计划"。会议成果丰富，反响积极，是中非关系史上的里程碑，为中非合作向着更深层次迈进打下了坚实基础。峰会的主题是"中非携手并进：合作共赢、共同发展"。习近平主席发表了题为《开启中非合作共赢、共同发展的新时代》的致辞，表示中方愿在未来3年内同非方重点实施包括人文交流计划在内的"十大合作计划"，涉及工业化、农业现代化、基础设施、金融、绿色发展、贸易和投资便利化、减贫惠民、公共卫生、人文、和平与安全十个方面。会议一致同意将中非关系提升为全面战略合作伙伴关系，通过了《中非合作论坛约翰内斯堡峰会宣言》和《中非合作论坛—约翰内斯堡行动计划（2016—2018年）》，决心共同致力于做强和夯实政治上平等互信、经济上合作共赢、文明上交流互鉴、安全上守望相助、国际事务中团结协作"五大支柱"。

2017年4月24日，中国—南非高级别人文交流机制首次会议在比勒陀利亚召开。机制中方主席、国务院副总理刘延东首先宣读习近平主席向中南高级别人文交流机制首次会议发来的贺信。中南建立高级别人文交流机制，是习近平主席和祖马总统着眼中南关系大局作出的战略决策，是落实中非合作论坛约翰内斯堡峰会成果的重要行动，也是中国与非洲国家建立的首个政府间高级别人文交流机制，对加强中南关系、深化中非合作、推动南南合作将产生重要而深远的影响。中非人文交流进入了机制化发展新时代。同年，中共中央办公厅、国务院办公厅印发的《关于加强和改进中外人文交流工作的若干意见》，成为中非人文交流的新遵循。

2018年中非合作论坛峰会是中国根据中非合作论坛非方成员的愿望，着眼于中非关系发展的现实需要而决定召开的峰会，以"合作共赢，携手构建更加紧密的中非命运共同体"为主题，通过了《关于构建更加紧密的中非命运共同体的北京宣言》以及《中非合作论坛—北京行动计划（2019—2021年）》。中国国家主席习近平出席开幕式并发表主旨讲话，强调中非要携起手来，重点实施好产业促进、设施联通、贸易便利、绿色发展、能力建设、健康卫生、人文交流、和平安全"八大行动"，共同打造责任共担、合作共赢、幸福共享、文化共兴、安全共筑、和谐共生的中非命运共同体。

2020年6月17日晚，国家主席习近平在北京主持中非团结抗疫特别峰会并发表题为《团结抗疫 共克时艰》的主旨讲话。他强调，面对疫情，中非相互声援、并肩战斗，中非更加团结，友好互信更加巩固；表示中方珍视中非传统友谊，无论国际风云如何变幻，中方加强中非团结合作的决心绝不会动摇。中方将继续全力支持非洲抗疫行动。双方应坚持人民至上、生命至上，尽最大努力保护人民生命安全和身体健康，坚定不移携手抗击疫情，坚定不移推进中非合作，坚定不移践行多边主义，坚定不移推进中非友好，共同打造中非卫生健康共同体和更加紧密的中非命运共同体，推进中非全面战略合作伙伴关系高水平发展。会议发表的《中非团结抗疫特别峰会联合声明》，向国际社会发出中非团结合作的时代强音。

第**二**章

中非人文交流的现状与特点 ———————————————— •

　　人文交流是政治互信的基础、经贸互通的保障、民心互动的桥梁，对中非合作具有基础性、战略性和长远的意义。中非人文交流历史积累深厚，现实动力强劲，近年在多个领域取得了诸多成果，呈现出程度更深入、机制更成熟、领域更广泛、主体更多元等特点，有效促进了民心相通，为推动中非人文交流的进一步发展、构建更加紧密的中非命运共同体打下了坚实基础。

第一节　传统领域基础扎实

　　中非在人文方面的一些交流合作由来已久，特别是在教育、文化、卫生、体育、地方交流等领域已积累了丰富经验。中非应不断巩固在成熟领域的合作成果，为双方人文交流的长远发展打下深厚基础。

一、教育合作不断推进

　　中非教育合作是中非人文交流的重要组成部分。中非高等教育合作在培养高端人才、助力教育外交中作用突出。2019年4月2日举办的"中非高等教育论坛"为推动中非各国扩大文化交流、落实中非合作论坛北京峰会成果打下了良好基础。同年6月26日，"中非教育合作与人文交流"研讨会举办，浙江师范大学非洲研究院中非教育合作研究中心揭牌，这是高校进一步深化中非教育合作与人文交流研究，对接"一带一路"建设，助推中非关系发展和浙非战略合作的又一重要举措。①职业教育方面，中国在非洲建设的"鲁班工坊"为非洲青年提供了学历教育和职业培训机会；黄河水利职业技术学院赞比亚大禹学院培养了非洲急需的本土技术型人才。留学生教育方面，2018年来华的非洲留学生总数为81562人，占来华留学生总人数的16.57%，各学历层次的留学生人数均有所增加。中国赴非留学的学生数量也有所增加。此外，截至2019年，中国已在46个非洲国家开设了61所孔子学院和48个孔子课堂，2019年新设立的圣多美和普林西比大学孔子学院、毛里塔尼亚努瓦克肖特大学孔子学院、突尼斯迦太基大学孔子学院皆是落实"一带一路"倡议和"八大行动"的具体成果。它们通过国际汉语教育抓住民心，提高了中国在非的影响力，成为传播中华文化的友好渠道。

二、文化交流异彩纷呈

为更好对接《非盟文化和创意产业行动计划》的需求，中方积极支持非洲国家加入丝绸之路国际剧院、博物馆、艺术节等联盟，鼓励中非双方开展思想对话和沟通，共同推动国际汉学和非洲研究的发展。南非政府在2019年8月宣布将每年的9月17日定为"南非中文日"，以推进中南双方通过语言交流加强两国人民之间的相互理解。2019年7月15日，在摩洛哥首都拉巴特开幕的"艺术中国汇·新青年"画展呈现了中国当代优秀青年艺术家的艺术思考和创作面貌，亦为两国青年艺术家交流与对话搭建了平台。同年8月7日，中国文化之旅系列讲座及交流活动——"儒家传统的复兴与中华文化认同的重构"在埃及最高文化委员会举行，该活动使中华优秀传统文化在海外得到了更好的传播。中国驻摩洛哥大使馆、拉巴特中国文化中心还共同策划举办了"讲述中国"摩洛哥名人系列讲座，旨在通过摩洛哥知名人士的讲述，使更为真实和全面的中国形象得以在当地主流社会得到展现。此外，由浙江师范大学非洲研究院参与举办的第三届"中非水文明国际研讨会"与首届"中非纺

---

① "中非教育合作与人文交流"研讨会顺利召开，浙江师范大学非洲研究院中非教育合作研究中心成立. (2019-06-27)[2020-12-26]. http://ias.zjnu.cn/2019/0627/c6141a294161/page.htm.

织服装合作暨中非文化交流国际论坛"，使中非双方通过探讨中非水文明与服饰文明，进一步拓展了在这两个方面的国际交流合作。

三、公共卫生合作升温

中非公共卫生合作在以往抗击埃博拉病毒、沙拉热疫情、疟疾等时已取得很大进展。2000年成立的中非合作论坛，推动了中非卫生健康合作进入"快车道"。从2015年中非合作论坛约翰内斯堡峰会的"十大合作计划"将中非公共卫生合作计划涵盖其中，到2018年中非合作论坛北京峰会的"八大行动"提出实施健康卫生行动，中国对非医疗卫生援助顺应了非洲发展需求，为共筑更加紧密的中非命运共同体增添了力量。[1]为切实地解决非洲偏远地区百姓的就医困难问题，2019年11月27日，在中非共和国首都班吉由中国援建的友谊医院举行了中国援非"光明行"眼科白内障手术义诊活动及设备药品捐赠仪式。近年来，中国在非洲开展了"爱心行""光明行"和"微笑行"等项目，让"走出去""请进来"相结合的中国援外医疗模式在非洲开花结果，为提高非洲国家卫生事业自主发展能力提供了有力支持。此外，2019年，中非双方在中医药医疗服务、科学研究、教育培训等方面进行了全面战略合作，推动了中医药海外发展。援摩医疗队首次将中医带进摩洛哥大学的医学院，将精湛的医疗技术与中国传统医学相结合，在助力"一带一路"建设、传播中医药文化方面起到了积极作用。在抗击新冠疫情时，中非守望相助，生动诠释了中非命运共同体的内涵。

四、体育合作影响广泛

体育合作现已成为中非传统友谊的生动体现。随着中国的不断发展和中非体育交流的不断加深，中国向非洲部分国家派出了不少顶尖的体育专家，使非洲国家乒乓球、排球等项目的水平有了明显提高。在"一带一路"建设推进过程中，体育交流进一步加深了中非人民的友好情感，为树立中国形象

---

[1] 救死扶伤，让人道主义精神熠熠生辉——顺应非洲发展需求，中国援非医疗队为当地医疗卫生事业作出特殊贡献. (2019-12-03)[2020-12-26]. https://www.focac.org/chn/zfgx/rwjl/t1720978.htm.

和传播中华文化提供了更为广阔的平台。①自2008年始，中方资助举办的中国大使杯乒乓球赛已在非洲多国举办，促进了这些国家的乒乓球运动发展，增进了双方人民的友谊。2019年3月12日，"2019非洲文化体育交流会"在埃及首都开罗举办。该活动以6月在埃及举行的非洲国家杯（非洲杯）为契机，促使中国与非洲国家通过足球实现更深入的交流。借着这波足球热潮，驻马里使馆联合医疗队成立首支在马中国足球队，与马里青年和体育部公务员足球队进行友谊赛，拉近了使馆与马里政府官员和普通民众之间的距离。此外，中方一直致力于中国武术在非洲的推广，中国驻坦桑尼亚使馆、坦新闻文化艺术和体育部于同年8月11日共同举办的2019年坦桑尼亚国际武术比赛，促使越来越多的当地民众开始喜欢并学习中国武术。

五、地方交流不断拓展

地方交流一直是中非合作中不可或缺的部分。国际友城来往是国家交往的重要组成部分，是增进人民感情、促进合作共赢的重要纽带，其根在人民，其源在交心。②长沙与相隔万里的刚果（布）首都布拉柴维尔是中非第一对正式缔约的友好城市，其历史可追溯到1982年8月。2019年10月11日在杭州举行的首届浙江省国际友城媒体合作传播论坛是新时代中非地方交流的新举措，该论坛以"交流互鉴与合作传播"为主题，来自亚洲、欧洲、美洲、非洲等的67个国家的近120位媒体代表、海外知名智库高层参与其中，共同探讨了媒体格局和舆论生态深刻变革形势下，全球媒体面临的机遇挑战、承载的时代使命。同年11月11日，由金华市人民政府和浙江师范大学共同主办的2019金华中非文化合作交流周暨中非经贸论坛以"加强中非文化互动，促进中非经贸繁荣"为主题，来自25个非洲国家的政府官员、驻华使节、商协会代表、专家和文化学者、企业代表等近千人齐聚一起，共叙友情、共商合作、共话未来。2020年11月9日，以"民心相通，合作共赢"为主题的浙江（金华）

---

① 体育交流成为中非合作广阔平台. (2019-01-03)[2020-12-26]. http://www.mofcom.gov.cn/article/i/dxfw/gzzd/201901/20190102824643.shtml.

② 刘鸿武院长受邀带团出席首届浙江省国际友城媒体合作传播论坛. (2019-10-13)[2020-12-27]. http://ias.zjnu.cn/2019/1013/c6141a302186/page.htm.

中非文化合作交流周暨中非经贸论坛在金华开幕，论坛由浙江师范大学携手金华市人民政府与商务部外贸发展事务局、中国贸促会法律事务部、浙江省商务厅、浙江省工商业联合会、浙江省贸促会、中非民间商会共同主办。20多个非洲国家及非盟等国际组织的驻华代表、企业代表、商协会代表，以及国内非洲研究专家和学者、企业代表等近500人参加了开幕式。浙江师范大学非洲研究院院长刘鸿武在开幕式上发表了题为"齐心协力　持之以恒　打造中非合作金华高地"的主旨演讲。刘鸿武立足动荡变革世界中的非洲发展问题，剖析非洲文化特征与经贸发展的潜力，提出了打造中非人文经贸合作金华高地的构想和思路。①

第二节　新兴领域不断拓展

中非在人文交流中不断开辟新的领域，近年来在科技、旅游、媒体、智库、影视等领域的合作不断加强，并积极落实中非合作论坛的会议成果，对接"一带一路"倡议，加快推进中非命运共同体的建设。新时代中非人文交流将统筹各类资源，创新交流布局，为双方人文交流事业开辟更加广阔的发展空间。

一、科技合作受到关注

面对新一轮科技革命所带来的机遇与挑战，中非有必要加强科技人才培养，促进科技提案交流，深化科技产品创新，加快科研成果转化。在"一带一路"倡议下，不断畅通中非科技创新合作渠道，共建中非创新合作网络，是进一步加强中非合作的有力举措。中方将继续推进实施"一带一路"科技创新行动计划和"中非科技伙伴计划2.0"，重点围绕改善民生和推动国家经

---

① 2020浙江（金华）中非文化合作交流周暨中非经贸论坛在浙江金华成功举办. (2020-11-10) [2020-12-28]. http://www.mofcom.gov.cn/article/shangwubangzhu/202011/20201103014418. shtml.

济社会发展的科技创新领域，与非方合作推进实施"非洲科技和创新战略"，帮助非方加强科技创新能力建设。2019年5月14日，由科技部国际合作司、外交部非洲司和湖北省科技厅共同主办的"非洲青年科技人员创新中国行"活动是《中非合作论坛—北京行动计划（2019—2021年）》确定的内容之一，也是落实中非合作论坛北京峰会成果的重要举措。此外，中方也欢迎非方科技人员积极参与"先进适用技术与科技管理培训班""国际杰出青年科学家交流计划"与"藤蔓计划（国际青年创新创业计划）"等项目。同年11月2日，由北京大学与联合国教科文组织非洲部主办的北京论坛（2019）"中非大学科技创新与科技成果转化"专场论坛在北京大学举行。该论坛围绕中非高校科技创新与国际合作、科技成果转化与高校科技园建设等议题开展了深入对话交流，进一步推动了中非在科技创新与科研成果转化等领域的合作。

二、旅游交流受到追捧

在"一带一路"倡议下，中非文化和旅游的交流合作迎来了新的发展机遇。近年来，非洲的旅游业得到较快发展，已成为当地经济发展的新动力。在签证放宽、直飞航线增加等利好因素的刺激下，非洲已成为当前中国民众出境旅游的热门目的地之一。2019年，南非旅游局为不断拓展在中国的发展机遇，对其进行更为精准的市场规划，在中国举办了一系列旅游推广活动，推出"走进南非、狂野本真"主题，提供了大量的旅游资源，建立了相关品牌合作伙伴关系，出台了"为中国服务（China-Ready）"的各项旅游业计划。同年5月10日，350名"万人游非洲"首航体验团成员从浙江杭州前往吉布提、坦桑尼亚、津巴布韦三国，开启为期11天的非洲之行，这是浙江与非洲共同开启五年旅游交流合作计划的第一步。为达到"以文化提升旅游品质，以旅游促进文化传播"的目标，中国文化和旅游部于2019年6月22日在埃及首都开罗主办了全球联动大型文化旅游推介活动——2019"功夫之旅——中国旅游文化周"，并于11月14日与赞比亚旅游与艺术部共同举办了"超乎想象的中国——赞比亚中国旅游推介会"，以此深化中非旅游合作、助推双边关系发展、加强双方人文交流。此外，在中非合作不断深化的背景下，中非航空合作也日渐升温。在非洲东部、北部，以埃塞俄比亚和埃及航企为代表的航空公司正加速搭建飞往中国的"空中桥梁"。

三、媒体交流不断深化

随着互联网、手机等媒介的不断普及和推广，中国拥有了更多的国际观察视角与发声渠道。多年来，外国驻华使馆一直在实践"微博外交"或"微外交"，以期中国民众对其国家有一个更生动、更全面的看法。2019年，中非影视交流频繁：10月21日，由央视国际视频通讯社（CCTV+）发起组建的非洲视频媒体联盟（ALU）的第四次理事会及年会在摩洛哥卡萨布兰卡举行，会议就中非媒体全球合作传播成果、挑战与责任进行了深入探讨。11月25日，中国国家广播电视总局在纳米比亚首都温得和克与纳米比亚广播电视台（NBC）签订合作协议，授权纳方播出10部以英文配音的中国优质节目，使当地观众可无障碍地体验中国影视作品，了解当代中国社会的风貌。此外，中非媒体人也进行了更深入的交流。于2019年8月24日举行的"非洲国家记者研修项目"是外交部非洲司落实中非合作论坛北京峰会成果的重要举措，来自8个非洲国家的21位资深媒体人士参与其中，推动了中非媒体间的务实合作。同年10月28日，来自苏丹通讯社、国家电视台、喀土穆电视台、《苏丹视野报》、《今日苏丹》杂志社等苏丹主流媒体的9名主播及记者访问了北京、上海和深圳三地，进一步促进了中苏在新闻领域的交流合作，增进了两国人民的相互了解。

四、智库合作持续推进

智库作为国家思想力量的贡献者，越来越成为各国在国际舞台上话语权构建的重要力量。2018年中非合作论坛北京峰会通过的《中非合作论坛—北京行动计划（2019—2021年）》提出，中非双方应成立专门机构支持中非学术界建立长期稳定的合作，鼓励论坛和相关机构开展联合研究，在中非智库论坛框架下建立中非智库合作网络，为中非合作发展提供智力支持。作为北京峰会人文合作领域的重要成果，于2019年4月9日成立的中国非洲研究院，旨在汇聚中非学术智库资源，促进中非人民相互了解，对接"一带一路"发展倡议，进一步深化中非人文交流，为中非关系发展贡献更大力量。由新华社研究院联合15家中外智库共同发起的"一带一路"国际智库合作委员会2019年4月24日在北京宣告成立，这是响应中国国家主席习近平"要发挥智库作用，建设好智库联盟和合作网络"建议的重要举措，也是对中外专家关于搭建合作平台、推动"一带一路"学术交流机制化常态化共同意愿的积极回应。[①] 8月27日，中非智库论坛第八届会议在北京举行，来自非洲45个国家的驻华使节、51个非洲国家的政府官员、智库学者、媒体代表和中国外交部、国内知名智库机构代表、企业代表及媒体人士近400人参加了此次会议，双方就共建"一带一路"、打造中非联合研究交流计划"增强版"、加强中非治国理政经验交流等话题进行了阐述与讨论。

五、影视交流异军突起

影视作为生动形象的文化窗口，对推动不同文化的深入交流有着不可替代的重要作用。浙江师范大学非洲研究院较早地开展了非洲影视研究与制作工作，坚持"学术研究与现实需求相结合"的导向，于2015年12月成立了中国首个非洲影视研究中心，相继自主策划、拍摄、制作了由中非学者联手导演制作的六集大型纪录片《我从非洲来》（又名《非洲人在义乌》）和由中非英三方学者合作拍摄的三集纪录片《重走坦赞铁路》。两部纪录片以国际化的视角和民间化的叙事方式，分别讲述了非洲人在中国的故事以及中国人在非洲的故事，在业内外、国内外获得一致认可，斩获了一系列奖项。[②] 2019年，中非双方在影视领域开展了一系列活动：1月1日，中埃双方合作译制的阿拉伯语版中国电视剧《欢乐颂》在埃及国家电视台开播，受到埃及当地观众的热议与喜爱；5月29日，DISCOP非洲电视节（法语区）在科特迪瓦经济首都阿比让开幕，由四达时代、央视网、上海炫动汇展、左袋创意等多家影视动漫公司组成的"中国动漫联合展台"首次在该电视节上亮相；7月4日，第三届中非影视合作论坛在喀麦隆举办，加强了中国与中西非法语国家的电影文

---

① "一带一路"国际智库合作委员会在京成立. (2019-04-25)[2020-12-27]. https://www.focac. org/chn/zfgx/rwjl/t1657735.htm.

② 刘鸿武院长赴京出席"2019中国（国际）纪录片论坛". (2019-04-05)[2020-12-27]. http:// ias.zjnu.cn/2019/0405/c6141a286839/page.htm.

化交流；11月20日，非洲电视节在南非约翰内斯堡桑顿会议中心开幕，由9家中方参展单位组成的中国联合展台带来的百余部参展作品，成为电视节一大亮点。

第三节　中非人文交流的特点

在百年未有之大变局的时代背景下，人文交流的重要性日益凸显，它与政治互信、经贸往来一道，成为我国对外关系的三大支柱。在以习近平同志为核心的党中央的坚强领导下，中非人文交流日益兴盛，走出了一条具有鲜明中国特色的人文交流之路，有力推动了双方的交流合作与文明互鉴[1]，形成了交流亮点更纷呈、交流机制更成熟、交流领域更广泛、交流主体更多元等特点。

一、交流机制更成熟

自2017年中国与南非建立了中非首个高级别人文交流机制后，中非人文交流迈上了新台阶，相关交流机制更为成熟。中非教育交流机制更完善。由教育部中外人文交流中心与南非高等教育和培训部工业和制造业培训署以及中南两国相关政府、院校、企业等58家单位共同发起成立的中国—南非职业教育合作联盟，在中外人文交流和国家职业教育宏观政策指导下，围绕中南两国和中非双多边职业教育人文交流开展活动，对于推动中南和中非双多边职教合作、创新技术技能人才培养模式、夯实国家间社会和民意基础具有重要作用。中非媒体与科技交流机制更健全。2019年6月24日，科技日报社与南非科技促进局在南非行政首都比勒陀利亚签署了科技新闻交流合作协议，贯彻落实了习近平主席2018年访问南非与拉马福萨总统达成的关于加强两国科技创新合作的共识，大力促进了中南双方科技新闻合作与交流。此外，中

---

[1]　柴如瑾. 中外人文交流的新方向. 光明日报，2018-02-08(6).

国科学院与非洲科学院于9月2日在肯尼亚首都内罗毕举行会议，双方就促进"一带一路"沿线国家科技创新及能力建设合作、中非科技合作达成一系列共识，签署了合作谅解备忘录，进一步深化了双方科研合作。

二、交流领域更广泛

随着中非对人文项目的日益重视，双方的交流领域不断拓展，在教育、文化、科技、旅游、媒体、青年、妇女、智库、影视、法律、卫生、体育等人文领域开展了广泛的交流与合作，鼓励政府、社团、智库、高校、媒体、学者、企业、民间组织等积极参与到中非人文合作的大潮中去，构建了全方位、宽领域、多渠道、官民并举、全线参与的人文交流格局。中非双方通过师生互访、科研合作、学术研讨、文化展览、才艺演出、旅游投资、媒体交流、代表团往来、友谊比赛等多种形式，有序推动人文交流走深走实。浙江师范大学非洲研究院创办的中非智库论坛为中非双方搭建了一个开放、平等、共享的思想对话平台。今后将有越来越多的高校成立非洲研究机构，吸引更多专家学者参与中非文化交流的研究。2019年12月20日，长征四号乙运载火箭搭载中国赠埃塞俄比亚首颗人造地球卫星在太原卫星发射中心成功发射，这是中国在航天高科技领域对他国进行援助赠送的重要项目之一，标志着中埃两国携手在航空航天领域书写了"南南合作"新篇章。同年10月17日，由乌干达麦克雷雷大学孔子学院主办的"新时代中非法律文化比较与交流研讨会"在乌干达首都坎帕拉召开，中非在法律领域的交流也取得了新突破。

三、交流特色更鲜明

中非双方在教育、文化、科技、媒体等领域的合作亮点不断增多。在非孔子学院不仅积极开展汉语教学，还积极探索"本土化"和"汉语+"发展新模式，开办"特色孔院"。如约翰内斯堡孔院设立了"中国研究中心"，并积极探讨共建国家重点科技实验室，努力办成"汉语+学术科研"为特色的孔院。[①]2019年3月25日，赞比亚—中国友好协会在赞比亚首都卢萨卡成立，这

---

① 林松添大使批驳所谓的中国"文化新殖民主义论". (2019-08-09)[2020-12-28]. https://www.focac.org/chn/zfgx/rwjl/t1687572.htm.

是两国民间友好交往历史上的又一重要里程碑，将在增进两国人民友谊、推动民间务实合作、共建"一带一路"等方面发挥重要作用。2002年建立的开罗中国文化中心是中国在海外设立的第一个中国文化中心，它结合当地特点创立了诸多自己的品牌项目，如"唱响埃及"中文歌曲大奖赛、"丝路心语"说汉语讲故事比赛、系列讲座"外国人眼中的中国"等，在传播中国文化、增进民心相通方面发挥了重要作用，已成为中国在埃及乃至中东地区一张文化名片。[①]此外，中国国际广播电台近年来先后推出了一批以非洲本土语言译制的中国优秀影视剧，扩大了本土媒体人员雇用数量，通过让非洲人讲非洲生活、让非洲人听懂中国故事，使媒体影视更贴近生活、更懂民心。

四、交流主体更多元

中非的人文合作日益深入，政府、企业、社会组织、青年群体等纷纷参与其中，使交流主体更加多元化。政府部门积极落实中非合作论坛项目，2019年正式竣工的赞比亚卢萨卡省琼圭区"万村通"项目，是落实2015年中非合作论坛约翰内斯堡峰会提出的中非人文领域合作的举措之一。企业开始在中非人文交流中崭露头角。内罗毕大学与长江传媒英爵意文化发展有限公司、肯尼亚国家图书馆与湖北中图长江文化传媒有限公司在第22届内罗毕国际书展分别签署的"中国书架"及"荆楚书架"合作协议，促进了肯中两国的文化繁荣和文化融合，增进了两国读者间的互动。华侨华人在人文交流中发挥更重要的作用。以"华侨华人和国家形象"为主题的首届非洲华侨华人民间外交论坛2019年8月5日在博茨瓦纳首都哈博罗内举行，来自10余个国家的约300名华侨华人代表共聚一堂，就文化艺术交流、野生动植物保护、"一带一路"与中企发展等话题进行了讨论。青年是中非友好的未来。2019年8月31日，第四届中非青年大联欢活动在广州开幕，来自51个中非合作论坛非方成员的近百名青年代表、数十名广东青年代表在此共话青年发展。2020年10月26日，第五届中非青年大联欢在中国宋庆龄青少年科技文化交流中心开幕。该活动以"凝聚青春梦想，共创中非关系新时代——中非青年共庆中

---

① 开罗中国文化中心——中东地区的中国文化名片. (2019-08-13)[2020-12-28]. http://news.cri.cn/20190813/145482b0-bdd8-ee09-d9f3-44aeee705bcd.html.

非合作论坛成立 20 周年"为主题，旨在搭建中非青年交流平台，延续中非传统友谊，开创中非青年共同发展的明天。

未来，中非人文交流应注意处理好三对关系：

一是处理好顶层布局与民间互动的关系。中非人文交流是一项系统工程，因此要强化顶层设计、深化协同创新，统筹各类资源，创新交流布局，在《关于加强和改进中外人文交流工作的若干意见》《中国对非政策文件》《中非合作论坛—北京行动计划（2019—2021 年）》等相关文件指导下，坚持循序渐进、由点及面、全面布局、精准发力、久久为功的原则，进行长远规划、精准对接。

二是处理好国际比较与非洲特色的关系。文明互鉴交流是推动人文发展的重要动力。中国与他国进行的人文交流多用某一特定"媒介"进行，而非洲大陆国家众多，除了借鉴与他国的交流方式外，中方不能局限于某一特定方式，在把握顶层设计思想的同时，更应该形成一国一策、一国多策的特色交流形式，使中非人文交流形式更加多元。

三是处理好全面发展与重点拓展的关系。中非人文交流应补齐短板，完善合作，探索新领域，形成全面、全程、全方位、立体化的发展格局。一要推进特色领域合作，二要巩固重点领域合作，三要开发新兴领域合作，为传统中非人文交流赋予时代新动能。

第四章

中非高级别人文交流机制 ————————————●

2017年4月24日，中非建立了首个高级别人文交流机制，习近平主席致信祝贺中国—南非高级别人文交流机制首次会议在比勒陀利亚召开，并表示该机制的启动将夯实中南关系的民意基础，有力推动两国人文交流。中南高级别人文交流机制是中国同非洲国家建立的首个高级别人文交流机制，是落实中非合作论坛约翰内斯堡峰会成果的重要行动，涵盖了双方在教育、文化、科技、卫生、青年、妇女、媒体、智库、旅游、体育、民间友好等诸多领域的合作，对于夯实中南友好的社会民意基础、深化中南全面战略伙伴关系、拓展中非人文交流合作具有重要意义。①近年来，在两国领导人亲自关心推动和双方共同努力下，中南全面战略伙伴关系发展势头强劲。两国政治互信空前提升，各领域务实合作成果丰硕，人文交流精彩纷呈，中南关系正处于历史最好时期。加强中南人文交流，有利于夯实两国关系持续健康发展的民意基础和人脉资源，有利于为双方关系的深入发展注入新的活力，对于中非人文交流具有示范和引领作用。在新的起点上，中国和南非加强双方交流合作的愿望强烈，有必要把握历史机遇，积极落实两国元首重要共识，建立中南高级别人文交流机制，全方位提升人文交流层次，扩大人文交流规模，为加强中国和南非全面战略合作伙伴关系、共同实现"中国梦"和"非洲2063愿景"奠定深厚的民意基础。

---

① 中非首个高级别人文交流机制开会，习近平写信祝贺. (2017-04-25)[2020-12-28]. http://m.haiwainet.cn/middle/456318/2017/0425/content_30878971_1.html.

第一节　建立中国—南非人文交流机制的基础

非洲54个国家中，南非综合实力最强，是金砖国家和发展中大国，在代表、宣传非洲文化和开展文化交流等方面也走在其他非洲国家前面。建立中国与南非高级别人文交流机制，是基于南非国情基础、中南关系基础、教育合作基础以及相关研究做出的慎重选择。

一、南非国情基础[①]

南非是非洲大陆中国侨民最多、与中国建立友好省市最多、吸引中国游客最多和接收中国留学生最多的国家。2014—2016年中南互办"国家年"，活动丰富，效果较好。2015年9月，由浙江师范大学、南非外交部和南非马篷古布韦战略反思研究所联合主办的"中非智库论坛第四届会议"在南非召开。我国正积极推进在南设立中国文化中心工作。可见目前条件已具备且较成熟。我驻南使馆也认为当下是实现"中非文明互鉴"的重要契机，应大力推动我价值理念在非传播，积极引导非洲自主价值观体系建设，促进中非民心相通，夯实民意基础。

南非共和国，面积1219090平方公里，人口5962万（南非统计局2020年年中估计数）。分黑人、有色人、白人和亚裔四大种族，分别占总人口的80.7%、8.8%、8.0%和2.5%。有11种官方语言，通用语言为阿非利卡语和英语。约80%的人口信仰基督教。比勒陀利亚为行政首都，开普敦为立法首都，布隆方丹为司法首都。

南非位于非洲大陆最南端，东濒印度洋，西临大西洋，北邻纳米比亚、博茨瓦纳、津巴布韦、莫桑比克和斯威士兰，另有莱索托为南非领土所包围。海岸线长约3000公里。全国大部分地区属热带草原气候。

最早的土著居民是桑人、科伊人及后来南迁的班图人。17世纪后，荷兰人、英国人相继入侵并不断将殖民地向内地推进。1910年，成为英国自治领。

---

① 本部分根据中华人民共和国外交部网站摘编。

南非当局长期在国内以立法和行政手段推行种族歧视和种族隔离政策。1948年，国民党执政后，全面推行种族隔离制度，镇压南非人民的反抗斗争，遭到国际社会的谴责和制裁。1961年，退出英联邦（1994年重新加入），成立南非共和国。1989年，德克勒克出任国民党领袖和总统后，推行政治改革，取消对黑人解放组织的禁令并释放非洲人国民大会（简称非国大）主席纳尔逊·曼德拉等黑人领袖。1994年，南非举行首次不分种族大选，以非国大为首的非国大、南非共产党、南非工会大会三方联盟获胜，曼德拉出任南非首任黑人总统，非国大、国民党、因卡塔自由党组成民族团结政府。

以非国大为主体的民族团结政府奉行和解、稳定、发展的政策，妥善处理种族矛盾，全面推行社会变革，努力提高黑人政治、经济和社会地位，实现由白人政权向多种族联合政权的平稳过渡。2014年5月7日，南非举行第五次大选，非国大以62.15%的得票率再次胜选，祖马连任总统，拉马福萨任副总统。现任总统为拉马福萨。南非政府分为中央、省和地方三级。全国共划为9个省，设有278个地方政府，包括8个大都市、44个地区委员会和226个地方委员会。实行多党制，国民议会现有13个政党。非国大为主要执政党，是最大的黑人政党。

南非属中等收入的发展中国家，是非洲经济最发达的国家。自然资源十分丰富。金融、法律体系比较完善，通信、交通、能源等基础设施良好。矿业、制造业、农业和服务业均较发达，是经济四大支柱，深井采矿等技术居于世界领先地位。旅游业是当前南非发展最快的行业之一，产值占国内生产总值的9%，从业人员达140万人。旅游资源丰富，设施完善。但国民经济发展不平衡，城乡、黑白二元经济特征明显，贫富悬殊。三分之二的国民收入集中在占总人口20%的富人手中。1994年以来南非政府先后推出多项社会、经济发展计划，通过建造住房、水、电等设施和提供基础医疗保健服务改善贫困黑人生活条件。1997年，制定"社会保障白皮书"，把扶贫和对老、残、幼的扶助列为社会福利重点。2020年，平均预期寿命约为65.5岁；艾滋病问题是目前南非面临的严重社会问题之一，艾滋病感染率约为13%（南非统计局2020年估计数）。

因长期实行种族隔离的教育制度，黑人受教育机会远远低于白人。1995

年1月，南非正式实施7至16岁儿童免费义务教育，并废除了种族隔离时代的教科书。政府不断加大对教育的投入，着力对教学课程设置、教育资金筹措体系和高等教育体制进行改革。学制分为学前、小学、中学、大学、研究生5个阶段。

南非奉行独立自主的全方位外交政策，主张在尊重主权和平等互利基础上同一切国家保持和发展双边友好关系，对外交往活跃，国际地位不断提高，已同186个国家建立外交关系。积极参与大湖地区和平进程以及津巴布韦、南北苏丹等非洲热点问题的解决，努力促进非洲一体化和非洲联盟建设，大力推动南南合作和南北对话。是联合国、非洲联盟、英联邦、二十国集团等国际组织或多边机制成员国。2004年，成为泛非议会永久所在地。2007—2008年、2011—2012年、2019—2020年担任联合国安理会非常任理事国。2010年12月，被吸纳为金砖国家成员，于2013年3月在德班主办金砖国家领导人第五次会晤。2011年11月，承办《联合国气候变化框架公约》第17次缔约方会议。

二、中南关系基础

中南于1998年建交，短短20余年，两国关系实现了从伙伴到战略伙伴，再到全面战略伙伴的"三级跳"，堪称中国同非洲乃至发展中国家友好合作的典范。2011年，南非正式加入金砖国家，这为南非提高国际地位发挥了重要作用。南非总统祖马2014年12月访华期间，与中国签署了《中南5—10年合作战略规划2015—2024》，为中南关系迈向更高水平指明了方向。同时，两国在重大国际和地区事务中相互理解、相互支持、团结协作，共同维护了广大发展中国家的共同利益。两国领导人一致同意，将中南关系作为各自国家对外关系的战略支点和优先方向，赋予中南关系新的定位和内涵。

中国国家主席习近平于2015年12月2日至3日对南非进行国事访问。中南两国元首就双边关系及共同关心的话题举行了会谈，并共同见证双方多项合作文件的签署，把中南双边关系提升到新的高度，合作进入快车道。

近年来，中南经贸合作发展迅速。中国是南非最大贸易伙伴，南非也是中国在非洲最大的贸易伙伴。2021年，中南贸易额达到543.5亿美元。同时，南非还是中国在非洲的重要投资目的地，截至2021年底，直接投资存量为

61.47亿美元。双方务实合作不断向纵深拓展，不断取得新突破。目前，在南中资企业已超过200家，数量居非洲国家之首。在南非一些轨道线路上，行驶着中国为其量身定制的"双流制"机车；而对南非消费者来说，中国品牌已成为挑选家电时的重要选择。南非已成为亚洲基础设施投资银行创始成员国。

中南人文交流趋于广泛。早在百余年前，第一批华侨远渡重洋来到被称为"彩虹之国"的南非，建立了双方民间剪不断的联系。两国建交后，在政府、立法机构、政党、地方省市、民间等各个层面都建立了友好交流机制，两国在人员往来、旅游、教育、文化、科技等领域的交流与合作不断深化。目前，南非是接收中国留学生最多（累计逾7100人）、设立孔子学院或课堂最多（9所）、建立友好省市最多（32对）的非洲国家，已将汉语教学纳入其国民教育体系。约50万华侨华人生活、工作在南非。

中南两国签有文化合作协定及其执行计划，多层次、多渠道文化交流与合作发展顺利。近年来，"中国文化非洲行""感知中国·南非行"等大型活动在南举行，反响热烈。南多个艺术团组来华参加"国际民间艺术节""相约北京——非洲主宾洲"等活动。2002年，南非成为中国公民出境旅游目的地国，是目前接待中国游客最多的非洲国家之一。2010年，南非旅游局在华设立常驻代表机构。2018年，中国公民赴南旅游人数约10万人，南非约有8.36万人次来华。

根据习近平主席2013年访南同祖马总统达成的共识，中南两国已互办国家年。百余个文化演出团体互访，来自中国的舞蹈、影视、音乐在南非舞台或荧幕上不断收获当地人掌声与喝彩。这是中国首次在非洲大陆举办国家年活动，具有开创性意义，为推进中南各领域交流与合作打开了大门、提供了平台。随着两国文化合作的不断深入，不仅中国文化在南非广受欢迎，越来越多的南非人也将他们的文化带到了中国。2014年，曼德拉自传电影《漫漫自由路》在中国放映；2015年6月，十二集系列纪录片《南非人在中国》在北京发布。该纪录片跟踪拍摄了12位在中国生活工作的南非人，通过记录他们真实的生活故事，展现了中国和南非两国民间的友好往来。

三、教育合作基础

中国教育部一贯重视与包括南非在内的非洲国家开展教育交流与合作。中南教育合作基础好、潜力大。仅以2007—2015年的中非教育合作为例。

（一）高层互动频繁

2012年7月20日，南非总统祖马在北京大学发表演讲并接受北京大学名誉教授称号。

2013年3月26日，习近平主席访问南非期间，与南非总统祖马共同见证国家汉办与南非德班理工大学签署合作设立孔子学院的协议。

2013年10月29日，南非副总统莫特兰蒂在对外经济贸易大学发表演讲。

2014年12月5日，南非总统祖马访问清华大学，发表演讲并受聘为清华大学名誉教授。

2015年4月27日，教育部部长袁贵仁作为中方主宾出席南非大使馆在京举行的南非自由日招待会，祝贺新南非成立21周年。

（二）代表团往来密切

2007年6月，教育部副部长袁贵仁访问南非。

2007年9月，南非教育部长潘多随南非副总统访华。

2010年8月，南非高等教育与培训部部长恩齐曼迪随南非总统访华，袁贵仁部长会见并宴请代表团一行。

2012年3月，林蕙青部长助理访问南非。

2012年5月，南非高等教育与培训部部长恩齐曼迪出席我在上海举办的第三届国际职业技术教育大会。

2013年9月，南非高等教育与培训部部长恩齐曼迪及夫人一行6人应中联部邀请访华，期间访问了国家汉办、全国高等学校学生信息咨询与就业指导中心、北京大学继续教育学院等单位。

2013年11月，袁贵仁部长与南非高教部长恩齐曼迪、基础教育部长莫采卡共同参加了教科文组织金砖国家教育部长会议。

2014年2月，南非基础教育部长莫采卡一行6人应教育部邀请访华，期间与郝平副部长举行会谈，并访问了全国妇联、上海市教委、华东师范大学及其附属学校、中国教育科学研究院、中国教学仪器设备有限公司等单位。

2014年9月，南非高教部长恩齐曼迪访华，参加世界经济论坛2014年新领军者年会（天津达沃斯论坛）。

（三）合作协议签署

2013年3月，教育部与南非基础教育部签署了《中华人民共和国教育部与南非共和国基础教育部基础教育合作协议》。2014年2月，两部签署司局级层面的合作协议行动计划。教育部还与南非高教与培训部就《中南高等教育与培训合作协议》有关文本进行磋商。

（四）留学生交流

自2001年接受1名南非奖学金生以来，截至2015年共接受奖学金生199名。2015年全年在华南非学生2062名，其中奖学金生128名（含国别奖、单方奖、专项奖）、自费生1934名。（来华学生数在非洲国家中排名第7，在南部非洲国家中仅次于赞比亚和津巴布韦。）

2010年，时任国家副主席习近平访问南非时提出：中方将大幅度增加南非来华政府奖学金名额。自2011—2012学年起，向南非提供的奖学金名额由3人/年增加到30人/年。

2012年，南非总统祖马访华时，时任国家主席胡锦涛宣布在未来5年内（2013年至2017年），中方将向南非提供中非友好奖学金名额共计200个，供南非优秀青年学生来华学习深造。

2014年度，中国赴南非留学人员15人，其中国家公派8人；截至2014年底，中国在南非的各类留学人员共有1151人。

（五）人力资源培训

2009—2015年，南非共27名政府官员、高校领导和专家学者来华参加教育部举办的各类短期研修班。

自2008年起，教育部与商务部设立"为发展中国家培养硕士人才项目"，旨在为发展中国家特别是非洲国家培养一批知华、友华、亲华的高层次精英人才和未来领导者。最早，该项目由北京大学、清华大学两所高校承办，设有公共管理专业的两个项目班。目前，该项目设有公共管理、教育、国际传播、国际关系近30个专业，委托北京大学、清华大学、华东师范大学、中山大学、中国传媒大学、外交学院等40余所高校承办，全英文授课，中方负担所有费用，学习期限为一至三学年。截至2015年，南非共14名学员来华参加该项目。

（六）中非高校20+20合作计划

中国湖南大学与南非斯坦陵布什大学，中国东北师范大学与南非比勒陀利亚大学结成合作伙伴，入选"中非高校20+20合作计划"。双方高校在互派师资、学术研讨、学生联合培养等方面开展多个合作项目。（见表1）

表1　中非院校合作项目

非洲机构名称	建立时间	中方合作机构
开普敦大学孔子学院	2007.12.11	中山大学
罗德斯大学孔子学院	2007.12.11	暨南大学
斯坦陵布什大学孔子学院	2008.01.14	厦门大学
德班理工大学孔子学院	2013.03.26	福建农林大学
约翰内斯堡大学孔子学院	2014.07.04	南京工业大学
西开普大学中医孔子学院	2018.12.05	浙江师范大学
开普敦数学科技学院孔子课堂	2009.11.11	山东淄博实验中学
威斯福中学孔子课堂	2013.11.26	天津外国语大学附属外国语学校
中国文化和国际教育交流中心孔子课堂	2014.07.29	江苏省教育厅

（七）南非汉语教学和孔子学院建设情况

截至2015年10月，我国共向南非派出汉语教师107人次，派出志愿者40人次，提供孔子学院奖学金名额38个，赠送汉语教材和图书6.3万册，38名学生来华参加"汉语桥"世界大学生中文比赛。

目前，南非有6所孔子学院和3所孔子课堂，是非洲大陆建有孔子学院和孔子课堂最多的国家。

2015年，汉语教学被纳入南非国民教育体系。南非政府规定全国中小学所有适龄学生均可选修汉语。

2016年3月7日，驻南非使馆与南非基础教育部在约翰内斯堡市科学博物馆举行教学天象仪暨汉语教材捐赠仪式，体现了中南全面推动落实习近平主席访南和峰会后续行动的努力。

（八）南非"中国年"教育领域相关活动

2014年和2015年，中南两国互办国家年。2015年南非"中国年"期间，在教育领域开展了一系列活动。

1. 中国教育仪器设备有限公司举办了第九届"南非教育交流周"和"中国日"系列活动，并捐赠一个室内天文馆。中国教育仪器设备有限公司组织国内教学仪器行业骨干企业参加于2015年7月在南非举办的第九届"南非教育交流周"和"南非全国教学仪器展示会"，并在展会期间举办"中国日"系列活动。该公司还在南非豪敦省教育科技活动中心捐赠了一个可容纳30至40名学生同时参观的室内天文馆。

2. 东北师范大学举办合作研究成果展示系列活动。在"中非高校20+20合作计划"框架下，为配合2015南非"中国年"，东北师范大学于2015年10月与南非比勒陀利亚大学举办校际合作系列活动。内容包括：举办双方校际合作研究成果展示、中南小学校长工作坊、教育研讨会等。

3. 浙江师范大学举办"南非周"活动。浙江师范大学于2015年9月与南非斯坦陵布什大学合作举办"浙江师范大学南非周"，包括面向南非的人才招聘、来华留学生招生、文化交流、艺术展览和教育展等活动。

（九）与南非在金砖国家框架下开展多边教育合作

为推动落实金砖国家领导人会晤成果，金砖国家已经召开九届金砖国家教育部长会议。金砖国家教育部长定期会晤机制已经形成，金砖五国教育部领导均表示将进一步加强金砖国家教育合作。

为进一步推动金砖国家大学之间的务实合作，中方提出筹建"金砖国家大学联盟"的倡议，该倡议得到金砖各国的认可并被写入金砖国家领导人会晤成果文件——《福塔莱萨宣言》和《乌法宣言》中。2015年10月17日，金砖国家大学校长论坛在北京师范大学举行，教育部部长袁贵仁出席论坛开幕式并致辞。论坛结束前发表了《金砖国家大学校长论坛—北京共识》，并举行了"金砖国家大学联盟"启动仪式。

四、相关研究基础

2017年4月1日，在中华人民共和国和南非共和国合作建立的高级别人文交流机制即将在南非正式启动之际，"教育部浙江师范大学中国—南非人文交流研究中心成立仪式暨新时期中南非和中非人文交流战略研讨会"在浙江师范大学举行。中国—南非高级别人文交流机制是2000年教育部启动中外高级别人文交流机制以来的第七个中外人文交流机制，是中国与非洲国家建立的首个人文交流机制，对于推动中非人文交流研究和务实合作具有重要意义。教育部国际司委托浙江师范大学和云南大学分别成立中国—南非人文交流研究中心，为中国—南非高级别人文交流机制提供思想支持和智力支撑。为了切实增强中国—南非人文交流研究中心的整体研究实力，服务国家战略需求，浙江师范大学为中心配备了"超豪华"学术团队：由教育部长江学者、知名非洲问题研究专家、浙江师范大学非洲研究院院长刘鸿武教授担任中心首席专家，并配有一支56人规模的专职研究队伍，其中超过80%的研究人员拥有博士学位，超过60%的研究人员具有正高、副高职称，还延聘非洲驻中国大使、非洲本土学者、国内外资深非洲研究学者、退休驻非大使、企业行业协会人士等16人担任兼职研究员。

（一）服务中南人文交流机制

近年来，刘鸿武院长领衔的浙江师范大学学术团队为启动中南人文交流机制做了大量的学术支持与政策咨询工作，2015年10月，"中非智库论坛第四届会议"在南非外交部内的国际会议中心隆重举行，2017年4月1日还正式成立了"教育部浙江师范大学中国—南非人文交流研究中心"，以进一步系统推进相关研究工作。

2017年4月20日至26日，由国务院副总理刘延东和南非艺术文化部部长姆特特瓦共同主持的中国—南非高级别人文交流机制首次会议在南非举行。中国—南非人文交流研究中心首席专家、浙江师范大学非洲研究院院长刘鸿武和中非国际商学院青年博士张巧文，作为教育部特邀嘉宾出席相关活动。访南期间，刘鸿武院长一行还与南非华人专家学者、南非本土智库学者进行多场交流，积极宣介中南人文交流机制，探讨如何深化中南智库学者的交流与合作。

4月24日上午，机制启动大会在南非外交部大楼隆重举行，中国国家主席习近平和南非总统祖马为机制启动致信祝贺。习近平指出，中南同为发展中大国和金砖国家成员，近年两国全面战略伙伴关系保持强劲发展势头，中南高级别人文交流机制是中国同非洲国家建立的首个高级别人文交流机制，是落实中非合作论坛约翰内斯堡峰会成果的重要行动，机制的启动将夯实中南关系的民意基础，有力推动两国人文交流，中方愿同包括南非在内的非洲国家一道，携手开创中非合作共赢共同发展的新时代。①

机制启动活动期间，中南双方政府签署了教育、科技、文化、新闻广电等领域的一系列合作协议，还举办了中非部长级医药卫生合作会议、中国—南非科技园合作研讨会、中南高端思想对话会、史蒂夫·比科医学院捐赠医疗器械仪式、中国南非手拉手——庆祝中南高级别人文交流机制启动暨新南非成立23周年文艺晚会、第二届中非青年大联欢等一系列活动。国务院办公厅、外交部、教育部、科技部、财政部、文化部、卫计委、新闻出版广电总局、体育总局、旅游局、国务院研究室、档案局、全国青联、全国妇联、全国友协、教育部所属5家外事事业单位和2所高校的代表，与来自南非的代表共同出席机制首次会议。张巧文应邀在机制大会上发言，深情讲述了她在南非攻读博士学位期间与南非导师、朋友交往的感人故事。

出席会议的外交部副部长张明，国务院研究室教科文卫司司长侯万军、副司长范绪锋，教育部国际司司长许涛、副司长于继海，与浙江师范大学非洲研究院学者就在推动中南人文交流中如何更好地发挥智库作用交换了意见。

其间还开展了一系列人文交流与智库对话活动。4月22日，刘鸿武、张巧文、正在南非做田野调查的非洲研究院徐薇博士一行，以及教育部国际司调研员王道余，出席了由南部非洲华人专家学者工程师联合会主办的"南非华人在中国人文交流合作活动中地位与作用"座谈会。刘鸿武作了主旨发言，介绍了国内非洲研究现状及近年来非洲研究院的发展情况，并同与会人员就南非华人专家学者如何在中南人文交流合作中有效地发挥作用进行了广泛且

---

① 习近平向中国—南非高级别人文交流机制首次会议致贺信. 人民日报，2017-04-25(1).

深入的讨论，提出了若干合作建议与构想，受到了与会人员的广泛认可和积极响应。

4月25日，非洲研究院团队代表一行分别走访了南非当地知名智库姆贝基非洲领导力研究院（Thabo Mbeki African Leadership Institute，TMALI）和马蓬古布韦战略反思研究所（Mapungubwe Institute for Strategic Reflection，MISTRA），探讨在中南高级别人文交流机制框架下深化两国智库交流合作的新路径。姆贝基非洲领导力研究院的保罗·滕贝博士作为非洲研究院的老朋友，热烈欢迎刘鸿武院长到访南非。滕贝首先介绍了TMALI的最新发展情况，表示愿同非洲研究院继续深化合作，为赴非研究人员提供办公场地等支持。刘鸿武院长对滕贝一直致力于中国研究表示感谢，表示非洲研究院将同TMALI一道积极探讨在南非建立非洲研究院的分中心，建立中南留学生联合会，将曾留学中国的南非学者与曾留学南非的中国学者联结到一起，壮大研究力量，扩大信息渠道。会谈结束时，双方就下一步开展的合作事宜拟订了计划。在马蓬古布韦战略反思研究所，刘鸿武院长与执行所长纳茨坦泽、研究员马斯塔、桑拉尼等进行座谈。刘鸿武院长回顾了第四届中非智库论坛期间两家机构的合作，并邀请对方参加拟于6月在埃塞俄比亚召开的第六届中非智库论坛。纳茨坦泽称第四届中非智库论坛的合作经历很愉快，表示会积极支持并参加第六届中非智库论坛，MISTRA近年来出版了一些优秀著作，希望能与非洲研究院合作将其译成中文，让更多的中国人看到他们的观点和思想。双方还就下一步合作达成了基本共识。

（二）凝心聚智，召开相关研讨会

2017年4月1日，由浙江师范大学非洲研究院主办的"新时期中南非和中非人文交流战略研讨会"在浙江师范大学召开。来自教育部国际司、国务院研究室教科文卫司、中共中央对外联络部研究室、浙江省教育厅外事处等部门的领导和南非金山大学、中国社会科学院、中国人民大学、复旦大学、国际关系学院、云南大学、上海师范大学、浙江财经大学、浙江农林大学、浙江师范大学的中外学者以及非洲商会负责人，共70余位代表与嘉宾参加了会议。与会代表与嘉宾围绕中南非和中非人文交流机制的战略意义、目标路径、创新举措和长远规划展开了广泛而深刻的讨论。经过思想的交流与碰撞，与会者认为中南非人文交流机制的建立具有重要意义；构建中国特色的哲学社会科学体系是机制建立的基础；要实现中南之间的有效人文交流要确保主体的广泛性和载体的多样性。

时任浙江省委书记车俊在2018年全省对外开放大会上明确提出，支持金华建设中非文化合作交流示范区。"国之交在于民相亲"，中非人文交流合作是中非关系实现长远和可持续发展的重要保障。金华是中非合作的先行区、试验区，建设中非文化合作交流示范区恰逢其时，可谓是国家有需要、省委有要求、金华有基础、时代有机遇，义乌是非洲商人淘金的首选地，坐落在金华的浙江师范大学非洲研究院则是国内研究非洲的前沿学术机构，金华已逐渐成为最受非洲青年学子青睐的海外研学基地。近年来，金华与非洲各类代表团互访频繁，经贸、人文、教育、卫生等领域交流合作日益丰富，合作领域不断扩大。在新时代新形势下，我们要顺势借势全面深化中非人文交流合作，把先试先行的探索经验转化为合作示范的实践成果，使之真正成为"中非合作典范"[①]。

（三）深入研究，形成相关报告

核心价值观是文化软实力的灵魂。一个国家的文化软实力，从根本上说，取决于其核心价值观的生命力、凝聚力、感召力。南非核心价值观的建立首先需要重视对南非历史的研究，其次要对现实有客观清醒的审视，以及对未来的深刻把握。

第一，从历史维度看，南非主流价值观发展有其特殊性、复杂性。

当代非洲国家和欧洲国家是在不同的背景下产生的。欧洲是先有民族，后有国家，当国家建立的时候，已经有了共同的语言、历史和归属感等国家所需要的基本要素。非洲却是先有国家，再在国家的"领土范围之内"建立国族、设立官方语言、培养民众对于国家的认同感和归属感。

长期以来，南非主流价值观受到种族主义和西方民主自由价值观的"双重束缚"。一方面，种族主义瓦解本土传统价值观，使很多南非人失去"精神脊梁"，只认同部族、家族甚至雇主，没有国家、民族意识和自豪感。另一方

---

① 陈旭东. 加快推进中非文化合作交流示范区建设. 政策瞭望，2019(2)：46.

面，西方的价值观霸占了占据主流地位。老一辈的非国大主要领导人多深受西方影响，西方民主自由价值观与西方政治制度、经济影响纠合在一起，成为主导非洲国家的主流意识形态。新南非成立以后，政治转型较为顺利，但顽固的西方势力、内在的种族主义相互作用，使新价值观的确立异常艰难。反之亦然，长期的政治动荡与族群分裂，往往是因为非洲国家缺乏坚实有力的国家核心理念与核心价值体系。

第二，从现实维度看，南非新价值观体系建设不力，未能有效占据教育、网络等重要阵地。

教育方面，南非的中小学基本沿用西方教材，以西方视角讲述南非和非洲历史；师资队伍素质欠缺；大学生时有公然对抗政府管理和引导的行动。学生运动表面上是抵制学费上涨，其实背后亦有国内外反对势力介入。

舆论方面，面对外来的思想文化，未受过良好教育和价值观塑造的民众往往缺乏必要的甄别能力，很快沦为网络信息泛滥的受害者。

中非交流方面，当前存在重经贸、重硬件而忽视思想人文交流，重物不重人，重贸易轻思想、文化、价值传播等问题，尤其是忽视中非民间在价值理念、思想认同方面的深层次交往，这样很难保证未来中非关系是友好和谐的。

第三，从未来维度看，国家治理能力与经济发展能力的提升，离不开思想自立与知识创新能力的提升。

中非政治经济合作必须建立在思想与知识合作的基础上。近年来，一些发达国家在非洲的媒体、智库、高等教育、出版、影视等领域占有绝对优势，长此以往，可能会出现不良后果。我国应着眼长远，制定中非人文思想交流的规划，维护中国在非洲国家利益，确保中非合作之长远可持续发展。

第二节　中国—南非高级别人文交流机制构架

中国—南非高级别人文交流机制是中国同非洲国家建立的首个此类机制，涵盖了双方在教育、文化、科技、卫生、青年、妇女、媒体、智库、旅游、体育、民间友好等诸多领域的合作，对于夯实中南友好的社会民意基础、深化中南全面战略伙伴关系、拓展中非人文交流合作具有重要意义。

一、目标与定位

中非合作论坛约翰内斯堡峰会宣言指出：中非应坚持互学互鉴，共谋和谐繁荣。加强发展经验交流，深化发展援助、医疗和公共卫生、教育、减贫、科技合作与知识分享、生态环境保护等领域合作。要认识到依靠技术和创新促进非洲经济增长的重要性，特别是在采掘业、医药、信息技术、化学、石油化工、自然资源开采和加工等领域。要加强双方民间和文化交流与合作，尤其是密切文化与艺术、教育、体育、旅游、新闻与媒体、学者与智库、青年、妇女、工会、残疾人等领域交流，深化双方人民的相互了解和友谊。以此为依据，可以明确中南人文交流机制的目标与定位。

要以"合作发展、共享共赢、开放包容、互学互鉴"为工作原则，以"面向人民、面向世界、面向未来"为总体思路，以"政党与智库、教育与科技、卫生与体育、文化与艺术、影视与传媒"等为主要领域加强中南合作所需要开展的项目规划与政策设计，促进中南民间的交往推动人民的相互了解、形成共识。搭建平台，促进信息分享，使中南高级别人文交流机制切实服务中南双边关系发展大局，服务人文领域的务实合作，并辐射非洲其他国家，发挥龙头带动效应。建议适时建立中南副总理级人文交流机制，为发展和丰富现有的双边、多边合作交流机制与项目而创造新的机遇和平台。

人文交流是促进中南双边关系的民意基础，也是中南关系持续深入发展的重要动力。这是交流机制的出发点。在新的历史起点上加强中南全面战略合作伙伴关系，必须依赖中南民众和社会各界的积极支持与广泛参与，从而打造统一的人文交流规划框架与平台，为丰富交往渠道、拓宽交流领域、深化合作内涵提供有力的支持和保障。

二、组织与架构

在组织架构方面，可参照已有的中外人文交流机制的模式，定期召开机制会议，建立主席、协调人机制，以保证机制的顺利运行。建议中方由中国政府负责人文交流事务的副总理担任主席，南非方面由副总统担任主席。建议中方协调人由中国教育部领导担任，非方协调人由南非负责文化教育事务部门领导担任。双方协调人共同负责、协调组织工作和有关后续重点活动的实施，包括确定会议流程、参会人员和会议议程等。人文交流机制大会轮流在中国和南非召开。

根据起步阶段的活动领域，可请国务院办公厅、外交部、教育部、科技部、文化部、卫生计生委、新闻出版广电总局、团中央、国研室和全国友协主管副部级领导以及我驻南非大使担任中方机制成员。

为做好协调和日常工作，建议设立中南高级别人文交流机制秘书处，相关单位司局级领导担任秘书处成员。秘书处下设机制联络办公室。秘书处设在教育部，联络办公室设在教育部国际合作与交流司。教育部负责国际合作的副部长担任机制秘书长和中方总协调人。机制下可成立专家咨询委员会，为中方成员提供政策咨询和活动建议。

三、领域与内容

在新的起点上，中国和南非加强双方交流合作的愿望强烈，有必要把握历史机遇，积极落实两国元首重要共识，建立人文交流机制，形成以"政党与智库、教育与科技、历史与文化、影视与艺术"为支撑的"四位一体"的合作与交流体系，全方位提升中南思想交流层次，扩大规模，为加强中国和南非全面战略合作伙伴关系、共同实现"中国梦"和"非洲2063愿景"奠定深厚的民意基础。

（一）建立机制框架，切实服务大局

建议中国—南非高级别人文交流机制以"合作发展、共享共赢、开放包容、互学互鉴"为工作原则，以"面向人民、面向世界、面向未来"为总体思路，以"政党与智库、教育与科技、历史与文化、影视与艺术"等为主要领域加强中南合作，开展项目规划与政策设计。随着涉及范围的不断扩大，未来可将更多领域纳入到机制中。该机制要能切实服务中南双边关系发展大局，并辐射非洲其他国家，发挥龙头带动效应，为发展和丰富现有的双边、多边合作交流机制与项目创造新的机遇和平台。

（二）加强教育合作，促进学术交流

首先，建议调整中非人文教育交流体系结构，加大投入，创新项目。中国政府资助留学生项目向申请硕士、博士学位的高层次学生、从事人文社科研究的非洲国家学生倾斜。设立多种奖学金，加大资助力度，吸引非洲学生来华学习，扩大规模，培养知华、友华、亲华的新生力量。增设"中国社会经济发展"一年制专业硕士培养项目，根据非洲国家的关切与实际需要，培养一支既懂中国又懂非洲的师资队伍，讲授中国思想、模式、制度、经验对非洲发展的借鉴意义，培养未来的非洲政治精英。

其次，应以孔子学院为平台，加强对中国价值观的传播。在广泛研讨、反复充分论证基础上，组织国内专家编写简易通俗、图文并茂、对非洲当代青年具有吸引力、感染力、双语的中华文化读本。拓展孔子学院"三巡"活动，支持国内各领域专家赴非开展国情讲座和交流。增加孔子学院数量，拓展志愿者类型，扩大规模，融入当地社区和家庭，深入非洲"草根"阶层，借由各种活动促中国形象提升。

再次，要扩大中南教育合作网络，加强基础教育和高等教育交流互动。与南非大学的教育合作，应实施"强强联合"的原则，积极支持国内与南非大学开展实质性交流，聘请南非知名教授来华讲学，利用已进入当地主流社会的华裔学者的有利资源，引进南非优质教育资源，建立专家库，将双边高校、科技合作向纵深推进。派遣更多中国学生赴非洲学习，开展联合培养项目及短期交流。同时积极落实铁路司机学校、职业培训学校和其他教育类项目落地。还可援建非洲农村小学，建立姊妹校，邀请非洲学生访华；为非洲培训数学、历史和自然科学师资，共同编写教材；推动驻南非大使馆和使领馆在南非的中资企业设立"儿童免费午餐"项目，实施"女生企业实习计划"等。

最后，可鼓励和支持本国的学校开展对方国家的语言文化教学，并相互提供帮助。可组织编纂《中国基础教育特色案例分享》等对非宣传资料，也可以与出版社联手在非洲发行传播"理解中国"系列作品，增进非洲高校知识分子、普通民众对中国的理解和认知。

（三）加强智库协同创新，促进中非思想交流

南非是非洲拥有智库数量最多、智库影响最突出的国家，非洲智库聚集了各国主要思想精英，在非洲一体化和平发展事务中扮演着关键性角色。由于西方多年的经济扶持与思想渗透，非洲智库在意识形态、议程设置等方面受西方影响较大，造成中非在许多方面的观念存在较大分歧，甚至可能构成阻碍中非关系深化发展的隐蔽高墙。加强中非智库合作非常重要，也很有必要。

中非智库合作的主要机制化交流平台有中非联合研究交流计划、中非合作论坛框架下的中非智库论坛、外交部中非智库"10+10"合作伙伴计划（其中南非有2家）、商务部非洲智库研修班项目等。

建议加强"中非联合研究交流计划"的联合性，增设中南智库学者交流访问机制，做好学术交流、共同办会、人才培养、共享成果、信息交流等方面的工作。联合建立数据库，共享传播信息与知识数据。提高中非智库合作成果的数量和质量，扩大国际论坛后续影响，提升成果的国际化水平和影响力。

建议进一步落实并拓展中非智库"10+10"合作伙伴计划，增加智库数量，拓展研究内容，加强内部考核。深入开展合作研究，尝试中南双方合作共建智库、研究院，在对方智库所在地互设海外分支机构。

建议加大投入，加强对非洲智库的研究，并设立智库发展基金。参考西方智库对非合作经验，中国可帮助大多数非洲国家建立智库，以学术研讨、知识传播、人员培训等方式直接影响关键内容设置。可设立智库发展基金，为非洲智库提供资金支持，用于人才培养、建立数据库、开展学术交流、出版学术著作等。

建议积极实施从非洲、发展中国家吸引高端人才的项目，设立专门面向非洲和发展中国家的"人才计划"。用较低成本，吸引发展中国家高端人才，

有效补充我国外专人才队伍，实现我国人才队伍的国际化以及学缘、业缘、文化价值观的多元化，从而增强中国人才队伍的多元发展活力。人才回到非洲后将成为未来非洲国家的新一代科技领军人才，把中国的发展经验、治国理念、制度模式、知识资源有效地应用于非洲。

（四）加强文化交融，促进中非影视交流

中国与近40个非洲国家签订了政府间文化合作协定，成立了驻毛里求斯、贝宁和埃及的中国文化中心。南非"中国年"的实践也充分展示了文化交流的独特作用。

建议增加非洲国家的中国研究中心数量。非洲大陆缺乏"汉学家"，普通民众对中国的了解和认知深受西方媒体的影响，甚至存在很多误解。应扶持科研能力强的南非学术机构成立更多"中国研究中心"，并给予经费支持，为人员和学术交流提供更多便利。

尽快启动"中非合作国家记忆工程"项目。对中非交流史上的重要事件、项目等的资料进行抢救性的收集、整理、保护和研究，并从学术角度总结援非精神、坦赞铁路精神。建议启动坦赞铁路博物馆建设，拍摄坦赞铁路纪录片，出版大型画册，出版相关研究系列著作；编撰《中非关系编年史》《中国对非援助资料文献汇编》等。

鼓励和推动中南文化机构的交流和项目合作，支持文化代表团和艺术团组互访。可联合举办中南影视文化节、文化艺术节、旅游文化节等，进一步丰富交流载体。建立中南新闻传播能力建设交流探讨机制，就传媒人才培养、传播能力提升、媒体模式创新等进行交流研讨。关注南非广播电视数字化进程，联合提升维护新型战略伙伴关系发展及其成果的国际话语权。加强与非洲各大传媒集团的合作，加强新兴媒体互动对话平台建设，开展南非广播电视数字化中国行动计划。

第三节　机制发展的现状、特点与成效评估

一、开端良好、进展顺利

2017年4月24日，中国—南非高级别人文交流机制首次会议在比勒陀利亚召开。机制中方主席、国务院副总理刘延东首先宣读了习近平主席向中国—南非高级别人文交流机制首次会议发来的贺信。

习近平强调，中国和南非同为发展中大国和金砖国家成员。近年来，两国全面战略伙伴关系保持强劲发展势头，给两国人民带来了实实在在的利益。中南高级别人文交流机制是中国同非洲国家建立的首个高级别人文交流机制，是落实中非合作论坛约翰内斯堡峰会成果的重要行动。机制的启动将夯实中南关系的民意基础，有力推动两国人文交流。

习近平指出，这次机制活动期间还将召开中非部长级医药卫生合作会议。中非卫生合作是中非友好合作的重要组成部分。希望有关各方携手同行，深入推进中非卫生合作，造福中非人民。

习近平强调，实现中华民族伟大复兴的中国梦和非盟《2063年议程》描绘的非洲梦高度契合。中方愿同包括南非在内的非洲国家一道，携手开创中非合作共赢、共同发展的新时代。

南非总统祖马也向会议致贺信，表示，南中高级别人文交流机制的建立是南中良好关系的又一例证。相信机制将推动两国相关领域交流合作取得积极成果，增进两国人民相互理解，将两国关系提升到新的高度，实现南中共同繁荣。[1]

刘延东表示，中南建立高级别人文交流机制，是习近平主席和祖马总统着眼中南关系大局作出的战略决策，是落实中非合作论坛约翰内斯堡峰会成果的重要行动，也是中国与非洲国家建立的首个政府间高级别人文交流机制，对加强中南关系、深化中非合作、推动南南合作将产生重要而深远影响。

---

[1] 习近平向中国—南非高级别人文交流机制首次会议致贺信. 人民日报，2017-04-25(1).

刘延东表示，中南是遥远的邻居，更是同行的伙伴。近年来，两国元首多次会晤，两国关系内涵不断丰富，保持高水平运行，正处于历史最好时期。双方要充分发挥人文交流机制的引领作用，加强系统谋划，推动教育、科技、文化、卫生、青年、妇女、体育、智库、媒体、旅游等领域交流合作，构建官民并举、多方参与的人文交流新格局，使中南友好合作的"彩虹之桥"更宽广、更牢固，为共同繁荣、造福于民、推进中南全面战略伙伴关系发展、打造更加紧密的中南、中非命运共同体不断注入新的生机活力，为中非文明互鉴、发展中国家人文合作发挥示范作用。①

机制南方主席、南非艺术文化部部长姆特特瓦宣读了南非总统祖马的贺信。姆特特瓦表示，中国—南非高级别人文交流机制将增进两国人民的相互理解，加强双方的学习互鉴，推动相关领域合作取得实际成果，助力南非实现《2063年议程》描绘的非洲梦，有利于两国更好应对共同挑战，实现共同发展和繁荣。

其间，刘延东还出席了中非部长级医药卫生合作会议并致辞。中南各界共约1800人参加了此次人文交流机制会议的相关活动。

她还会见了祖马总统，并出席了中南科技园合作研讨会、中南高端思想对话会、第二届中非青年大联欢闭幕大会、庆祝中南高级别人文交流机制启动暨新南非成立23周年文艺晚会等活动。

二、不断深入，务实推进

2018年12月3日，国务院副总理、中南高级别人文交流机制中方主席孙春兰在北京和南非艺术文化部部长、机制南方主席姆特特瓦共同主持了机制第二次会议。会议期间，举办了"中南人文交流成果图片展""中国南非相知相亲——庆祝中南高级别人文交流机制第二次会议暨中南建交20周年文艺晚会"等活动。2020年，受新冠疫情的影响，本应在南非举办的第三次机制交流大会未能如期举办。

新形势下，中非深化传统友谊，密切交流合作，促进文明互鉴，不仅造

---

① 刘延东出席中南高级别人文交流机制首次会议. (2017-04-25)[2020-12-25]. http://www.gov.cn/guowuyuan/2017-04/25/content_5188803.htm.

福中非人民，而且将为世界和平与发展事业作出更大贡献。近年来，中非全面战略合作伙伴关系不断深化，双方致力于携手打造包括智库合作在内的人文交流新增长极，积极开展治国理政和发展经验交流，共同探索互利合作新模式。在中非合作"八大行动"的指引下，中非人文交流日益紧密，文明互鉴更加多彩。中非联合研究交流计划有序推出，中国高校对非学术交流进一步深化，丝绸之路国际剧院、博物馆、艺术节等联盟吸引了非洲国家的广泛参与，越来越多的孔子学院在非洲落地，不少非洲国家成为中国公民组团出境旅游目的地……

中非在其他人文交流领域也进行了卓有成效的交流与合作。2018年10月，首个中埃联合考古项目正式宣布成立，中埃双方的专家学者共同组成的团队计划对位于卢克索卡尔纳克地区的孟图神庙遗址开展长期的考古发掘与研究工作。在非物质文化遗产保护方面，中非也加强了对话与合作，分享彼此在传统文化保护及其创造性转化、创新性发展方面的经验，共同应对传统文化的传承与发展这一时代新课题。

中非合作和交流已经远远超出了外交和政治界限，应以相互了解为基础，推动和鼓励科研院所、研究者和知识分子在全球化背景下积极探索中非各国人民交流与合作的新方式。以共同发展为目标，以相互尊重和平等相待为特征，通过知识共享和思想交流构建起的人文伙伴关系无疑可以为中非政治、经济、安全、外交等方面的合作提供更加坚实的精神支撑平台。全方位、多层次、各领域的人文交流势必会将中非人民的心紧密联结在一起，谱写出中非友好的华丽乐章。

中国非洲研究院的成立，顺应了中非关系发展的新趋势和新特点，也承载了对中非智库合作的新期待和新要求。中国非洲研究院将成为中非人文交流的新起点，有望积极推动中非实现文化融通、政策贯通、人心相通。

三、重点突出，不断拓展

首先，高校合作，推动中国教育国际化。

一是高等教育合作和高校互访频繁。目前，中国已有10余所大学与南非的大学建立合作关系。湖南大学和南非斯泰伦布什大学、东北师范大学和南非比勒陀利亚大学入选中非合作论坛框架内的"中非高校20+20合作计划"。

二是孔子学院建设硕果累累。南非是非洲大陆设立孔子学院和孔子课堂数量最多的国家，已设有6所孔子学院和3个孔子课堂。除此之外，45所当地中小学还开设了汉语课程。2015年，南非将汉语纳入国民教育体系。2019年8月，南非政府宣布将每年的9月17日定为南非中文日。2018年12月，南非西开普大学与国家汉办正式签订中医特色孔子学院合作协议，中方合作院校为浙江师范大学与浙江中医药大学。

三是职业教育合作成效显著。2018年1月，教育部中外人文交流中心与南非高等教育和培训部工业和制造业培训署在中国常州共同举办了"中国—南非职业教育合作·技术技能人才培养磋商会"，共同发起成立"中国—南非职业教育合作联盟"。常州信息职业技术学院开始承接南非高等教育培训部工业和制造业培训署的南非大学生公费实习实训项目。

其次，政企联合，地方合作进一步加强。浙江走在这方面合作的最前列。浙江以企业为主体，大力推进浙南合作。浙江与东开普省建立友好省份、友好城市。双方领导多次互访，挖掘合作潜力。浙江省委原书记袁家军曾表示，"中非、中南关系目前处于历史最好时期。浙江和东开普分别地处两国的东部沿海，区位优势相似，产业互补性强，合作前景广阔"①。阿里巴巴董事局前主席马云也多次应邀参加南非投资峰会。这种官方与民间的密切互动，更能够加深中南彼此之间的认识，对未来合作有很大帮助。

再次，青年与儿童发展领域合作得到拓展。儿童发展合作具备成为中国和南非人文交流重点领域的良好基础，两国儿童交流得到双方首脑夫人的高度重视和支持。2018年7月，习近平主席访问南非期间，夫人彭丽媛在南非总统夫人莫采佩陪同下考察了南非乌坦多社区托儿所并出席幼教教师培训毕业典礼。2018年9月，中非合作论坛期间，彭丽媛陪同莫采佩考察了首都师范大学学前教育学院，并观看了儿童教育活动。双方一致认为儿童是两国友好事业的传承者和接班人。在两国首脑夫人的示范带领下，两国社会各界对

---

① 袁家军省长率团访问东开普省　出席"一带一路"浙商行（非洲站）之中国（浙江）—南非（东开普省）经贸交流论坛. (2019-09-12)[2022-08-04]. http://zcom.zj.gov.cn/art/2019/9/12/art_1389631_38082577.html.

开展双方儿童发展交流合作的意愿和行动显著加强。南非儿童研究和实践机构代表与中国有关智库积极交流、探讨合作。南非政府社会政策顾问、南非约翰内斯堡大学社会发展中心主任珀特尔与南非著名儿童发展机构"大脑助力营"创始人特里姆等先后造访中国国际发展知识中心，就加强两国儿童发展经验和实践交流互鉴、共同开展项目等交换意见。两国在儿童发展领域进展显著，积累了重要经验，为双方交流合作奠定了项目和知识经验基础。同时，两国均在实现2030年可持续发展议程儿童发展目标方面面临诸多挑战，具有广泛合作空间。应通过加强儿童发展人文交流顶层设计，建立科学规范的工作机制；还应梳理和总结儿童发展经验，树立品牌意识，高标准筛选走出去儿童项目等路径，推动中国和南非儿童发展人文交流高质量发展。[①]

中南人文交流活动的不断丰富和深入，对其他非洲国家也起到了示范、引领和推动的作用。在新媒体时代，南非的信息越来越多地出现在中国的各大平台。中国的电商平台上开始售卖南非的特产，微博、小红书上也有宣传南非美景和护肤品的文章，老百姓主动参与、宣传与日常活息息相关的南非特产，使得中南交流更加接地气、近民心。

---

① 将儿童发展合作打造为中国南非人文交流重点领域. (2019-08-07)[2020-12-28]. http://cn.chinagate.cn/news/2019-08/07/content_75074375.htm.

第**五**章

智慧启民：中非智库交流与合作 ————————●

　　智库作为国家思想力量的贡献者，越来越成为各国国际话语权构建的重要力量。非洲智库作为思想与智力提供者在非洲和平发展事务中扮演着关键角色。它不仅影响着非洲大陆内部的各项重大政策，而且影响着非洲舆情动态及外部关系。近年来，中非智库合作已成为中非人文交流合作的关键内容。自2010年中国主动开启对非智库合作以来，双方智库合作已初见成效，但在推动双方思想与知识交流，打破西方在中非关系事务，特别是全球性事务的话语垄断权，争取中非话语权方面还存在巨大的潜力，在推动双方思想沟通与政策交流、提升中非国际话语权方面还存在巨大的空间。为此，我们需要进一步摸清非洲智库近况，总结中非智库合作的经验得失，采取更有力举措，探索中非智库协同创新机制，进一步提升双方智库合作的实效性，发挥其对中非关系的思想与智力驱动作用。

第一节　非洲智库发展概况

　　根据美国宾夕法尼亚大学2020年1月发布的《全球智库发展报告2019》，非洲智库总数为699家。其中撒哈拉以南非洲国家智库共有612家，列全球第五位。

一、非洲智库发展历史及现状

20世纪60年代，一些非洲智库成立，如尼日利亚国际问题研究所（NIIA）成立于1961年，塞内加尔的非洲经济发展和计划所（AIEDP）成立于1962年。20世纪90年代以后，大量民间智库纷纷建立。非洲智库既包括政府创办的研究机构，也包括大量的民间机构，一般都是非营利组织，其中相当一部分属于非政府组织。

首先，非洲智库全球影响力持续增强。《全球智库发展报告2019》显示，全球智库前176位中，非洲智库占16席，分别是非洲争端解决中心，金字塔政治和战略研究中心，非洲经济研究联合会，食品、农业和自然资源政策分析网络，南非国际事务研究所，解决冲突中心，非洲技术政策研究网络，伊曼尼政策和教育中心，国际安全研究所，自由市场基金会，非洲社会科学研究发展委员会，肯尼亚公共政策分析研究所，经济政策研究中心，埃塞俄比亚发展研究所，东部和南部非洲社会科学研究组织以及统计、社会和经济研究。例如，非洲经济转型中心（ACET）参与主持的南非"第四次工业革命（4IR）对非洲劳动力的权利剥夺"政策圆桌会议深刻探讨了撒哈拉以南的非洲国家如何为未来创造良好的技能经济。

其次，非洲智库研究领域广泛。其研究主要涉及国防和国家安全、国内经济政策、教育政策、能源和资源、环保政策、外交政策和国际事务、国内卫生政策、全球公共卫生政策、国际发展、国际经济、科技政策、社会政策、食品安全和水安全等领域，形成了全方位的覆盖，并在食品安全、水安全和国内经济政策领域表现突出。此外，其研究对象还在不断拓展，正逐渐建构起研究网络。如非洲技术政策研究网络（ATPS）已在50多个国家拥有1500多名成员和3000多个利益相关者，并在全球建立了机构伙伴关系。

第三，非洲智库探索发展道路的自主性进一步增强。2014年，第一届非洲智库峰会在南非比勒陀利亚成功举办之后，该峰会分别在埃塞俄比亚、津巴布韦、美国、摩洛哥举行了第二届到第五届会议，加速了非洲智库的转型升级。第六届非洲智库峰会由肯尼亚公共政策研究与分析研究所（KIPPRA）主办，旨在为智囊团提出战略和可采取行动的建议，以便在《2063年议程》

和可持续发展目标所反映的非洲愿景的范围内，为应对政策执行方面的挑战作出有意义的贡献，分享关于确保成功执行政策和战略的知识与国别案例研究。会议展示了非洲智库强有力的组织能力，推动非洲智库间的合作走向新阶段。此外，塔博·姆贝基基金会、多斯桑托斯基金会、尼雷尔基金会等通过政治家自身的影响力和相关学者的力量，共同推动了非洲本土知识的生产，促进了非洲与外部的交流，培养了人才，为非洲发展提供了更多智力支持。

第四，非洲智库发展非常不均衡，在数量、质量、地域分布、研究领域等方面均有体现。知名智库主要集中于经济环境和政治环境较好的国家。智库数量在50家以上的国家包括南非、肯尼亚和尼日利亚，三国共有199家智库，占非洲智库总数的28.47%。南非经济比较发达，政治成熟度较其他非洲国家更高，历年来该国智库数量始终位列非洲各国智库数量之首。智库数量在15家以上的国家共14个，其智库总数为300多家。智库数量不足15家的国家多达32个，总数接近200家。赤道几内亚、西撒哈拉、科摩罗、吉布提、圣多美和普林西比等国家还没有智库。从智库影响力来看，2014年撒哈拉以南非洲地区排前30位的知名智库，有三分之一设在南非。全球顶级智库榜单中，南非有19家，位居非洲地区第一。一项针对英语国家非洲智库的调研发现，60.9%的人认为制约非洲智库发展的最大瓶颈是运行经费不足，学术研究质量有待提高、研究领域不够广泛和智库管理机制不完善也被认为是影响非洲智库发展的重要原因。

二、非洲智库发展特色鲜明

非洲智库既具有智库的普遍特点，又具有自身的鲜明特点。普遍特点包括国际化、网络化和综合化等，具体体现在以下几个方面。

（一）国际化

包括经营理念的国际化、研究人员的国际化、研究视角的国际化和智库业务的多元化等。通过不断引入国际资源、加强国际合作，非洲智库将"知"与"智"放到国际社会中进行推敲，以提高智库研究成果的质量，提升智库的国际影响。跨国研究、国际协同活动日益增多，科研项目的国际化倾向突出。有的智库开始尝试到海外设立分支机构，构建面向全球的研究网络，真正起到了增进交流、形成网络、助推公共外交的作用。

（二）网络化

非洲智库的网络化路径主要有：加强网站建设，及时通过网络公布、宣传最新学术思想、观点、研究成果和政策主张；利用线上平台召开研讨会；通过网络进行民意调查、发动相关政策讨论，为智库研究提供新的思想源泉；建立网络化研究平台和数据库，借助网络塑造公共舆论和政治议程，进而影响政府政策。肯尼亚非洲技术政策研究网络、埃塞俄比亚的非洲东南部社会科学研究组织、塞内加尔非洲社会科学研究发展理事会、埃及解放数据项目等入围全球"最善于利用互联网"智库和项目，南非非洲建设性解决争端中心、安全研究所、国际事务研究所、开罗区域战略中心、非洲政策和教育中心以及肯尼亚公共政策分析研究所则入围"使用社交网络最佳智库"。在自建网络方面，肯尼亚非洲技术政策研究网络，加纳的非洲政策教育中心和南非的几家知名智库都走在国际前沿。

（三）综合化

非洲智库正朝研究领域全方位、跨学科，研究选题综合化的方向发展，涉及多个领域的研究项目由不同学科、不同专长的学者采取各种集体研究的方法来完成。如南非自由市场基金会坚持综合性的发展路线，将"综合性"作为智库发展的一项基本原则，其研究领域没有明确界限，包括农业、文化和制度、犯罪问题、教育、对外援助、医疗、信息技术、法律、货币、产权、烟草等。

（四）特色化

首先，非洲智库参与全球治理的程度越来越深，在推动非洲经济发展与地区一体化进程、解决非洲各国面临的共同问题方面，发挥着日益明显的作用。随着非洲智库影响力的逐步提升，其对政策制定者、媒体从业人员和精英学者的吸引力也越来越大。近年来，一些与非洲国家繁荣发展密切相关的社会政策议题逐渐被纳入智库的研究范围，并且开始占据越来越重要的地位。因此，非洲智库的研究领域已从传统的内政、外交、军事等政治性议题扩展到经济、科技、劳工、教育、人口、资源、犯罪、生态、安全、医疗、土地改革、服务等领域，涉及经济社会发展的方方面面。

其次，非洲智库受西方影响较大，许多研究人员有西方教育背景，与西方研究机构的交流也比较频繁。一些非洲智库，尤其是民间智库受西方国家和非政府组织的资金资助，甚至有的就是它们的分支机构。如肯尼亚的非洲经济研究会就是由加拿大、美国、英国、法国的发展援助机构以及世界银行、当时的欧共体和民间基金会协商资助成立的。索罗斯基金会、洛克菲勒基金会等西方非政府组织在非洲都有分支机构。由于西方多年的经济扶持与思想渗透，非洲智库在意识形态、议程设置等方面受西方影响较大，造成中非在许多等方面观念存在较大分歧，甚至可能构成阻碍中非关系深化发展的隐蔽高墙。

第二节　中非智库交流与合作现状

非洲智库正以多种方式参与中非关系建设，对中非关系的潜在影响日益显现。中非智库合作是中非合作的重要组成部分。中非悠久的合作历史为中非智库与其他领域的合作交流打下了牢固的基础。自2000年中非合作论坛成立后，双方形成了全方位、宽领域、多层次的交往关系。2018年中非合作论坛北京峰会通过的《中非合作论坛—北京行动计划（2019—2021年）》提出，中非双方应成立专门机构支持中非学术界建立长期稳定的合作，鼓励论坛和相关机构开展联合研究，在中非智库论坛框架下建立中非智库合作网络，为中非合作发展提供智力支持。

一、中非智库合作的主要平台

（一）中非智库论坛

在外交部、商务部的支持下，创立于2011年的中非智库论坛，2012年被纳入中非合作论坛框架，成为中非民间对话的固定机制，在扩大中国国际话语权、提升中国文化软实力方面发挥了积极的作用。外交部多次来函赞誉，且该论坛连续八年获评外交部"中非联合研究交流计划"研讨会项目优秀等次。该论坛以"民间为主、政府参与、坦诚对话、凝聚共识"为宗旨，每年在中国和非洲轮流举办，邀请国内外政府部门、学术机构参会，促进了中非交流与理解，是中国与非洲国家学术思想界和智库机构共同推进落实中非全面合作、提供维护发展中国家权益的思想智慧与知识产品的重要平台，有效增进了中非智库之间的交流与合作。

该论坛最大程度汇集了国际国内非洲研究领域的新成果、新思想、新智慧，融智成效显著；最大限度聚集了国内外非洲研究学者、智库专家、政府要员等各界人士，增进了中非各界人士之间的理解和合作。历届中非智库论坛会议吸引了来自非洲数十个国家的政府官员、智库学者、媒体代表数百人参会，畅通了中非各界人士之间的沟通渠道，增进了相互了解，最大限度传播了中国学者的思想，表达了中国人民对非情感，表明了中国对非政策立场，提升了中国文化软实力。中非智库论坛是一个开放的机制，不仅是中非思想界、学术界的年度盛会，也是中非政要解读政策、发表观点的自由论坛。2017年，王毅在中非智库论坛第六届会议上发表主旨演讲，表达了中方助力非洲实现自主可持续发展的基本立场和意愿，得到了非洲学者的积极响应，非洲媒体的广泛报道。美国布鲁金斯学会官网刊发的专题文章《中非智库论坛：中国拓展在非洲软实力》中说，中非智库论坛是中国扩大在非软实力及寻求在学术层面影响力的一个很好实例。论坛得到了中非主流媒体关注，取得了良好的宣传效果和社会影响。历届中非智库论坛得到中央电视台、《人民日报》、《参考消息》、坦桑尼亚《每日新闻报》、肯尼亚《民族日报》、《喀麦隆论坛报》、尼日利亚《太阳报》等数十家国内外媒体的密集报道，广泛传播了中国对非政策及中非合作的战略思想。

（二）中非智库"10＋10"合作伙伴计划

中非智库"10＋10"合作伙伴计划是在中非智库合作开启2年后的一项新举措，其目的是推进中非智库交流与合作更加机制化。时任中非合作论坛中方后续行动委员会秘书长卢沙野在项目启动会上表示，"希望通过'10＋10'计划的实施，为中非学术界交流合作搭建一个新的平台，进一步整合双方研究力量，促进中非学术界以及区外学者之间建立更加包容、开放、稳定的合作关系，从而更好发挥中非智库学者在中非关系中思想先导和智囊团的作用，同时引导国际社会对非洲和平与发展事业给予更多关注和支持"①。当前已经分别有中非双方的10家智库参与这项结对子合作计划。

（三）中非联合研究交流计划

该计划旨在通过加强中非学者和智库的交流与合作，共享研究成果，促进中非人民之间的相互了解和认知。计划启动于2010年，实际运作始于2011年，主要依托中非学术机构实施，重点围绕中非关系和涉非问题等开展学术研究和交流，下设课题研究、学术交流、研讨会和著作出版共四大类项目。自2010年正式启动到2021年，该计划已支持中非30余家学术机构开展项目数百个，推动中非学术交流数千人次，参与交流计划的包括中非双方的政府机构、高校、社科院、国有企业、非政府组织等。在中非学者的积极支持和踊跃参与下，中非联合研究交流计划日益成为中非学术领域的重要品牌，不仅为双方学者加强相互了解、进行思想碰撞和联合研究提供了广阔平台，也为中非关系发展提供了有力的智力支持，积极推动了中非民间的交流和互信。

（四）非洲智库研修班项目

2011年，在中国商务部、教育部支持下，对非智库人力资源培训项目"非洲智库研修班"在浙江师范大学正式启动。该项目每年举办2—3期，每期有来自非洲国家重要智库、民间组织、政府决策部门的学员25人左右，在浙江师范大学进行为期三周的智库交流项目学习研讨。研修主要内容包括中国当代政治、经济、社会发展进程、中国改革开放的经验与得失、中国对非政策、中非合作等，同时组织非洲学员考察中国社会，与浙江师范大学非洲研究院学者对话交流。该项目启动以来，产生了良好的效应，对非洲高端智库及其领袖了解中国起到积极作用。

（五）其他非机制化的智库间合作

一是通过第三方智库或机构的活动或项目开展的智库学者的学术交流与研究合作活动，如德国的博尔基金会、美国的卡特中心、英国的更安全世界组织等。二是智库间直接的交流与合作。如浙江师范大学非洲研究院与南非斯坦林布什大学中国研究中心、尼日利亚国际事务研究所之间的学者交流计

---

① 中非智库"10＋10"合作伙伴计划在京启动. (2013-10-21)[2022-08-04]. https://news.sina.com.cn/o/2013-10-21/151328491345.shtml.

划，中国社科院西亚非洲所与比利时布鲁塞尔非洲研究院之间的学者交流计划。在这种院系间直接人员往来的合作框架内，双方往往也会开展一些联合项目研究。

二、中非智库合作成效与影响

中非智库合作是中非合作的重要组成部分。中非悠久的合作历史为中非智库与其他领域的合作交流打下了牢固的基础。随着"一带一路"倡议的推进与中非合作的不断深化，近几年中非之间的智库合作逐渐成为非洲智库发展中的重要一环。中国与非洲通过智库进行交流能够产生许多的益处：发现双方智库间的比较优势，提升专家学者们的职业道德以及为研究人员提供展示其研究成果的机会。

自2000年中非合作论坛创立以来，中非智库合作与交流得到中非双方政府和民间的支持与关注，中国和非洲的智库通过各类平台与渠道，用自身的优势和特色服务中非合作，取得了一定的工作成果。中非智库合作为中非关系提供了理论和决策支持，同时架起了中非学者、官方等人员的交流桥梁，在人员、机构、思想和学术交流等方面充分发挥了智力先行的作用，积极引导和支持着中非关系发展。

首先，中非智库间的交流与合作，使中非双方对彼此的了解和认知从无到有，从少到多。智库是一个国家软实力的重要组成部分。智库通常能够超然于权力之外，从专业、科学的角度冷静地观察、思考各种治理问题，并且为解决问题建言献策，因而是现代国家治理体系中不可或缺的一环。中非的许多智库为推动中国和非洲的发展以及中非友好合作发挥了积极的作用。之前，非洲智库合作交流的对象大都是西方的政府、非政府组织和智库等，通过若干年努力，非洲智库开始来到中国，中非智库学者间对话往来增多，交流与项目合作日盛，从而加强了中非智库间的认知与思想交流。如尼日利亚的国际事务研究所和一些民间独立智库在走入中国参与对华智库合作后改变了对华消极认知，加深了对中国的积极认知。

非盟主席法基在参加了以减贫发展为主题的第六届中非智库论坛后，在《人民日报》撰文表示，"我们从中国减贫事业中学到的第一课就是'自力更生'，这也是中国取得令人着迷的成就的根本原则。新中国成立后，中国人民开始了一场无与伦比的征程，他们摒弃了懒惰、听天由命和等待他人施舍，开始依靠自己的力量，用自己的臂膀与才智铸就中国的命运。在短短几十年里，中国贫困人口总数急剧减少，绝对贫困人口比例也大幅下降"①。

在过去的40余年，中非在经贸、安全、人文交流等方面的合作实现了跨越式发展。经济方面，中国已连续多年保持非洲最大贸易伙伴的地位。中国提供了一个比较好的新型发展模式，有助于非洲摆脱所谓的新自由主义发展模式，比如说强调可持续发展，强调包容性的发展观等。中非学者也认识到，任何国家最好不要照搬别人现成经验，而是应举一反三，因地制宜，探索适合自己国情发展道路，况且事实上非洲也创造了一些比较成功的案例，近年来有一些非洲国家的本土创制，同样值得非洲其他国家学习。

其次，智库交流产生了一批共同的思想性知识产品，对中国对非政策和非洲对华舆论开始有了初步的影响。中非双方学者开始进行一些"联合研究"，联合撰写了一些简报、研究报告和学术论文，并在网络、期刊和会议文集中发表，其观点与思想通过政策咨询报告、媒体文章等多种形式影响着中非双方的舆论与决策。例如，浙江师范大学非洲研究院曾先后与南非国际事务研究院和亚的斯亚贝巴大学和平安全研究所共同举办学术智库会议，并联合编撰了英文版的会议文集在境外出版，产生了广泛而积极的影响。

智库国际协同创新机制的探索和尝试，提升了中非智库之间交流与合作的成效。以前，非洲智库的合作交流对象大都是西方国家政府、国际非政府组织。当前，中非智库学者对话往来增多，交流与项目合作日盛。此外，智库合作提升了知识产品的数量和质量，中国对外政策和国际社会对华舆论开始有了初步影响。中非智库国际协同初步形成了一些共识性的概念话语，如"发展和平""国家治理创新"等共识性概念，有利于突破西方对国际规范话语权的垄断，从而提升中非双方的软实力。

近年来，通过对中国自己的发展和中非全方位合作发展的直接观察与深入研究，以及对构成这种发展的基础与背景的世界史、现代性和全球化

---

① 穆萨·法基·穆罕默德. 第一课："自力更生". 人民日报，2017-07-12(23).

现象的重新思考，中非智库日益有了自己的问题意识与自主意识，并逐渐开始"生成"自己独立的话语形态与理论，逐渐有了自己的基础、特色乃至话语概念。比如，今天我们已经可以列举出中国和非洲的学术界、思想界、智库界经常使用的一连串具有知识挑战性的思想命题或核心概念，诸如"改革""开放""治国""理政""发展""稳定""民生""复兴""安居乐业""百年进程""千年目标""国泰民安""发展规划""援助有效性""国家能力建设""互利共赢""平等相待""义利兼顾""产能合作""不干涉主权原则""和谐世界""和谐""共享"等，而这些议题、话语、概念也逐渐在国际学术机构的各类会议上，在诸如"中非智库论坛"这样的学术场合，被来自非洲的学术精英、智库代表和政府官员所采用。这是论坛在话语权提升方面最明显的成效。

再次，智库交流初步形成了一些共识性概念话语，有利于改变西方对国际规范话语权的垄断，从而初步提升了中非双方的话语权和软实力。在双方的交流与研究中，中非学者在很多方面达成了共识，例如双方都认可中国的尊重主权和强调发展的和平建设方法，认可国家治理能力提升对非洲的重要意义，认可民主需要有本土性与内生性等。从而形成了"发展和平""国家治理创新"等共识性概念，提升了双方在国际上的话语权。

非洲智库学者的舆论引导力和社会影响力对于让世界，特别是非洲人民了解中国，了解中国共产党，了解中国的改革开放具有重要的作用，对于中国进一步坚定信心，把握前进方向，深入推进改革开放也具有十分重要的意义。乍得发展研究与培训中心秘书长梅孔多·巴努戴尔强调了媒体的重要性，并认为除行政司法等其他三种权利之外，媒体是第四种力量。《人民日报》国际部副主任吴绮敏认为世界话语体系不能缺乏中国和非洲的视角。《光明日报》智库研究与发布中心副主任、智库版主编王斯敏认为智库和媒体基于共同融合发展的逻辑正在进行深度的融合和角色的转化；智库要增强传播能力，媒体要激发智库基因，强化研究和引导能力；真正融媒体性智库建设和智库性媒体发展为一体，实现中非话语权和传播力的全面提升。①

---

① 王珩，于桂章. 非洲智库发展与新时代中非智库合作. 浙江师范大学学报（社会科学版），2019 (3)：62-68.

第三节　强化中非智库交流合作的路径

中非智库要在现有基础上与时俱进，加强合作，紧抓第三次智库发展高潮；要结合国际和地区形势演变，紧扣中非关系与合作发展，重点深化对重大现实问题的研究；更要积极发声，打造行之有效的中非合作话语体系，共同提升智库国际影响力。

一、强化顶层设计

中非智库合作的规模和水平与当前中非关系的快速发展所产生的实际需求还有差距，与中非合作引领国际对非合作的积极势头还不匹配。因此，中非应提高对双方智库建设的重视程度，加大建设投入。中方可出台举措帮助建设非洲智库，增强非洲智库的研究能力，深化智库和学者间的交流互通；着力增强中非智库合作的战略性与计划性，完善智库合作规划，配套建立实施方案，加强机制化合作平台建设，拓展智库合作领域；在做好机制化交流平台的同时，倡导中非智库间自主交流与合作，形成发展合力。

二、深化互动交流

非洲智库应加强对中国和本国国情的研究，引导智库学者积极主动参与中非合作，中方要引导国内涉非研究机构进行科学规划布局，深化国别、区域和专题问题研究，加强发展理念和发展战略对接，使非洲智库的成果更加有用、有效、有力。中非智库可根据非方实际需求，合作进行非洲国家区域、次区域、国别和专题领域发展规划编制。同时以提升政府治理质量为核心，将中非治国理政的有关实践进行理论升华，促使双方经验共享、借鉴、交流，为解决全球性的发展和治理问题贡献智库的原创性思想和话语。

三、构建研究网络

中非应在现有中非联合研究交流计划、中国—南非高级别人文交流机制等基础上，拓展交流渠道，加强协同创新。双方应致力于创建互联互通的环境，进一步拓展合作领域、路径、内容和方式，突破传统智库研究的范式，发掘更多新型的、符合现实重大需要的研究议题。中非要加强治理能力交流、安全合作、金融合作、影视文化传播合作，建立非洲智库索引，建构全方位、立体化的中非智库合作网络，增强长远规划与统筹发展能力，提升中非合作的可持续性和前瞻性。

四、推动智媒融合

中非智库应顺应时代潮流，创建更多传播平台，推动智媒融合，构建富媒体化内容生态，积极主动发声，增强对舆论的引导作用。智库或学者可通过各类媒体，尤其是新媒体，用短小精悍的视频、故事，主动对外讲好中国故事和中非故事。要倡导合作共赢、人类命运共同体理念等中国价值观，为中国在引领全球治理新进程中的影响力奠定舆论和组织基础，为全面落实中非合作论坛北京峰会成果，构建更加紧密的中非命运共同体提供更有力的智慧支持。

第六章

知识育民：中非教育交流与合作 ————————●

教育是中外人文交流的主要领域，也是传统内容。自2000年中非合作论坛创立以来，中非教育领域合作不断取得新进展和新突破，呈现出合作规模不断扩大、领域不断拓展、层次日益提升、形式和主体渐趋多元的特点。双方本着平等互利、合作共赢的基本原则，在人力资源培训、学生学者交流、科研合作、语言教学、教育援外等方面取得了显著的成果。

第一节　中非教育交流与合作的发展进程

一、中非教育交流与合作的意义

一方面，教育合作能促进中非相互理解和提升双方软实力。

西方文化与西方语言在非洲有着根深蒂固的影响力，英语和法语是非洲两大官方语言，也是非洲大学的教学语言。相对于西方文化与非洲文化长期以来的紧密关系，中华文化在非洲大陆显然处于弱势。中非两种文化之间既有共通性也有差异性，通过教育交流与合作，在相互尊重的基础上，中非文化就能在交流的过程中找到共同的利益点。孔子学院开设了中国文化课程，并举办各种学术活动、学术讲座和汉语演讲比赛等，还策划了"感受中国""中国文化周"等文化宣传活动，为当地人民提供了近距离接触中国文化的好机会。孔子学院的建立能淡化西方在非洲的语言和文化霸权，促进优秀中华文化在非洲大陆的有效传播，增进中非文化间的交流互鉴。

教育交流与合作对提升国家软实力发挥着积极作用。教育交流已成了政治、经济交流的重要补充形式，并发挥着政治、经贸手段难以达到的作用，具有独特的价值。通过教育交流，能够增强国家的软实力，因为教育交流本身就是知识、思想、文化乃至制度影响力传播的一个重要途径。美国富布赖特项目是世界史上影响最大、最为成功的国际文化教育交流项目；英国的英国文化委员会（British Council）、法国的法语联盟（Alliance Française）、德国的歌德学院（Goethe Institute）都是这些国家的对外语言文化推广机构。中国对国际学生吸引力的增强、海外孔子学院的扩展都可以看作中国软实力提升的表现。孔子学院发挥了汉语海外推广、中华文化传播等重要作用，其软实力功能在海内外尚存很多争议和存疑，然而，孔子学院在全球，包括非洲国家的迅速发展，符合需求驱动模式。作为从事汉语教学和文化交流的机构，其传达的是中国建设和谐社会、维护世界和平的国家姿态、负责任的大国形象以及优秀的中华传统文化。

另一方面，对非教育合作有助提升中国在非影响力。中国综合国力的提升与教育发展必然会加快中国教育的国际化进程，中国教育经历了前期借鉴和模仿的输入阶段，需要将"中国经验"传播到世界其他地区。中非教育交流与合作可以推动中国高校自身质量提升和能力建设，促进中国教育走向世界，扩大教育对外开放。中非高校合作、学者交流、学生流动、对非人力资源培训、汉语国际推广、非洲研究的开展都将持续提升中国高校的教学质量与竞争力。然而，中非教育合作为中国教育提供"走出去"战略机遇的同时，也带来了前所未有的挑战。如何通过教育交流与合作将中国发展经验为非洲民众所了解和认知，如何培养参与国际发展合作的外向型专业人才，如何有效地为非洲国家培养所需的人力资源，这些问题都需纳入高等教育国际化的全面战略规划中加以解决。

二、中非教育交流与合作的历程

20世纪50年代至今，中非教育交流与合作的发展，与中非关系50多年的发展演变密切相关。随着中国对非战略的调整，中非教育合作在内容与形式上也呈现出阶段性的特征，从最初单一的互派留学生形式发展成多层次、多领域、多形式的国际教育合作关系。中非教育交流与合作可以划分为以下三个阶段。

（一）中非教育交流合作的开启（从20世纪50年代到1977年）

中国与非洲的教育交流由来已久。早在1841年，清代经学大师、伊斯兰学者马复初就曾远赴埃及爱资哈尔大学学习。新中国成立前，中国先后派出5批共20余人赴埃留学。其间，埃及也有数名学者来华讲学。20世纪50年代到改革开放前，中非教育交流与合作的主要形式为学生的双向交流、双方教育代表团的互访，以及中国向非洲国家派遣从事汉语和基础教育的数、理、化学科任课教师。1956年1月，根据《中华人民共和国政府和埃及共和国政府文化合作协定》，4名埃及留学生来到中国学习美术、哲学和农业。整个20世纪50年代，只有来自埃及、喀麦隆、肯尼亚、乌干达和马拉维的共24名非洲学生在中国学习，3名中国教师在非洲任教。到20世纪70年代，中国与25个非洲国家建立了外交关系，来自这25个非洲国家的648名非洲学生在中国学习，同期有115名中国教师在非洲执教。

（二）中非教育交流合作的推进（从1978年到1999年）

改革开放后，中国更加重视与非洲国家的教育合作。20世纪80年代末，已有43个非洲国家向中国派遣了留学生，在中国学习的非洲留学生已达2245人。此外，中国还加大了对非洲国家的教育物资援赠力度。进入20世纪90年代后，中国与非洲国家之间的领导人互访日益频繁。中非友好合作关系在原有的基础上得到了进一步巩固和发展。随着中非友好关系的进一步发展，中国与非洲国家的教育合作与交流也得到了深入而广泛的发展。高校间的校际交流与科研合作成为这个阶段中非教育交流与合作的一个重要形式，中国高校还为非洲国家举办了各类专业研修班。应非洲国家的要求，中国有选择地帮助部分非洲国家的高等院校进行学科建设和实验室建设，并派遣专业教师前往任教。截至2003年底，中国相继在非洲21个国家实施了43期高等教育与科研合作项目，在生物及微生物、计算机、物理、分析化学、食品保鲜加工、材料、园艺、土木工程与测量、汉语教学等专业，建立了23个较为先进的实验室。其中比较突出的有喀麦隆雅温得第一大学微生物实验室、肯尼亚埃格顿大学生物技术实验室和园艺生产技术合作中心、科特迪瓦博瓦尼大学食品加工与保鲜中心等项目。

（三）中非教育交流合作的快速发展时期（2000年至今）

2000年10月，中非合作论坛第一次部长级会议在北京召开，标志着中非教育交流与合作进入第三个阶段。作为中非合作论坛重要后续行动之一，"中非教育部长论坛"于2005年在北京举行。同时，每届中非合作论坛都会通过相关的文件指导未来三年中非合作方向、发展计划，中非高校合作均是其中重要的组成部分。在中非合作论坛框架下，中非教育交流合作在形式和内容上不断得到创新与发展。尽管近年来中非教育交流合作领域不断扩大、层次不断提高，但中非双方合作空间依然很大，正如专家指出，新时期中非教育交流合作在内容上由"减少贫困"向"促进发展"转型，主体上由"政府行动"向"社会行动"转型，方式上由"输血援助"向"造血援助"转型，合作的关键要点需要往高质量目标发展。①近年来，中国大力支持非洲教育发展，根据非洲国家经济社会发展需要，帮助非洲培养急需人才，通过设立多个奖学金专项，支持非洲优秀青年来华学习。2012年起，中非双方实施"中非高校20+20合作计划"，搭建中非高校交流合作平台。中国在联合国教科文组织设立信托基金项目，累计已在非洲国家培训1万余名教师。2018年以来，中国在埃及、南非、吉布提、肯尼亚等非洲国家与当地院校共建"鲁班工坊"，同非洲分享中国优质职业教育，为非洲培养适应经济社会发展急需的高素质技术技能人才。中国支持30余所非洲大学设立中文系或中文专业，配合16个非洲国家将中文纳入国民教育体系。②

---

① 刘星喜. 谱写中非教育交流合作交响曲. 光明日报, 2018-09-06(12).
② 新时代的中非合作. (2021-11-30)[2022-08-21]. http://www.moe.gov.cn/s78/A01/s4561/jgfwzx_zcwj/202111/t20211130_583390.html

第二节　中非教育交流与合作的现状与特点

时至今日，中国已同50多个非洲国家建立了教育交流关系，交流形式也从最初的互派留学生，发展到现在的多主体、多层次、多领域、多形式的教育交流与合作。其中包括：教育高层往来、留学生往来、派遣援非教师帮助非洲国家发展汉语教学、开展教育合作项目、举办多种形式的专业研修班、开展中非职业技术教育合作，以及中非校际交流与合作。

一、主要内容

第一，教育高层往来。就高层往来而言，从新中国成立起，中国的国家领导人曾多次接见或会见来自非洲的教育代表团，表达了对中非教育交流与合作的重视和支持。就参与形式而言，教育高层往来既有非定期的双边会晤，也有定期的双边和多边教育高层对话与磋商机制。在多边领域，中非合作论坛会议为中非教育高层的集体会晤提供了理想场合；在双边领域，中国与南非已建立侧重教育交流的中国—南非高级别人文交流机制。实践证明，成熟的交流机制不仅可以巩固原有的教育交流成果，而且能推动中非教育合作稳步向前发展。

第二，留学生往来。中非之间的留学生往来可以追溯到1956年（第一批互换性质的从埃及来到中国的4位非洲留学生）。截至2019年底，中国已向非洲50个国家的7.5万多人次提供政府奖学金，其中向南非提供的有近千人次。中非双方互派留学生，不仅可以直接为对方培养国家建设所需的有用人才，还可以通过双方的人员互动和文化交流，加深双方人民间的理解和友谊，进一步提升中非友好关系的发展，是一项具有重要现实意义和深远历史意义的战略性工程。

第三，派遣援非教师，发展汉语教学。这是中非教育交流与合作的一种重要形式，迄今已有半个多世纪的历史，取得了很大的发展，主要表现在三个方面：其一，援非教师和受援国的数量有了大幅度增加。从20世纪50年代至今，中国共向30多个非洲国家派遣了上千名专业教师，所教授的课程涉及理、工、农、文、体育等十几个专业。其二，非洲汉语教学蓬勃发展。中国长期向设有孔子学院的非洲国家派遣汉语教师，发展汉语教学。截至2020年8月，中国已在非洲设立了61家孔子学院和48个孔子课堂，在南非设立了6孔子学院和3所孔子课堂，其数量在非洲国家是最多的，开普敦、约翰内斯堡、斯坦陵布什、格雷翰斯顿、德班等多个城市都有孔子学院的身影。其中也包括2018年浙江师范大学和浙江中医药大学与西开普大学共同建立的西开普大学中医孔子学院。其三，派遣援非教师出国任教或讲学的途径也得到了拓展。除了以官方渠道向外派遣教师外，随着中非高等教育校际关系的建立和发展，我国部分高校开始自主地向非洲国家派遣教师到对方学校任教或讲学。

第四，开展教育合作项目。开展中非教育合作项目是一种比较适合中非教育发展水平的教育交流与合作形式，既充分发挥了中国高等院校的专业特长和学科优势，又充分考虑到非洲国家的教育、科技发展水平和实际需要。20世纪90年代以来，我国在非洲国家开展了多个教育合作项目，建立了较先进的生物、微生物、计算机、物理、分析化学、食品保鲜加工、材料、园艺、土木工程与测量、汉语教学等专业实验室23个。其中比较突出的有浙江师范大学与喀麦隆雅温得第二大学汉语培训中心，以及浙江大学与喀麦隆雅温得第一大学共建的微生物实验室等项目。

第五，举办多种形式的专业研修班。为非洲国家举办专业研修班是加强对非人才培训和人力资源开发工作的形式之一。从1998年为非洲国家举办第一个培训班开始，中国各级政府举办了多期有关远程教育、职业技术教育、农产品加工、计算机、经济管理、药用植物等内容的培训班。实践证明，这种形式有利于帮助非洲国家开发人力资源，也为促进中非友好合作关系和加深中非人民间的了解与友谊提供了新途径。

第六，开展中非职业技术教育合作。职业技术教育是诸多非洲国家发展本国教育的重点。作为工业基础比较雄厚的发展中国家，我国的职业技术水平和职业教育发展经验比较适合多数非洲国家经济发展的需要，中非间开展职业技术教育合作的前景十分广阔。近年来，我国已成功地与非洲多国开展了职业技术教育合作，合作开设的鲁班工坊也取得了初步成效。例如，2018

年1月，教育部中外人文交流中心与南非高等教育和培训部工业和制造业培训署以及中南两国相关政府部门、院校、企业等58家单位共同发起成立了"中国—南非职业教育合作联盟"。

最后，中非校际交流与合作。中非高等院校校际交流与合作兴起于20世纪80年代，目前已成为中非教育交流与合作的一个重要组成部分，也是非洲人才培养的一个重要渠道。通过这一渠道，各高校派教师去非洲国家讲学或授课，接受交流学校的教师来华进修学习，在双方感兴趣的领域从事合作研究等。2012年起实施的"中非高校20＋20合作计划"搭建了中非高校交流的重要平台，在促进教育合作，加强科研能力方面发挥了重要作用。

二、基本特征

回顾中非教育交流与合作历程，显现出三个基本特征：

1.阶段性。根据中非教育交流形式与内涵的不同，中非教育交流的发展历程可划分为三个前后相承的阶段。第一阶段（20世纪50年代初—20世纪70年代末），中非教育交流与合作稳步发展。留学生往来、派遣援助非洲教师等工作都取得了显著成果。第二阶段（20世纪80年代—20世纪末），中非双方积极开拓新的教育交流与合作领域，及时对教育交流与合作的形式和内容进行调整和改革。中国开始与非洲国家开展教育合作项目，在国内或派遣教师去非洲国家举办各类专业研修班。第三阶段（2000年首届中非合作论坛以来），中非双方在教育领域相继采取了一系列新举措，其中比较重要的是中非职业教育合作的开展，以及援助非洲项目在产、学、研一体化模式上的探索与推广。

2.创新性。从中非教育交流与合作的三个历史发展阶段可以看出，中非教育合作的形式与内涵都是随着中非关系的深化，以及中国与非洲国家各自战略的调整而发展与变化的，能及时满足中非双方各自教育发展的需要和科技进步的要求。

3.系统性。中非教育合作已经形成自己独立的发展体系，既有政府部门的领导和协调，也有高校与学界的积极参与，既有双边形式的交流，也有多边形式的磋商与会晤。

（一）积极搭建教育交流平台，为中非教育合作提供制度保障

1. 签署双边合作协议

中非签署了多份教育合作协议，中国还与埃及、喀麦隆、阿尔及利亚、毛里求斯等国签署了学历学位互认协议。2018年，中国与南非签署了教育合作协议和学历学位互认协议。

2. 举办中非教育部长论坛

作为中非合作论坛的后续行动之一，2005年11月，在北京举办了"中非教育部长论坛"，来自17个非洲国家的教育部长及代表应邀与会。论坛签署的《中非教育部长论坛北京宣言》为中非的教育交流与合作掀开了新的一页。

3. 举办首届中非大学校长论坛

2006年，由教育部、商务部主办，浙江师范大学承办的首届中非大学校长论坛召开，中非知名高校的校长、高级教育行政官员，以及中国的非洲问题专家、学者等相关人士共计120人出席了论坛。

4. 举办中非世行教育合作论坛

2017年，由中国世行合作基金牵头，在上海首次举办了中非世行教育合作论坛，首届论坛主题为基础教育。2018年，在北京召开了第二届中非世行教育合作论坛，论坛主题为职业技术教育。第三届中非世行教育合作论坛于2019年在金华举行，论坛主题为教师教育。每一届教育合作论坛都成功地在非洲和中国之间建立了富有活力的双边伙伴关系，且这些关系往往都以世界银行资助的项目为平台，中国和非洲可以从双方关于教育发展的路径、方法和战略的更紧密深入的交流和分享中获得有益经验。

（二）双方大学共同参与人力资源开发，学生流动及人才培养培训成为主轴

1. 人才培养

2021年底发布的《新时代的中非合作》白皮书显示，中国大力支持非洲教育发展，根据非洲国家经济社会发展需要，帮助非洲培养急需人才，通过设立多个奖学金专项，支持非洲优秀青年来华学习。2012年起，中非双方实施"中非高校20+20合作计划"，搭建中非高校交流合作平台。中国在联合国教科文组织设立信托基金项目，累计已在非洲国家培训1万余名教师。2018年以来，中国在埃及、南非、吉布提、肯尼亚等非洲国家与当地院校共建

"鲁班工坊"，同非洲分享中国优质职业教育，为非洲培养适应经济社会发展急需的高素质技术技能人才。中国支持30余所非洲大学设立中文系或中文专业，配合16个非洲国家将中文纳入国民教育体系，在非洲合作设立了61所孔子学院和48所孔子课堂。2004年以来，中国共向非洲48国派出中文教师和志愿者5500余人次。

《中非合作论坛—达喀尔行动计划（2022—2024年）》明确，中非将在教育与人力资源开发方面进一步加强交流与合作。非方赞赏中国通过政府奖学金和培训向非方提供优质教育。中非将深化能力建设合作，促进技术转让，加强对青年特别是专业人才的技术培训。非方高度评价中方在非实施的"鲁班工坊"等职业技能培训项目，感谢中方在物资设备、技术指导、师资力量和人才培训等方面提供支持。双方将拓展在就业、职业培训、社会保障等领域合作，实施"未来非洲—中非职业教育合作计划"，开展"非洲留学生就业直通车"活动，举办中非教育部长论坛。中方将继续为非洲国家提供短期研修培训名额，继续同非洲国家合作设立"鲁班工坊"，鼓励和支持中资企业在非洲国家开展职业培训，鼓励中国在非企业为当地提供不少于80万个就业岗位。中国将实施"后疫情时代中非人才培养计划"，为非洲国家援助新建或升级10所学校，邀请1万名非洲高端人才参加研修研讨活动。中方将继续依托"中国政府奖学金"项目，为非方培养相关领域人才。双方将积极探讨在非设立中非公路工程联合研发中心或实验室。双方将共同努力进一步改善培训项目，使培训项目同非洲国家目前发展重点相一致。中非双方将在减贫、农村振兴、信息和通信技术、金融科技、数字经济、电子商务、云计算、大数据和网络安全等领域培育新的能力建设项目，以发挥这些领域在非洲的高增长潜力，并对妇女参与度予以特别关注。双方将继续支持孔子学院和孔子课堂在非洲发展。中方欢迎非洲各国将中文教学纳入国民教育体系，将通过多种方式进一步支持非洲各国开展中文教育。中方将进一步在华开展非洲语种教育和培训，培养熟练使用非洲语种的人才。

（1）留学生招生与管理

在华学习的非洲学生所学专业涉及理学、工学、农学、医学、经济学、法学、管理学、教育学等十二个学科门类。

目前，我国通过多种渠道向非洲国家提供中国政府奖学金，招收本科生（学制4—5年）、硕士研究生（学制2—3年）、博士研究生（学制3—4年）及进修生（专业学习时间不超过1年）。根据中非政府间协议，我国每年向非洲国家提供一定数量的中国政府国别奖学金名额，由我国驻外使领馆负责招生和宣传，各国留学生派遣部门负责奖学金候选人的遴选等具体工作。在候选人推荐过程中，非洲各国可根据本国人才发展需要自主筛选，培养国家建设急需的各领域专业人才，中国政府不对来华留学人员的专业设限。同时，我国通过高校研究生项目和支持地方政府奖学金等自主招生渠道向非洲学生提供奖学金资助，鼓励和支持非洲优秀青年通过直接向学校申请获得中国政府奖学金资助来华学习。

此外，我国还通过各类专项奖学金项目为非洲国家培养专业人才。为进一步深化中非高校合作机制，加强非方合作院校师资建设，自2011—2012学年起，教育部特设立"中非高校20+20合作计划专项奖学金"，在2015—2016学年，共有80名非洲学员通过该奖学金项目在华学习。

中国政府奖学金根据项目的不同分别设置了不同的申请条件，均对外公布，欢迎符合条件的世界各国优秀青年申请来华深造。中国各奖学金院校根据《高等学校接受外国留学生管理规定》《关于中国政府奖学金的管理规定》等一系列规章制度对在华学习的中国政府奖学金学生进行统一管理。

（2）新项目与新举措

为加强发展中国家特别是非洲国家重点领域和高端人才的培养工作，自2008年起，教育部与商务部专设"发展中国家培养硕士人才项目"。教育部与外交部于2013年合作设立了"来华留学卓越奖学金项目"，该项目由中国政府奖学金专项经费资助，于2014—2015学年首批招生，主要招收有发展潜力的社会精英。2014—2015学年该项目接收来自埃塞俄比亚、博茨瓦纳和坦桑尼亚的9名学员，2015—2016学年接收来自埃及、埃塞俄比亚、坦桑尼亚、加纳、佛得角、肯尼亚、尼日利亚的31名学员。

2.人力资源培训

对非人力资源培训是提升非洲国家自主发展能力、促进中非友好关系的重要举措。商务部和教育部委托国内大学、科研机构以及一些专业协会根据各自专业优势开展对非人力资源短期培训，培训内容涉及教育、计算机、医疗卫生、药用植物、经济、农业、外交、新闻、公共政策、能源和环保等20多个领域。自2003年以来，教育部在国内大学建立了11个教育援外基地（见表2），并委托这些基地为非洲国家举办了约102期研修班。另外，南京农业大学和天津中医药大学还通过"走出去"办班的形式开展培训。

（三）"中非高校20+20合作计划"顺利实施，成为中非人文交流的品牌项目

2009年11月在埃及沙姆沙伊赫召开了中非合作论坛第四届部长级会议，会议通过的成果性文件《中非合作论坛—沙姆沙伊赫行动计划（2010至2012年）》中，中国政府明确将加大与非洲的合作力度，其中一个重点项目就是"中非高校20+20合作计划"。根据该"合作计划"，中国将选择本国的20所大学（或职业教育学院）与非洲20所大学（见表3）结对合作。通过实施"中非高校20+20合作计划"，可以鼓励双方建立长期稳定的合作关系，在各自的优势学科、特色学科领域进行有实质性的合作与交流，包括联合开展科学研究、教师培训、学术访问、师生互访，共同开发课程，联合培养研究生等，从而逐渐形成中非大学"一对一"校际合作新模式。

2010年6月，在教育部第八次对发展中国家教育援外工作会议上正式启动了"中非高校20+20合作计划"。2011年10月，教育部与联合国教科文组织合作，共同举办了教科文组织—中国—非洲大学校长研讨会，利用国际组织的平台扩大了合作影响力。"中非高校20+20合作计划"实施以来，中非高校在人才培养、学科建设、孔子学院建设等方面开展了一系列合作与交流，成为中非教育合作的重要部分。

表2　教育部教育援外基地名单

援外基地	设立时间	侧重领域
天津职业技术师范大学	2003	职业教育领域
吉林大学	2004	现代远程教育领域
浙江师范大学	2004	高教管理与高教师资培训领域
东北师范大学	2004	教育行政管理领域

续　表

援外基地	设立时间	侧重领域
南京农业大学	2008	农业及园艺领域
天津中医药大学	2008	传统中医及药用植物研究领域
贵州大学	2008	东盟国家交流领域
云南大学	2008	东南亚国家交流领域
南方医科大学	2008	医疗管理及技术领域
海南热带海洋学院	2008	热带农作物及旅游领域
清华大学	2015	国际工程教育

表3　"中非高校20+20合作计划"入选院校名单

中方院校	非方院校
北京大学	埃及开罗大学
北京语言大学	埃及苏伊士运河大学
湖南大学	南非斯坦陵布什大学
东北师范大学	南非比勒陀尼亚大学
南京农业大学	肯尼亚埃格顿大学
东华大学	肯尼亚莫伊大学
中国农业大学	几内亚法拉那高等农艺兽医学院
上海师范大学	博茨瓦纳大学
天津职业技术师范大学	埃塞职业技术教育与培训学院
浙江师范大学	喀麦隆雅温得第一大学
华东师范大学	坦桑尼亚达累斯萨拉姆大学
对外经贸大学	突尼斯大学
东南大学	赞比亚大学
天津中医药大学	加纳大学
吉林大学	津巴布韦大学

续 表

中方院校	非方院校
北京第二外国语学院	摩洛哥穆罕默德五世大学
中国地质大学（北京）	纳米比亚大学
扬州大学	苏丹喀土穆大学
湘潭大学	乌干达马凯大学
苏州大学	尼日利亚拉各斯大学

（四）非洲学研究取得长足发展，为中非合作发展提供智力支持

1.设立非洲研究机构

在中国的非洲研究机构中有三个先行者：中国科学院亚非研究所于1961年7月正式成立，1964年10月更名为西亚非洲研究所；北京大学非洲历史研究室于1958年设立，亚非研究所于1965年成立；南京大学非洲地理研究室1964年设立，1992年更名为非洲研究所。不少院校在改革开放后成立了与非洲相关的教学研究机构，主要有湘潭大学(1978年)、华东师范大学(1985年)、上海师范大学（1998年）、云南大学（1998年）等。随着中非合作论坛成立，中非关系的快速发展对非洲研究提出了新的需求，中国的非洲研究机构如雨后春笋般涌现，如北京大学非洲研究中心（2000年）、浙江师范大学非洲教育研究中心（2003年成立，2007年更名为非洲研究院）、天津职业技术师范大学非洲职业技术教育研究中心（2005年成立，2012年更名为非盟研究中心）、南京农业大学非洲农业研究中心（2006年）、云南大学非洲研究中心（2007年）、华东师范大学非洲研究中心（2010年成立，2011年更名为非洲研究所）等。[①]据不完全统计，中国非洲研究机构已达56家。

2.开展区域与国别研究基地建设

2012年，教育部首批批准了37家国别和区域研究培育基地的设立，其中，北京大学、浙江师范大学、上海师范大学3所高校被列为非洲研究培育基地。北京第二外国语学院、北京语言大学、宁夏大学三所高校被列为阿拉伯研究培育基地。浙江师范大学等高校的智库还成功入选"中非智库10＋10合

---

① 李安山.中国的非洲研究：回顾与展望.中国非洲学刊，2020 (1)：143−156+160.

作伙伴计划"。

3.培养年轻的非洲通人才

为使非洲研究工作后继有人，教育部国家留学基金管理委员会自2008年起，专门为部分高校提供了硕士、博士研究生赴非进修学习的名额。通过在非洲学习和考察，他们开阔了眼界，进一步了解了非洲，为今后的工作和发展打下了坚实的基础。2009年，国家留学基金管理委员会设立了"国际区域问题研究及外语高层次人才培养项目"，旨在培养包括面向非洲在内的具有国际视野的专门人才及国际区域问题专家。

（五）中非合作办学成为双方合作新的关注点

截至2015年5月国务院取消境外办学审批权，中国与非洲国家在办的合作办学机构和项目共有5个，分别是天津职业技术师范学院在埃塞俄比亚亚的斯亚贝巴举办的"埃塞—中国职业技术学院"，上海海事大学与中西非地区海事大学在加纳举办"物流管理"专业境外办学项目，江苏大学与库马西市理工学校在加纳举办的"计算机""工商管理""国际经济贸易"等3个境外办学项目。（境外办学审批权取消后，高校可根据自身发展实际和国际化发展战略自主"走出去"办学，不需经教育部或省级教育行政部门审批，故目前中国高校赴非洲办学情况无确切数据。）

以境外办学等形式加强与非洲国家和地区的教育合作与交流，有利于促进教育对外开放，助力"一带一路"建设。今后，我国将加强统筹谋划，积极鼓励有条件的学校依托自身优势稳妥开展境外办学，包括与非洲国家和地区开展合作。

（六）汉语教学与孔子学院建设

截至2020年8月，非洲46个国家设立了61所孔子学院和48个孔子课堂。2015年，南非基础教育部将汉语纳入国民教育体系。我国将继续支持孔子学院（课堂）的建设与发展，支持非洲尚未设立孔子学院（课堂）国家申办孔子学院（课堂）；进一步加大对非洲国家汉语教学支持力度；积极推动非洲各国将汉语教学纳入国民教育体系。

三、中非教育合作存在的问题

（一）中非民间缺乏相互了解与认知

中非民间交流仍很欠缺，非洲普通民众对中国的了解不够全面。西方在语言、文化、教育、宗教信仰、意识形态、思维观念等方面都深刻地影响了非洲。非洲人了解中国的主要途径是西方媒介，而西方媒体对中国的评价往往失之偏颇，很多判断不够客观，同时，语言障碍在某种程度上限制了中非之间的民间交往。大多数在非中资企业与相关政府部门或生意伙伴联系交往较多，与非洲社会缺乏融合互动。很多中资公司反映，本土文化与中国企业文化存在较大差异，比如，中资公司需要员工加班，而非洲员工对此很难理解，他们基本不加班。在非洲，工会的力量很大，本土员工经常通过工会或非政府组织提出增加工资、改善工作条件等要求，中资企业在这方面的应对能力不足。有些当地员工有小偷小摸的行为，中资公司或是无能为力，或是简单地采取责骂的方式进行管理。因此，中非民间交流，特别是人文交流应该成为长期的战略，并服务于中非政治、经济等领域的合作。

（二）对非汉语推广有待加强

非洲孔子学院发展势头良好，非洲学生学习汉语愿望强烈，学习汉语的人数不断增加。例如，内罗毕大学选学汉语的学生人数远远超过选学其他语种的学生数。非洲有的大学已经开设了汉语专业，可以培养本土汉语教师。内罗毕大学孔子学院中方院长介绍，具备汉语语言技能的学生在劳动力市场更具竞争力，可以到中资企业或政府部门任职。但是，整个非洲大陆孔子学院的数量还极为有限，有些非洲国家境内至今还没有孔子学院。塞内加尔一所高校由于汉语师资短缺，对学习汉语的人数加以限制，要求只有大学三年级以上的学生才可选学汉语。

（三）人力资源培训管理有待提高

短期人力资源培训项目效果明显，参加过培训的人员对中国都有深厚的感情，但后续跟踪机制不完善，没有对培训人员的长期跟踪访谈，这些资源尚未得到充分利用。此外，人力资源培训的实用价值还有待提高，人力资源培训中实训内容较少，技术成果推广程度低，实用性不强。教育人力资源培训没能与农业示范中心建设、工业园区建设等项目有效结合。

此外，中非教育合作中互派留学生的不平衡现象仍旧突出。非洲来华学生人数远远多于中国留非学生人数。中国与非洲国家在学历学位互认方面的工作进展缓慢。中国提供给非洲学生的奖学金数额较小，总量也不多，不利于吸引更高层次的非洲青年来华学习。

第三节　加强中非教育合作的对策建议

从中非教育交流与合作的历史成就来看，中非教育交流是一种重在"双赢"的互惠互利合作。未来，中非教育交流与合作要注重适时地开展新的合作形式和内容，要根据时代的发展及中非友好关系的深入，不断探索新的合作形式，提高合作绩效，要在继续加强双边交流的基础上，积极推动建立多边教育磋商与协调机制。中非合作论坛的召开，为中国与非洲国家的教育官员互通信息、加深理解提供了难得的机会。未来，可以创建专门的中非教育交流与合作的双边和多边磋商与协调机制，巩固和强化教育交流与合作成果。要继续坚持和完善"走出去"和"请进来"的办学模式，把国内和国外两个课堂有机地结合起来。一方面继续接收非洲国家留学生，邀请非洲教育界人士来华培训和参观，另一方面积极选派中国教师去非洲国家讲学和授课，并力所能及地提供教育物资援助。教育"走出去"意味着中国教育特别是高等教育国际化水平的提高，以及国际教育市场的拓展。要积极探索"产、学、研"相结合的道路，在做好援助非洲项目的基础上，鼓励中非双方的高等院校加强对非洲产业市场的了解，本着互惠互利的原则，引进企业投资，实现以教育援非推动产业发展，以产业发展深化教育援非工作的良性循环。继续加强中非职业教育合作，增强教育援非工作的实用性和前瞻性。具体而言，可从以下几方面入手。

一、加大对非教育合作规模

教育在国家发展中发挥着关键作用，教育是减贫、促进经济发展、稳定社会和谐的重要驱动力量。因此，各国均将教育作为优先发展目标，投资教育、发展知识经济正成为非洲国家发展的主要方向。联合国教科文组织的研究报告表明，撒哈拉以南非洲国家的教育投入在其财政公共支出中所占比例从1999年的35%上升到2008年的40%，与之对应的是各国儿童入学比例的大幅增长。然而，非洲国家教育发展仍然面临很多问题与挑战。例如，联合国"4年发展目标"2011年度报告显示，在撒哈拉以南非洲，仍有3200万适龄儿童无法进入小学课堂；三分之一的国家初等教育辍学率在50%以上。国际社会一直重视对非洲的教育援助，教育援助在发展援助中有着很高的地位。在援助总额中所占份额一直保持相对不变，维持在9%左右。

因此，中国在对非援助中应提高战略意识，使得对非洲的教育援助规划既符合我国塑造负责任大国形象，宣传和谐世界理念与中华传统文化的需求，也符合非洲削减贫困、实现可持续发展的教育需求，并依此配置人力、物力和财力。为此，我国对非洲教育援助必须统筹全局，进行全方位规划，并依此稳步推进。

二、制定教育援非的中长期规划

日本的教育援非之所以取得较好效果，受到国际社会和非洲国家的好评，一是因为其长期坚持，从20世纪80年代开始，援建的学校数量已经达到2610所，其中小学2480所，中学130所。二是因为日本国际协力机构（JICA）制定了综合的教育援助规划，包括援建学校、教师培训（尤其是科学和数学教师培训）、派遣志愿者和建立学校—社区管理制度，在提高教育质量上下了很多功夫。虽然中国对非教育援助主要通过中非合作论坛平台，每三年出台新的举措，但从长远来讲，应该制定教育援非中长期规划。制定长期规划首先要了解非洲实际需求；其次是选择中方优先援助项目；再次是各类项目之间应相互协调配合；最后是为保障合作效果，必须建立合作评估体系。

三、建立多方参与的教育合作机制

中非合作应改变合作只局限在政府间的局面，提高各方在合作项目中的参与度。在教育人文交流中，应该与非洲国家地方政府、社团、非政府组织、宗教团体、社区等机构合作，扩大合作范围，非方广泛参与的项目既可以扩大中非合作项目的影响力，为非洲培养本土人才，加强非方能力建设，又能提高非方对项目的责任和自主意识。同时，也应鼓励在非中国企业、个人参与中非教育人文交流，借由支持非洲教育发展履行其在非社会责任，加强与非洲社会的交流与互动。此外，在不存在较大利益冲突的教育人文合作领域，完全可以考虑与国际社会及其他援助国合作，探索三方及多方合作模式。中国可以与世界银行、联合国教科文组织、联合国儿童基金会等国际机构，以及一些西方发达国家在教育领域开展多边合作，既有利于提升中国在国际社会的影响力，树立良好的国家形象，又可提高中国教育机构的国际化程度。

四、加强中国高校自身能力建设

有效地为非洲国家提供教育援助，实际上是对中国教育的一大挑战，也是中国高校加强自身能力建设的重要契机。中国高校可成立"教育开发国际合作研究院"，开设有关中国教育发展、国际教育合作、推广教师培训经验等的课程，使用英文授课，培养参与国际教育合作的人才，招收发展中国家学生攻读硕士和博士，从事教育发展问题研究。各援非院校应将教育援非纳入院校的长期发展战略之中，在援非过程中，加强学校自身能力建设，提高学校参与国际合作的能力。

第**七**章

科技惠民：中非科技交流与合作 ──────────●

　　科技交流合作作为增进中非人民民生福祉的重要举措，带给双方人民实实在在的成果和实惠。早在20世纪70年代，中非便已建立起官方科技合作关系。2009年11月，"中非科技伙伴计划"启动，开辟了中国与非洲国家建立新型科技伙伴关系，协助非洲国家开展科技能力建设，增强非洲国家科技自生能力的新局面。截至2021年12月，在与我国建立外交关系的50多个非洲国家中，已有16个国家与我国签署了双边科技合作协定。在日益紧密的中非科技合作中，双方在共同关注的农业、生物、医药卫生、资源环境、新能源、信息通信、新材料、卫星遥感等领域开展了较为深入的合作与交流。中非科技合作形式逐渐多样化，合作内容更加丰富，合作质量不断提高，在卫星技术、新材料、信息技术、生物技术、纳米技术、环境技术等高科技领域有实质性的合作，但是在深入推进中非科技合作方面也面临着不少的挑战，比如，科技合作的配套体系建设还不够完善，"企业+技术"走出去模式还需不断探索，合作路径要进一步拓展等。

第一节　非洲科技领域基本现状与特点

一、非洲长期努力推动科技发展

早在20世纪80年代初，非洲就出台了《拉各斯行动计划》，旨在积极探索发展科技的自强之路。虽然该计划未能得到有效贯彻，但为后来的《非洲发展新伙伴计划》打下了基础。2000年，非洲国家和国际社会共同发布了"千年发展目标"，围绕解决贫困和可持续发展问题，科技投入和技术转让等方面取得了长足进步。2002年，世界可持续发展政府间首脑会议通过了《约翰内斯堡执行计划》，明确把科技作为非洲可持续发展的主要动力，以应对诸如能源短缺、食品安全、环境退化、疾病和水安全等方面的挑战。2003年，在联合国教科文组织的支持下，非洲发展新伙伴计划秘书处召开了非洲第一届科技部长会议，就非洲科技发展战略及合作问题进行了专门研讨，在此基础上，2005年举行的非洲第二届科技部长会议通过了《非洲科技整体行动计划》，非洲科技发展有了系统的战略规划。随后，2007年，第八届非盟峰会把"科技推动非洲发展"列为主题，大力发展科技逐步进入政策执行层面。《非洲科技综合行动计划（2014—2024）》提出，各成员国的科技发展资金要达到GDP的1%的最低标准；并提出促进科学、技术与创新在各个优先领域能够有效实施、提高科技创新能力和科研创新政策制定水平等五大战略目标，确定了消除饥饿、预防和控制疾病、加强基础设施建设、开发人才资源等六个优先发展领域。2015年，非盟第二十五届首脑峰会上通过的《2063年议程》，旨在在50年内建成地区一体化、和平繁荣的新非洲，并明确"到2063年非洲制造业占GDP比重50%以上"。非洲将技术变革作为非洲经济增长的新引擎和缩小与发达国家差距的借力点。非洲数字经济增长迅猛，预计到2025年非洲数字经济对GDP的贡献将达到3000亿美元。2019年通过的非盟《2024科技创新战略》强调积极寻求其他国家的支持与指导、合作与交流。

二、初步建立了合作与交流机制

目前中非科技合作主要依托于三大机制：一是"双边机制"，签署双边合作条约与协定，是中国与非洲国家间开展科技合作的主要机制。二是"多边机制"，主要包括中非合作论坛、中阿合作论坛、南南合作框架等。多边机制大力推动了中非在科技领域的合作，促进中非共同发展。三是"中非科技合作机制"，主要是指2011年"中非科技伙伴计划"的实施。该计划由中国政府部门牵头，并提供资金，下设秘书处和咨询委员会，分别负责管理日常工作、协调和推动计划的实施。在该计划的推动下，中国已与16个非洲国家签署了双边科技合作协定，与一些非洲国家建立了政府间科技合作联委会机制，并向埃及、南非派驻了科技外交官。中非科技合作形式逐渐多样化，内容更加丰富，在卫星技术、新材料、信息技术、生物技术、纳米技术、环境技术等高技术领域开展了实质性的合作，截至2020年底，中方已在非洲国家援建农业技术示范中心24个，还向非洲国家派遣了大批农业技术组，为非洲国家培训了数千名农业管理人才和农业技术人才。在2018年中非合作论坛北京峰会上，双方就"中非科技伙伴计划2.0"达成一致，重点围绕改善民生和推动国家经济社会发展的科技创新领域，与非方合作推进实施"非洲科技和创新战略"，帮助非方加强科技创新能力建设。

几十年来，中国一直着力于帮助非洲改善医疗卫生条件，采取了援建医院、派遣医疗队、提供药品和医疗物资援助等主要措施。在2015年中非合作论坛上，习近平总书记宣布实行中非公共卫生合作计划：中方将参与非洲疾控中心等公共卫生防控体系和能力建设；支持中非各20所医院开展示范合作，加强专业科室建设，继续派遣医疗队员，开展"光明行"、妇幼保健在内的医疗援助，为非洲提供一批复方青蒿素抗疟药品；鼓励支持中国企业赴非洲开展药品本地化生产，提高药品在非洲可及性。截至2009年底，中国在非洲援建了54所医院，设立了30个疟疾防治中心，向35个非洲国家提供了价值约2亿元人民币的抗疟药品。自1963年起，中国持续向非洲派遣医疗队，共向47个非洲国家派出援外医疗队员2.1万人次，累计治疗患者2.2亿多人次，并为非洲培训了数万名医疗技术人员。

三、近年来非洲科技发展逐渐显示出蓬勃振兴的势头

1.非洲在生物技术领域发展迅速

广种薄收、靠天吃饭曾是非洲主要的耕作方式，但现代生物技术已开始应用到农业生产中。例如，埃及、南非、肯尼亚和津巴布韦等国对几十种农作物进行了转基因实验，经转基因技术处理后的玉米、红薯和芋头等农作物抵御病虫害的能力显著增强。肯尼亚、坦桑尼亚、乌干达、马拉维、马里、津巴布韦、尼日利亚和加纳都在进行转基因作物的研究和田间试验，试验的作物包括玉米、水稻、小麦、高粱和棉花。与此同时，一些非洲国家，如马拉维、毛里求斯、南非、津巴布韦等，已经修订了生物安全法律，扫清了推广种植转基因作物的主要障碍。其余大部分非洲国家也正在起草有关指导方针和管理规定。[①]

2.非洲在信息技术领域加速追赶

在信息技术方面，非洲积极与世界同步接轨，互联网接入、手机普及、电商起步都比较迅速，大致以30%的增长率稳步发展。非洲信息技术实现了近20年的指数级增长，移动设备入网是非洲快速进入互联网时代的最佳方式。2018年，非洲手机普及率达到了80%，远远高于宽带网络普及程度。2019年，撒哈拉以南非洲地区的移动用户达到4.77亿。[②]

3.涌现了科技园区建设的热潮

非洲拥有遍布全洲的数十家发明中心和合作研发实验室，同时，高科技园区建设正在兴起，如肯尼亚的"孔扎技术城"项目，旨在建设"非洲草原上的硅谷"；加纳的"希望之城"，拟打造世界上规模最大的高科技产品装配厂、计算机大学。类似的科技园区还有科特迪瓦技术园区、塞内加尔科技城、卢旺达信息和通信技术园区、南非斯坦林布什和高登技术创新园、津巴布韦国立大学的科学与技术园区等，一些科技园区已经发展得较为成熟。

4.本土创新被激活

现代信息技术激活了非洲的本土创新，草根创业正在成为一种全新的社

---

① 科技日报.越来越多的非洲国家开始种植转基因作物.世界热带农业信息，2011(10)：27.

② The Mobile Economy sub-Saharan Africa 2020. (2020-09-12)[2020-12-30]. https://www.gsma.com/mobileEconomy/wp-content/uploads/2020/09/GSMA Mobile Economy 2020 SSA.

会职业。典型的如"见证"开源软件，它已被日本等几十个国家使用，广泛用于监督大选、防范腐败、灾害的基层救援等；南非和斯威士兰研发的便携式太阳能电箱（eChaia），可方便用户在偏远地区充电；Sasa Africa网站发布了一个可以将非洲线下工匠和全球买家连接起来的电子商务平台，目标是把非洲工艺品带到全球市场；一些国家鼓励企业自主研发智能手机和平板电脑等。相应地，设在非洲的风投公司越来越多，一些大型科技公司也将目光瞄准了非洲，谷歌、微软、英特尔和美国国际商用机器公司等陆续在非洲设立研究院、项目处或代表处。

第二节　中非科技交流合作的特点

2009年底启动的"中非科技伙伴计划"，为中非科技合作开创了一个高层次平台，在该计划的带动下，中非科技合作已经成为中非合作的重要内容。目前，中国已与十几个非洲国家签署了双边科技合作协定，与一些国家建立了政府间科技合作联委会机制，并向埃及、南非派驻了科技外交官。

一、形式多样，内容丰富

中非科技合作主要从三个方面展开：通过科技合作联委会组织、筛选、执行合作项目，广泛开展灵活多样的科技合作活动，扩大中非科技人员的交流，包括科技规划与政策制定、技术示范与技术服务、实物捐赠、技术培训、联合调查等形式，内容涉及高科技领域和实用技术领域的许多方面。例如，在高科技合作领域，中尼完成了尼日利亚通信卫星项目的设计与实施，2012年向尼方在轨交付，大幅度提升了尼在通信、广播、导航服务和远程教育等方面的保障能力，并辐射带动了加纳等邻国的邮政和电信服务水平，奠定了尼在国际空间领域发展的地位。这项合作开创了中国为非洲国家发射卫星的先河，这也是发展中国家在高科技领域诚信合作的范例。在实用技术领域，中非双方在实施中非农业合作项目和"点亮非洲"节能减排项目的基础上，2011年又启动了"非洲民生科技行动"项目，把已成熟的低成本实用技术提供给非洲国家，重点在医疗、农业和照明等方面支援非洲建设，促进非洲发展。2015年，习近平总书记在南非的约翰内斯堡宣布基于中非合作论坛，实行中非工业化合作计划和中非农业现代化合作计划。中方将积极推进中非产业对接和产能合作，鼓励支持中国企业赴非洲投资兴业，合作新建或升级一批工业园区，向非洲国家派遣政府高级专家顾问。中方计划设立一批区域职业教育中心和若干能力建设学院，为非洲培训20万名职业技术人才，提供4万个来华培训名额，中方将同非洲分享农业发展经验，转让农业适用技术，鼓励中国企业在非洲开展大规模种植、畜牧养殖、粮食仓储和加工，增加当地就业和农民收入。中方将在非洲100个乡村实施"农业富民工程"，派遣30批农业专家组赴非洲，建立中非农业科研机构"10+10"合作机制。①

二、质量提高，成效显著

在"中非科技伙伴计划"的引领下，中非科技合作项目越来越注重提高技术含量、扩大社会效果、延展辐射面。例如，积极在卫星技术、新材料、信息技术、生物技术、纳米技术、激光技术和环境技术等高技术领域与非洲国家开展合作；重视在农业技术、新能源技术、地质勘查和采矿技术、新药研发以及气候变化、水资源保护、防治荒漠化和生物多样性保护等制约发展的关键领域深化合作；通过赠送产品、建设示范项目，在计算机、医药、热带疾病诊疗、新能源利用、大规模养鸡、棉籽加工等与日常生活密切相关的领域同非洲国家开展长期、广泛的合作。

中非合作以"授人以渔"为出发点，在提升非洲"造血"能力方面取得了显著成效。中国积极同非洲加强科技创新战略沟通与对接，分享科技发展经验与成果，推进科技人才交流与培养、技术转移与创新创业等方面的工作。中国与非洲国家建设了一批高水平联合实验室、创建了中非联合研究中心、中非创新合作中心。近年来，中国通过实施"一带一路"国际科学组织联盟奖学金、中国政府奖学金、"国际杰青计划"、"国际青年创新创业计划"等项

---

① 习近平在中非合作论坛约翰内斯堡峰会开幕式上的致辞(全文). (2015-12-04)[2022-08-04]. http://www.xinhuanet.com/world/2015-12/04/c_1117363197.htm.

目帮助非洲培养了大量科技人才。空间和航天合作取得新突破，双方利用中国遥感数据开展防灾减灾、射电天文、卫星导航定位和精准农业等领域合作，共同参与天文领域国际大科学工程"平方公里阵列射电望远镜"项目。中国在埃及援建卫星总装集成及测试中心。中国还分别为阿尔及利亚、苏丹发射了两国首颗人造卫星。

从非洲的反应来看，中国的高科技和实用技术都具有优势和吸引力，非方尤其希望借鉴中国"星火计划"的经验在农村推广农业技术，引进中国的远程教育和远程医疗技术。非洲有识之士普遍认为，中国在《中非合作2035年愿景》中所作的承诺，涉及广泛的科技支持，将会对非洲科技发展、人才队伍的壮大产生深远影响。

三、聚焦重点，实现突破

在"一带一路"倡议指引下，中非科技合作主要体现三方面的聚焦。[①]

一是聚焦重点领域。究竟将哪些领域作为中非科技合作科技的重点领域？非盟发布的《非洲科学、技术和创新战略》（STISA-2024）指出，当前应重点关注的领域有：消除贫困、疾病防控、食品安全、教育发展、人力资源开发、文化传承、农业发展、能源开发、海洋资源开发利用、城市建设、基础设施建设、工程技术、环境保护以及信息科学、生命科学、地球科学等。几内亚总统孔戴在2018非洲能源互联网发展论坛举办期间表示，构建非洲能源互联网，体现了中国的责任担当，将有力推动非洲清洁能源大规模开发利用和电网互联互通，带动矿产资源开发和深加工产业发展，加快非洲清洁化、工业化、电气化和区域一体化发展，是造福非洲和全人类的伟大事业。在中非合作论坛框架下，中国将进一步打造更加紧密的中非命运共同体，在推进中非"十大合作计划"基础上，着力实施好"八大行动"，推动中非各领域合作迈上新台阶。

二是聚焦科技组织。充分发挥科技组织作用，推动多样化合作。非洲的科技组织按照层次，可分为在非洲的全球性国际组织（经合组织、世界银行

---

① 刘星喜，章明卓. 打造中非科技交流合作通途. 光明日报，2018-09-09(8).

等）、全洲或次区域国际科技组织（非盟、萨赫勒和西非地区委员会及其下属科技组织、东非科学技术委员会等）和各国国家科技组织。针对不同组织特点，可采用"过程嵌入""顶层介入""项目引领"等多种模式开展科技交流与合作。而中国科学技术协会（简称科协）及其下属学会、高校、科研院所、企业等科技组织，在积极推动中非科技交流与产业合作上可以有更大作为，如统筹对非科技合作计划、筹措对非科技合作资金、建设对非科技合作基地、联合举办产品展览会、科技博览会、行业和科技经验交流研讨会等。在非洲建立各种科技中心、技术推广中心、培训中心、成果孵化基地、产业园等，也可以推动当地社会经济发展。比如，中国科协"一带一路"国际科技组织合作平台建设项目浙江师范大学非洲科技问题研究中心正致力于从科技组织、政策、体制、人才及培养等方面推动与非洲的科技合作。

三是聚焦科技人才。中非科技合作最终要依托中非科技工作者的交流与合作。要加大科技人才培训力度，如通过高校教育援外项目培训非洲科技人才，与非盟教育部门共建科技人才培训机制，加强非盟科技教材、课程开发和设置等，不断增强非洲科技人才的能力。要加大对非洲科技精英的引育力度，如引进非洲科技顶尖人才，设立非洲人才计划专项；培育非洲青年科技人才，设立非洲科技人才专项基金等，扩大来华高层次科技人才规模。同时，要促进中非科技人才的双向流动，特别是鼓励青年科学家交流，不断深化中非科技工作者项目合作，推动中非科技人才更好发展。

第三节　推进中非科技合作的对策建议

中非科技领域合作日渐广泛和深入，但也存在着科技援助后期管理不善、缺少政府的总体规划和政策协调、语言障碍等问题。

首先，非洲科技发展任重道远。非洲在将科技、科研成果转化为生产力，以科技促发展方面还有很长的路要走，困难和问题还很多，如许多非洲国家的科研机构和政府脱节，与科技相关的政策过时；《拉各斯行动计划》号召非洲国家将国内生产总值的1%用于科研活动，但至今没有得到切实贯彻；受科研条件所限，科学教育及工程学教育的质量在不断下降。非洲需要加强科技"硬件"与相应"软件"的系统配套建设，完善科技制度、改善科研环境、赋予大学和科研机构新的活力，具体包括建立鼓励创新的机制，采取措施保障创新成果顺利转化，建设高新技术企业孵化器，设立相应的小额信贷，建立公平透明的法律体系和强有力的行政制度保护知识产权，遏制人才大量外流的局面等。

其次，非洲科技发展总体上看比较落后，R&D（research and development，科学研究与试验发展）投入较低、人才流失严重。非洲的科技发展程度较低，相关制度框架普遍不健全，特别是研发资金投入严重不足、科技人才大量流失。非洲国家平均用于研发的经费仅占其国内生产总值的0.2%—0.3%，而且国家间差别很大，南非一国的研发费用占到了撒哈拉以南非洲地区研发经费总和的90%以上；非洲科学家和工程师数量仅占全世界总数的0.36%，但每年平均有两万多名大学毕业生前往欧美发达国家谋职，人才短缺、流失导致用于支付外国专家的开销占非洲每年所获外援资金的三分之一。非洲科技人才奇缺，绝大部分高精尖技术依靠进口等问题短时间内依然无法改变。

再次，深入推进中非科技合作面临诸多深层次挑战。例如，如何不断拓宽中非科技合作领域、提高合作质量，如何更好地与非洲发展的条件和现实需要相衔接，如何引导、管理中非双方多元化的合作主体，如何建构可持续的合作机制特别是技术转移的市场机制，如何使中非科技合作在中国的科技发展战略、"走出去"战略、外交战略中充分发挥作用，这一系列问题都有待深入探索。

面对这些挑战，中非科技合作要把握新契机，创立新机制，建设新平台，力争取得新成绩。

一、把握中非科技合作新契机[①]

首先，以科技创新促进共赢发展是中非人民的共同愿望。由于科技相对

---

① 刘星喜. 从危机中寻找契机中非科技合作的新重点. 光明日报，2020-07-09(14).

落后，非洲经济长期以来严重依赖低附加值的初级产品出口，加上研发资金和科研经费不足，科技人才外流严重。因此，从非洲新时期各种政策声明中可以看出，非洲领导人和公众逐渐意识到科技的重要性，政府加大了科技创新投入，期望通过科技进步来促进经济社会可持续发展，进一步减少贫困和实现食品安全，控制传染和非传染性疾病以及减缓环境恶化。非洲社会民众组织以及非洲智库运用本土知识支持经济发展，在一定程度上促进了公众对科技创新的认识和理解。他们为与生物多样性与安全、气候变化和环境保护法相关的科技创新政策的辩论贡献了力量。非盟制定的《2063年议程》旨在在50年内建成地区一体化、和平繁荣的新非洲，并明确"到2063年，非洲制造业占GDP比重50%以上"，到2050年，非洲的城镇化率将上升至61%。非洲将技术变革作为非洲经济增长的新引擎和缩小与发达国家差距的借力点，数字经济增长迅猛，预计到2025年非洲数字经济对GDP的贡献将达到3000亿美元。随着非洲工业化、城镇化、数字化不断推进，中非比以往任何时候都更加需要加强科技合作，共同推动中非共赢发展。

其次，拓展科技创新合作领域是中非共赢发展的时代要求。《非洲科技综合行动计划（2014—2024）》提出，各成员国的科技发展资金要达到GDP的1%的最低标准，并提出促进科学、技术与创新在各个优先领域能够有效实施、提高科技创新能力和科研创新政策制定水平等五大战略目标，确定了消除饥饿、预防和控制疾病、加强基础设施建设、开发人才资源等六个优先发展领域。这些科技政策和战略规划的实施有利于突破非洲技术发展的瓶颈，科研环境的改变和基础条件的改善有利于吸引外流科技人才回归，同时该战略规划的实施还可以增强非洲民众对科技发展的信心和动力，从而为非洲的科技发展和经济腾飞打下基础。虽然该计划提出的开发项目针对非洲的发展困境，如对非洲传染性疾病的控制和治疗等，但由于科研经费依赖国际援助，致使非洲大多数科技创新项目主要是为满足国外资助者的兴趣和需求，与本土的实际需求相脱离。多数科研计划以自然资源开发为主且研究周期短，缺乏长远谋划，难以实现可持续发展。欧非战略、印非科技计划等旨在促进非洲科技创新战略的发展的双边以及多边合作计划也不可能根本改变非洲科技的发展现状。此外，非洲科技组织主要依托高校建立，与企业联系较少，社会贡献少。面对非洲可持续发展的要求，中非双方应不断拓展科技合作空间和领域，尤其在推动非洲加强互联互通和保障产业链供应链建设方面，更要拓展新业态合作，促进中非共同发展。

二、在互惠中构建中非科技合作新机制

进入新时代，中非双方的科技合作日益紧密，签署了多个双边科技合作协定，政府间科技合作联委会机制也在许多国家建立，科技合作覆盖农业、生物、医药卫生、信息通信等多个领域，合作形式多元多样。近年来，在"一带一路"倡议指引下，中非科技合作愈发蓬勃发展，中非科技合作与交流新机制正不断建立。非盟主要关注的科技领域包括消除贫困、疾病防控、食品安全、人力资源开发、农业发展、能源开发、海洋资源开发利用、城市建设、基础设施建设、工程技术、环境保护以及信息科学、生命科学、地球科学等。在消除饥饿与确保粮食安全方面，中非双方可在农业栽培、播种、土壤、气候协调技术和农业产业链，再加工、分配以及基础设施和技术改善等方面开展合作；在预防和控制传染病方面，加强 HIV/AIDS、肺结核、疟疾等的预防和医疗合作；在通信业方面，加强基础设施、能源建设、信息技术开发等；在资源环境保护方面，加强气候变化、生物多样性、大气物理学、空间科技、海洋资源开发与管理、水循环和河流管理知识与技术研究；在社会建设方面，加强泛非文化和次区域一体化研究、城市管理等领域的合作；在人力资源建设方面，加强教育与人力资源开发等。让我国的科技优势领域服务于非洲，使中非科技合作实现互惠互利，共同发展。比如，非盟科技发展战略确定农业技术和农业产品技术发展为重中之重，而我国以农业大学科研为关键攻关手段，以农业试验田为特色的农业科技实践活动，可以作为我国与非洲农业科技合作的重要手段。具体举措包括以下几个方面。

一是通过选派中国农业优秀科研人员前往非洲实地考察、开展合作研究，着重解决事关非洲农业发展的培育、播种、收割问题。

二是以非洲农业现状为背景，选取有利于非洲农业发展和农业生产的中国农业科技成果移植到非洲，加强技术增值，扩大农业关键技术在更大范围内的推广运用。

三是中国对非医药卫生援助与合作将在当前形势下更加紧密。中方提出，将继续全力支持非方抗疫行动，提供物资援助、派遣医疗专家组、协助非方来华采购抗疫物资，建设非洲疾控中心总部，同非方一道实施好中非合作论坛框架内的"健康卫生行动"，共同打造中非卫生健康共同体，并承诺新冠疫苗研发完成并投入使用后率先惠及非洲国家。

四是非洲气候以及地形地貌特征导致水资源分布十分不均，水资源开发利用问题凸显，非盟也将水资源利用作为科技创新优先发展领域的旗舰项目。我国可以在援助非洲水利工程建设同时，在非洲水资源综合利用、水资源跨流域调配，防灾减灾研究、水污染防治与水环境修复等领域开展合作研究提高水资源的利用效率。

三、构建多平台合作为中非科技发展护航

非洲的国际或国别科技组织按照层次，可分为在非洲的全球性国际组织、全洲或次区域国际科技组织和各国的国家科技组织。

在非洲的全球性国际科技组织，由于其与非洲有长期的科技合作关系，形成了较为完善的科技合作网络，积累了丰富的对非科技合作经验，中方可以选送科技人员进入国际科技组织，借助其经验和操作模式，提升双方的科技合作水平和影响力。因全洲或次区域国际科技组织的科技体系不够完善，中方可协助其制定科技发展政策，规划资助领域，以及实施项目监管。针对各国的国家科技组织，可聚焦各国的核心科技需求，开展相关科技项目的示范引领、合作研究以及技术推广工作。我国的科协及其下属学会、高校、科研院所、企业等科技组织，在积极推动中非科技合作中可以发挥有效作用。科协及其下属学会可以统筹布局对非科技合作计划、筹措对非科技合作资金、建设对非科技合作基地、监管对非科技合作项目。

国内高校在对非科技人才培养与培训、教育援助等方面可以发挥重大作用，如与非盟教育部门在科技课程设置和科技知识传授方面加强交流，推动非盟科技教材和课程的开发和设置，帮助非盟进行科技基础教育改革规划；开展对非盟科技培训人员专业知识培训；与非盟合作投资建设科技实验室和科技馆，宣传科技知识，营造有利于非洲科技知识发展的教育环境；借助非

盟教育战略提出的职业技术教育与培训项目，联合大型企业建立中国与非盟职业技术教育与培训国际实习制和师徒制，实现职业技术人才企业化和市场化。企业单位科研组织可以联合非洲企业和部门通过产品展览会、科技博览会等展示活动，联合举办行业、学术和科技经验的交流研讨会与参观活动，提升非洲科技水平与产业转化效率，不断推动非洲当地经济社会发展。

一是要加强科技人才对接。中非科技合作的关键是科技人才。要完善中非科技人才培育机制，深化科技合作重点领域的人才对接，加强培训交流，在项目合作中提升科技攻关能力，建立"中非科技顶尖人才数据库"。

二是要改进科技人才评价机制，突出科技创新能力和成果业绩导向，改进和创新科技人才评价方式，增强我国科技人才服务非洲经济发展的动力。要创新中非科技人才双向流动机制，既要选派骨干科技人才赴非开展项目开发，又要引进非洲科技人才参与专项合作，扩大科技人才资源。

三是要建立科技人才激励机制，加大经费支持保障，设立人才专项计划，扩大中非高层次科技人才规模。当前，世界主要发达国家都将与非洲科技合作作为国际科技合作的重点，尤其是各国都加大了对非洲资源、环境、生物多样性、工程等方面的研究力度。从一定意义上讲，抓住与非洲的科技合作的机会将带来新的发展增长点。中非传统友谊深厚，在推动与非洲交流合作中具有天然优势。要进一步加大对中非科技合作的经费、项目等方面的支持力度，引导更多科技工作者深入非洲、研究非洲、建设非洲。

四是要建立评估保障体系，加强中非科技合作评估与咨询服务平台建设。中非科技合作需要加深互相沟通与理解，以此为基础方能以我国的科技力量，解决非洲之所需，促进中非科技合作。非洲领土广阔、国家众多、区域间差异大、情况错综复杂，在中非科技合作方面需要建立强有力的评估和咨询服务平台，让我国的先进科学技术和科技产品更好地走进非洲，服务非洲，发展非洲。

第八章

文体亲民：中非体卫艺交流与合作 ————————●

自汉代起，中非之间已经有了间接的贸易和文化交流，双方的交往可谓源远流长。当代中国与非洲国家的文艺交流与合作是伴随着中非外交关系的启动而开始的。在中非共同努力下，中非体育、医疗卫生和文学艺术交流与合作获得了很大的发展，与此同时，存在的不足和面临的挑战也不容忽视。

第一节　中非体育交流与合作

体育作为文化的一部分，在中非交流史上留下了浓墨重彩的一笔。新中国成立以来，中国对非洲的援建场馆数量之多居世界之首。国际奥委会前主席萨马兰奇曾说："中国造的最漂亮的体育场馆在非洲。"另外，中国还向非洲捐助体育器材，对非洲进行体育教育培训，在非洲大力传播中国传统体育项目，有效地促进了非洲国家体育事业发展，促进了中非友好关系的发展，也营造了中国体育发展的良好外部环境。中非体育交往始于中国对非洲体育的援助。20世纪60年代，中国开始向非洲派出大量教练，教非洲人学习武术、乒乓球、游泳、杂技、太极等中国传统体育项目，1977年，中国在索马里援建摩加迪沙体育场，开启了中国在非援建体育设施的历程。据不完全统计，中国在非洲援建的体育场馆较大规模的有80多个。进入20世纪90年代，中国开始邀请非洲运动员加盟中国球队，中国足球职业化改革以来，陆续有50多名非洲球员在中国效力。进入21世纪，中非民间体育交往的项目逐渐增多。2009年，中国武术代表团访问非洲，这是以国家体育层面组织的武术代表团首次访问非洲大陆。2015年5月1日，浙江师范大学成立了国内首个非洲体育研究机构，致力于研究中非体育交流史、中国对非洲体育的援助史、中非体育产业合作、体育用品开发等课题，为中非体育交流合作提供广泛而有深度的智力支撑。但目前中非体育交流合作总体层次不高，互动不足；中国援助的部分场馆处于闲置状态，体育援助没有获得长期的效应，迫切需要开拓中非体育交往的路径，加强中非体育交往互动性，提升交往质量。

一、中非体育交流与合作的历史

中非体育交流可以划分为1957年至1969年、1970年至1979年、1980年至1999年，2000年至2008年以及2009年至今五个阶段。

（一）1957—1969年的中非体育交流

1.中非体育团体开始互访

新中国与非洲国家的体育交流合作开始于1957年。1957年3月，中国乒乓球队参加了在瑞典首都斯德哥尔摩举行的世界乒乓球锦标赛后，应邀到埃及访问，这是新中国第一支踏上非洲大陆的体育队伍。同年7月，尚未与中国建交的苏丹派出国家足球队到中国访问比赛，这是非洲大陆的体育使者首次访问新中国，因其特殊的意义被载入史册。由此可见，足球在中非体育交流和中非外交中的先驱地位和桥梁作用。1957年8月17日至9月13日，埃及国家男子篮球队，由领队阿·依·玖尔吉率领，访问我国。[①]1958年1月，中国天津足球队应邀前往埃及和苏丹访问比赛，作为对苏丹足球队的回访，天津队的这次苏丹之行同样具有重要的历史意义，这是中国体育队伍首次造访尚未建交的非洲国家。1958年2月，中国人民解放军八一男子篮球队随中国青年代表团访问了埃及。7月，埃及举重队访问了我国。

2.中国体育援助与非洲国家现代体育事业的发展

热爱足球的阿尔及利亚人民在独立之初就组建了自己的足球队，但是没

---

① 中国体育年鉴编辑委员会.中国体育年鉴1949—1962.北京：人民体育出版社，1964：75.

有合适的训练场所，他们受邀来中国进行短暂的访问训练。1959年10月16日至12月22日，阿尔及利亚国家足球队访问我国。[①]

这一时期中国开始向非洲国家派遣援外教练。如1962年，我国向加纳派遣了体育援外教练组，此前加纳在这一方面是一片空白，我国援外教练组进驻，帮助该国在运动技术水平上得到长足的发展。

3.新兴力量国家运动会与"中非体育"联盟的形成

1958年8月19日，中国奥林匹克委员会发表关于同国际奥林匹克委员会断绝关系的声明，不再承认国际奥林匹克委员会，并同它断绝一切关系。与此同时，退出国际游泳、田径、篮球、举重、射击、摔跤、自行车联合会及亚洲乒乓球联合会等8个国际体育组织。中国从此位于国际体育组织的边缘地位。1963年11月在印度尼西亚首都雅加达举行了第一届新兴力量运动会，中国健儿和包括非洲国家在内的外国健儿同场竞技，增进了相互的了解和友谊，同时也有力地推动了第三世界体育事业的蓬勃发展。

（二）1970—1979年的中非体育交流

20世纪70年代，中非体育交流合作的主要方式有体育团体互访、国际体育赛事中的经验交流、中国为非洲国家培养运动员、中国帮助非洲国家修建体育场馆4种形式。

1.体育团体互访

这一时期，到访中国的非洲国家体育代表团与代表共计103个，出访非洲国家的中国体育代表团共计90个，中非体育交流共计193次。

2.体育赛事中的经验交流

根据主办方与参与国家的不同，可以将体育赛事分成中非双方参加对方所举办的国内体育赛事以及诸如亚非拉乒乓球赛这样的国际体育赛事两种形式。

20世纪70年代，中非双方都曾邀请对方参加各自举办的国内体育赛事。中国运动员受邀参加的非洲国家举办的体育赛事中，尤为典型的是中国男女乒乓球运动员应尼日利亚乒乓球协会的邀请，3次参加尼日利亚全国乒乓球公

---

① 中国体育年鉴编辑委员会.中国体育年鉴1949—1962.北京：人民体育出版社，1964：111.

开锦标赛。

20世纪70年代，中非都参与的国际体育赛事中，尤为突出的是亚非拉乒乓球友好赛、北京国际游泳、跳水友好邀请赛。突尼斯举办国际城市体操邀请赛时，湖南体操队在领队张云洲率领下参加比赛，并随后访问埃及、摩洛哥，在埃及、摩洛哥各比赛1场。[①]1979年，埃及第六届国际田径锦标赛在开罗举行，焦玉莲率领中国队参加比赛。[②]

3.中国为非洲国家培训运动员

20世纪70年代，中国为非洲国家培训运动员可以分为两种形式。

一是非洲国家运动员与教练来华培训。如1973年，尼日利亚乒乓球队来京训练。[③]1974年，12名尼日利亚少年乒乓球运动员，在中国经过6个月的训练后回国。[④]1975年，索马里摩加迪沙田径队在中国进行训练。[⑤]

二是中国向非洲派遣援外教练。20世纪70年代，中国共向几内亚、阿尔及利亚、刚果（布）、苏丹、坦桑尼亚、索马里、埃塞俄比亚、乌干达、尼日利亚、加纳、埃及、乍得、突尼斯、布隆迪、赞比亚、赤道几内亚、塞拉利昂、多哥、喀麦隆、摩洛哥、贝宁、塞内加尔、马达加斯加、几内亚比绍、马里、卢旺达、尼日尔等27个国家派出了援外教练。

4.中国为非洲体育发展提供硬件设施

20世纪70年代，中国主要通过两种形式，为非洲体育发展提供硬件设施。

一是向非洲国家捐赠体育用品与体育器材。20世纪70年代，中国驻非洲国家的大使曾代表中华人民共和国体育运动委员会以及中国乒乓球协会向非洲国家赠送一些体育用品与体育器材。1975年2月24日，中国驻坦桑尼亚大使馆临时代表张俊华代表中华人民共和国体育运动委员会向坦桑尼亚政府赠送一批体育器材和运动服装。1978年3月16日，中国驻埃塞俄比亚大使馆参赞石钟，代表中国乒乓球协会向埃塞俄比亚体育运动委员会赠送了一批乒乓

①　中国体育年鉴编辑委员会.中国体育年鉴1979.北京：人民体育出版社，1981：670.
②　中国体育年鉴编辑委员会.中国体育年鉴1979.北京：人民体育出版社，1981：316.
③　北京志编委会.北京志·体育卷·体育志.北京：北京出版社，2004：366.
④　尼日利亚求援中国乒坛　中国乒协证明诚意时机到.人民日报，1974-06-10(6).
⑤　中国体育年鉴编辑委员会.中国体育年鉴1975.北京：人民体育出版社，1982：217.

球拍。

二是援建体育场。1970—1979年，共有2座由中国援建的非洲体育场建成，即1970年建成的坦桑尼亚桑给巴尔和平体育场和1977年建成的索马里摩加迪沙体育场。这一时期开工建设的体育场1座，即贝宁科托努综合体育场。这一时期，中国与摩洛哥、扎伊尔（今刚果民主共和国）、乍得、冈比亚、上沃尔特（今布基纳法索）以及埃塞俄比亚6国政府签署了关于援建体育场的合作协定或会谈纪要。

（三）1980—1999年的中非体育交流

从1980年至1999年，中非体育交流进入第三阶段，这一时期，中非体育交流的主要表现如下。

1. 由无偿援助到合作的中非体育交流

1982年12月至1983年1月，国务院总理赵紫阳访问非洲十国，提出了新时期中非经济合作的十六字方针"平等互利、讲究实效、形式多样、共同发展"。以此方针为指导，中非体育交流开始注重经济效益和可持续性。如1978—1999年，我国在非洲共援建了17个体育场、7个体育馆、5个游泳池等29项体育设施；这些项目不再是中国的无偿援助，而是采取了非洲国家出资、中非融资，或者由中国提供优惠贷款的全新合作形式。

1978年中国招收了第一位来自非洲的体育留学生，拉开了非洲体育学生来华留学的序幕。在1980—1999年这20年间，中国共招收了非洲体育留学生52人，他们全部就读于北京体育大学。

2. 中国竞技体育中开始出现非洲外援

20世纪90年代，随着中国足球开始转向职业化，科特迪瓦的德罗巴、赞比亚的卡通戈、摩洛哥的哈默德等一大批非洲球员纷纷来到中国，给中国球迷留下了许多难忘的瞬间。[①]

以夺取奥运会金牌为核心的奥运战略的确立，使中国体育的视野转而较多地投向西方体育发达国家。但是非洲的马拉松运动水平在世界上享有很高的声誉，埃塞俄比亚、坦桑尼亚和肯尼亚等国拥有一批世界著名的长跑运动

---

① 中国赛场活跃非洲身影体育架起中非交流之桥. (2018-08-24)[2020-12-28]. https://www.sohu.com/a/249864231_123753.

员，因此，北京国际马拉松比赛的组织者几乎每年都要邀请几位非洲长跑好手参赛。

（四）北京申奥开启中非体育交流新阶段（2000—2008年）

进入21世纪，中国体育发展步入新的历史时期。2001年7月13日，北京成功地赢得2008年奥运会的举办权，为中非体育发展提供了重大机遇和新的动力。2000年至2008年是中非体育交流的第四个阶段。这一阶段具有如下特点。

1.形式多元化、内容多样化的中非体育交流

从2006年开始，中国开始向非洲国家派遣青年志愿者。志愿者们为受援国家提供汉语教学、体育教学、武术教学、中医治疗、农业科技、计算机培训等方面的高质量志愿服务。孔子学院举办的中非体育文化交流活动形式多样，孔子学院通过武术文化进课堂的形式，以传统的武术文化为主体编写可以在课堂上进行讲授的教材，然后通过教师在课堂上的教授，将中国的武术文化加以传播。这一时期，中国仍继续向非洲国家派遣教练。如2005年，国家体育总局与埃及国防部就向埃及派遣教练一事在北京正式签署合作协议。按照双方的合作协议，中国计划向埃及国防部派遣10名中国教练，教授田径、体操、跳水等10个项目，同时还将派出2名阿拉伯语翻译。

2.借助2008年北京奥运会，中非加大体育交流

在中国申办和筹办北京奥运会的过程中，非洲国家一直站在中国一方，反对奥运政治化。中国则资助非洲国家参加2008年北京奥运会。如帮助正在进行重建的利比里亚参加北京奥运会，安排苏丹运动员来北京参加训练。

3.援建规模扩大、形式多样化的中国援建非洲体育场馆

这一时期，中国援建的非洲体育场馆主要有：喀麦隆雅温得多功能体育场、莫桑比克国家体育场、坦桑尼亚国家体育场、马拉维国家体育馆等。

（五）中非体育交流第五个阶段（2009年至今）

这一阶段具有如下特点。

1.从体育项目的交流合作到体育治理经验的交流

北京奥运会的成功举办，是体育教育、体育设施、体育组织协调工作等体育治理能力的综合体现，非洲各国希望中国能在办赛经验、办赛方法上给

予指导和帮助。如中国为赞比亚独立50周年庆典团体操、刚果（布）第十一届非洲运动会开闭幕式团体操演出等大型文体活动提供技术培训，协助非洲国家组织开闭幕式。2022年的塞内加尔青年奥运会是非洲国家第一次举办奥运会，为此，塞内加尔派人专门来中国取经。

2.中国南非体育文化交流协会的成立与中非体育交流合作机制的完善

2014年成立的中国南非体育文化交流协会是中国与非洲国家之间成立的第一个体育文化交流协会，标志着中非体育交流合作迈上新的台阶。这类体育文化交流协会可以更好地为中非运动员和各领域友好人士架起一座交流与沟通的桥梁。2017年，中国—南非高级别人文交流机制成立，这一机制是中国同非洲国家建立的首个高级别人文交流机制。

3.走向共同繁荣的中非体育产业合作

2016年，夏季达沃斯论坛期间，李克强总理首次提出了旅游、文化、体育、健康、养老"五大幸福产业"概念。

非洲是一块年轻的大陆，非洲的年轻人占非洲总人口的65%左右，非洲年轻人对体育鞋服、体育赛事、体育版权的消费热情很高。中非在体育产品领域的合作潜力大。如来自塞内加尔的体育品牌已经连续三届奥运会占据非洲国家代表团官方运动用品的头把交椅。该品牌大部分产品是在非洲设计，在中国生产的。

足球是非洲第一运动，超过76%的非洲人对足球感兴趣。两年一度的非洲杯足球赛是非洲最受欢迎的体育赛事之一，这项赛事与中国有着非常紧密的关系，因为举办赛事的球场多由中国建筑公司承建。中非在足球产业方面合作的典型案例有：四达时代集团与加纳足球协会签署了战略合作协议，2016年至2026年，四达时代将在泛非地区和中国推广加纳足协旗下的主要足球赛事，并促进中非在体育产业方面的合作。同时，在中超联赛中也经常能看到非洲足球运动员的身影，如长春亚泰外援伊哈洛。

二、中非体育交流的主要内容

中非体育交流主要通过四种形式进行：（1）中国援建非洲国家体育场馆；（2）中国向非洲派遣教练；（3）中非体育产业合作；（4）大型赛事的经验交

流。中非体育交流不仅促进了中非双方体育产业的发展，提升了双方的体育水准，也促进了中非人民之间的文化交流互鉴。

（一）中国在非洲的体育场馆建设

自1949年以来，中国对非洲的援建场馆数量居世界之首，中国援建非洲体育馆是中国与非洲国家的一种合作模式。中国援建非洲体育馆项目的发展历程大致可以分为三个阶段。第一阶段为1955—1980年，援助整体数量较少，影响力不大，主要集中在坦桑尼亚、索马里和塞拉利昂等几个国家。第二阶段为1980—2005年，援建项目数量多，影响力大。在这段时间里，中国为非洲的25个国家和地区援建场馆，中国的体育馆项目几乎遍布整个非洲。第三阶段为2006年至今，总体援建规模扩大，援建的形式多样化。据不完全统计，中国在非洲援建的体育场馆较大规模的有80多个，总座位数300万个（表4）。而由中国承建的刚果共和国布拉柴维尔体育中心已是非洲第二大体育场。[①]

表 4　中国对非援建场馆的不完全统计

时间	地点	场馆名称
1977	索马里	摩加迪沙体育场
1982	贝宁	贝宁科托努综合体育场
1983	摩洛哥	拉巴特综合体育
1983	冈比亚	独立体育场和友谊宿舍
1983	毛里塔尼亚	国家体育场
1986	利比里亚	综合体育场
1987	肯尼亚	综合体育场
1987	几内亚比绍	国家体育场
2005	尼日尔	尼亚美体育馆修建
2006	中非	班吉体育馆
2008	喀麦隆	多功能体育馆
2009	坦桑尼亚	国家体育场

---

① 体育交流成为中非合作广阔平台. (2019-01-03)[2022-08-04]. http://www.mofcom.gov.cn/article/i/dxfw/gzzd/201901/20190102824643.shtml.

续　表

时间	地点	场馆名称
2010	津巴布韦	国家体育场修建
2011	莫桑比克	国家体育场
2012中标	刚果共和国	布拉柴维尔国家体育场
2014	佛得角	国家体育场
2014	喀麦隆	林贝体育场
2019	喀麦隆	巴富萨姆体育场
2019	喀麦隆	保罗·比亚综合体育场
2019	喀麦隆	杜阿拉雅伯马综合体育场

（二）中国对非洲的体育器材捐助

自1965年3月9日，中国驻刚果（布）临时代办甘迈，代表中华人民共和国体育运动委员会把一批体育器材赠给了刚果（布）青年和体育部，中国开始了对非洲的体育器材的援助之路。如2009年，中国向7个非洲国家援助了体育器材，分别是毛里求斯、亚美尼亚、尼日尔、苏丹、厄立特里亚、埃及、摩洛哥。2010年，向坦桑尼亚、摩洛哥援助了体育器材。虽然援助的器械对非洲国家来说是杯水车薪，但这些器材的援助也在一定程度促进了非洲国家的体育水平的提高。

（三）中国对非洲的体育教育培训

新中国成立初期，面对当时严峻的国际国内形势，党和国家的领导集体高度重视与发展中国家的友好往来和合作关系，团结亚非拉第三世界国家是当时我国对外政策的主旋律。1957年，经周恩来总理等中央领导同志批示同意，原国家体委向越南派出了我国历史上的第一支援外体育教练队伍，从此拉开了新中国派遣援外教练工作的序幕。援外教练是为了配合新中国的整体外交工作而生的一项事业，党和国家的几代领导人都十分关心这项工作。非洲国家只是众多受援国的一部分。1966年4月，体操教练孟广才、陈开元前往突尼斯；5月，体操教练祖振荣、施云南、窦庆禄赴索马里；9月，篮球教练招务雄、乒乓球教练华正德前往突尼斯。到2007年为止，中国共向非洲39个国家派出了576名教练，涉及的项目大多集中为乒乓球、体操、篮球等。

（四）中华民族传统体育在非洲的传播

中国对外宣传、传播的体育文化大都以民族传统体育为主，如武术、气功等。中国武术文化在非洲的传播目前主要有四大模式，即武术语言文化传播模式、武术精神传播模式、武术课程传播模式、武术竞赛传播模式。如2009年，中国武术表演团访问非洲，不仅进行了武术的表演，还进行了现场的指导与培训，很好地贯彻了中非合作论坛北京峰会的精神。2011年5月，国家体育总局健身气功协会一行6人首次访问南非，在访问期间，代表团进行了健身气功宣传表演和教学培训活动，对健身气功在南非及其他非洲国家地区的开展与推广发挥着积极的作用。长久以来，国人一直对中国对非援助、援教有误解，其实，双方是在互相交流中学习与提高的。而交流的方式也是多样的，有来有往。2013年12月，20名来自非洲的功夫学员完成了在少林寺的学业，正式结束他们在这个世界功夫圣地的学习，回国教授少林文化。这些学员学习了少林传统拳法中的七星拳、小洪拳和罗汉拳，以及少林棍法、剑法和刀法。在结业典礼上，少林寺方丈释永信向这20名学员颁发了结业证书。这些非洲功夫爱好者来自埃塞俄比亚、尼日利亚、毛里求斯、坦桑尼亚、乌干达等5个国家。他们有的是在校学生，有的已经参加工作，但都出于对少林功夫的向往而参加此次学习。通过交流与学习，他们对中国的少林又多了一些了解，对中国的传统体育也更加向往。借助孔子学院，非洲学生可以接触武功、气功等中国传统体育，增强了他们对于中国的认识，提升了他们对于中国的好感度与认知度。

三、中非体育交流合作的作用与影响

一方面，中国对非体育援助极大地推动了非洲体育事业的发展，增进了中非友好关系，另一方面，非洲国家对中国体育事业的影响和推动作用也非常明显。

（一）传播友谊，促进了中非友好关系发展

20世纪50年代至80年代初，派遣援外教练是我国对第三世界国家的无偿援助方式之一，当时的宗旨是"尽国际义务，为世界人民服务"。非洲历来是我们重点做工作的地区之一。早在1962年，我们就向第一个与我国建交的非

洲国家——加纳派出了援外教练组。20世纪80年代，我国曾向埃及、尼日利亚一次派出了30多人的教练组，援助的国家中包括当初没有与我国建交的塞内加尔、乍得、上沃尔特（现为布基纳法索）等国家。从1962年起，我国向非洲派遣援助教练的工作从未中断过，埃及、阿尔及利亚、南非、博茨瓦纳、埃塞俄比亚、马达加斯加、毛里求斯、塞舌尔等国都有我们的援外教练组的身影，他们发挥着"民间大使"的作用。[①]

（二）扩大影响，营造了中国体育发展的良好外部环境

中国对非的教练援助，扩大了中国在非洲的影响，同时也加快了世界对中国的了解。2000年，我们向埃塞俄比亚派遣的一名乒乓球教练，由于执教认真、训练有方，率该国队员在第14届非洲乒乓球锦标赛上取得了1金4银的历史性好成绩。赛后，埃方专门为此举办了庆功会，埃体委主任在庆功会上当场表示：感谢中国政府对埃塞俄比亚的帮助，埃塞俄比亚支持北京申办2008年奥运会。

随着我国综合国力的增强和体育实力的提高，我国对外体育交流日益广泛，在国际体坛的影响力不断上升，特别是北京成功举办2008年奥运会和2022年冬奥会，吸引了全世界的目光。世界上很多国家与我国在体育领域进行交流的意识和愿望越来越强烈，特别是一些竞技体育水平相对较低的亚非拉国家希望我们援助性地派遣教练以帮助他们提高竞技体育水平；许多驻外使馆也希望向那些需要重点关注和多做工作的国家和地区派出援助性教练，以配合外交工作大局和适应对外工作的实际需要。

（三）无私奉献，推动了非洲体育的发展

乒乓球是中国的国球，因此在中国派遣的教练中，指导乒乓球项目的最多。他们以出色的执教能力、出色的战绩和非凡的人格魅力在各自执教的国家中声名显赫，赢得了人们的爱戴。大批中国教练员去其他国家执教，既提高了受援国乒乓球竞技水平，也推动中国乒乓球技术、战术不断改进、提高，为世界乒乓球运动的发展起到积极作用。乒乓球如此，体操、团体操等也是如此。

[①] 体育总局局长刘鹏：春花秋实五十载 五洲遍开友谊花.（2007-09-28）[2022-08-22] http://www.gov.cn/gzdt/2007-09/28/content_764107.htm

中国为非洲援建的众多场馆也直接促进了非洲体育的发展。如佛得角国家体育场是佛独立以来最大的工程项目之一，可帮助佛得角体育部门取得更好成绩。佛得角的体育部长对中国政府表示感谢，要求有关负责人利用这一体育场把普拉亚打造成"美丽雄伟的体育之城"。莫桑比克体育场是一座高标准的现代化体育设施，为莫桑比克运动员提供了非常好的比赛和训练条件，有力推动了体育人才的培养工作，对促进莫桑比克体育运动发展、增强民众自信心发挥了很大作用。此外，这一国际标准的体育设施还赋予了莫桑比克与其他国家竞逐地区性体育赛事举办权的机会，这对莫桑比克的意义非同一般。自20世纪70年代援建坦桑尼亚桑给巴尔和平体育场至今，中国已在非洲建设多座体育场馆，对非洲国家成功举办非洲杯足球赛、全非运动会等大型赛事功不可没。中国为加蓬援建的4万人座体育场，在2012年成功承办了第28届非洲杯足球赛决赛和闭幕式；中国为喀麦隆援建的4座综合体育场，在2019年成功承办了第30届非洲杯足球赛决赛和闭幕式。对于热爱体育、热爱足球的非洲人民来说，这些体育场馆的建成让他们的体育梦、足球梦有了扎根的土地。中方援建的多样化的设施，营造出更加舒适的比赛环境，对非洲的运动员、球迷和体育运动都有很大的帮助。

（四）互帮互助，提升中国体育的国际影响力

非洲朋友对中国申奥所起的作用与对中国加入联合国的作用是一样的。在1993年申奥期间，国家体育总局的领导多次出访非洲各国，寻求非洲朋友的帮助。4月25日，中国奥委会主席、国际奥委会副主席何振梁在北京会见国际奥委会委员，毛里求斯奥委会主席鲁西和国际奥委会委员、多哥奥委会主席马蒂亚。6月1日至4日，北京2000年奥申委秘书长魏纪中一行访问苏丹和肯尼亚，分别拜会了两国的国际奥委会委员。6月2日，国家副主席荣毅仁会见摩洛哥籍国际奥委会委员阿尔伯特。6月30日至7月3日，国家体委主任伍绍祖受摩洛哥青年和体育大臣贝勒克齐兹的邀请，访问该国，双方签署了有关加强两国体育合作的会谈纪要。7月14日至17日，应北京2000年奥申委邀请，喀麦隆籍国际奥委会委员勒内·埃松巴访问北京，国家体委主任伍绍祖，副主任何振梁分别会见了客人。

在2008年北京奥运会期间，国家体育总局领导人主动会见非洲国家代表

团，如阿尔及利亚奥委会主席、非洲奥协秘书长、纳米比亚体委主席、乍得文化青年和体育部长尤努斯等，对他们的积极参与表示了欢迎，同时，对非洲朋友的大力支持表示感谢。北京奥运会后，中国继续同非洲国家亲密接触，为提升中国的国际体育影响力做准备。如2010年12月20日，国家体育总局局长、中国奥委会主席刘鹏在北京会见埃及国家体委主席哈桑·萨格尔一行。双方就促进两国体育交流与合作广泛交换意见。刘鹏指出，中国和埃及是世界上的两个文明古国，两国的友好关系源远流长，埃及是第一个承认新中国的非洲国家和阿拉伯国家，多年以来中埃两国的浓厚友情以及在政治、经济等方面的合作也为体育交流合作打下了很好的基础，希望萨格尔主席的来访能为推动两国体育交流合作提供新的空间。可以说，非洲朋友不仅是我们进入联合国大门的推动者，也是我们申奥成功的有力支持者，同时，奥运期间及奥运结束之后，非洲国家的奥委会成员在世界多地、多项赛事中对中国的不吝褒奖，极大地提升了我国在全球的影响力。

此外，自1994年中国足球职业化改革以来，陆续有非洲球员在中国效力。非洲球员身体素质好，具有很好的柔韧性，速度快，爆发力好，但非洲球员球风随性，不好管理。2001年，实德引进的24个喀麦隆球员到最后只剩下三个：班宁、迪迪尔、西蒙。35岁的佐拉除了在比利时和土耳其踢球的短暂经历之外，他在中国竟然踢了9年足球。在中国，非洲球员从甲A年代就已经开始受到追捧，代表人物有集非洲足球先生、法国足球先生、英超金靴、法甲金靴、欧联杯金靴等无数荣誉于一身的科特迪瓦足球旗帜德罗巴，加纳国家队队长吉安，他参加过2006、2010、2014年三届世界杯，是决赛阶段进球最多的非洲球员，为加纳队出场92次打进48球，还有登巴巴、凯塔等人，他们都是风靡一时的非洲球星。

四、中非体育交流合作的未来规划

体育对于人的健康十分重要，体育不仅促进了人与人之间的交流，更加深了国家与国家之间的友谊。因此，中非体育交流与合作应以和平为基础，扩大中非在体育方面的高层与民间的交流与合作。应以国家体育总局为总牵头单位，带动各相关部门出台一些措施以促进中非体育的交流与合作。要根据国际形势，配合国家整体外交政策，针对各国体育发展的不同情况和与我国交流合作的前景，制定相关的体育交流政策；在国际体育组织中积极参与国际体育事务，加强同非洲国家的合作，努力提高中国的国际地位；通过申办和承办大型综合性运动会，积极"请进来，走出去"，扩大中国对非影响。

（一）加强中非职业和竞技体育交流与合作

可由国家体育总局牵头，互派优秀运动员，提高优势项目运动水平。以竞技体育优势项目发展为龙头，促进其他竞技类项目的发展。可在非洲组织训练营，广泛开设体育俱乐部，适当增加引进非洲外援的数量，加强管理，带动中国运动员的训练活力与比赛的创造力。

（二）多渠道促进中非民间体育交流

定期有计划地在中国或非洲举行与"中非文化聚焦"相对应的中华民族传统体育文化节，以促进中华民族传统体育在非洲的传播。可由国家体育总局做总体的规划与设计，由相关的体育教研部门如北京体育大学、上海体育学院的民族传统体育教研室总负责，民间的武术团队为具体执行者。增加中非校际、省际体育交流。成立中非体育文化交流协会；合作举办马拉松等有影响力的大型赛事，扩大中、非体育交流的国际影响力。

（三）加强体育人才培养

应主动加强对非洲体育人才的培养，在北京体育大学、上海体育学院、武汉体育学院等专业体育院校进行各种有针对性的专业技能的培养。以非洲的孔子学院为依托，针对中国的传统体育强项如体操、乒乓球、羽毛球等，开展有序的、长期的培训，以加速这些项目在非洲国家的发展，提高其体育水平。充分利用非洲的孔子学院，以其所在的大学为平台，积极开展一些比赛、游戏之类的活动，提高非洲学生的学习积极性，加快这些项目在非洲的传播与发展。

（四）有效利用对非援建场馆

定期举行有关场馆使用方法及维护的培训，最大化地提高援建体育场馆的利用率，使援建的体育场馆真正发挥作用。加快以援建场馆为核心的体育产业发展的脚步。帮助非洲举办文体活动，提高场馆利用率；开发体育产业市场，加大对经济实用的、带有非洲民族元素的体育服饰及体育器材的开发及推广力度，扩大国内体育品牌市场，提升国内品牌在国际市场的竞争力；增加对体育传播的投入，扩大体育明星的影响力。

（五）加强职业体育方面的交流

本着"请进来，走出去"的原则，与非洲的体育强项加强沟通，丰富中非体育交流形式，促进中非体育的发展。这部分可由国家体育总局牵头，引进部分优秀的运动员，充实职业体育的新鲜血液，同时也可以将优秀的教练员、运动员外派至非洲，提高非洲国家在诸如跳水、体操、游泳等方面的运动水平。重点关注非洲个别国家如埃塞俄比亚、肯尼亚等的中长跑运动员的培养与训练方式，中国对非援助的方式、途径，非洲国家特色项目对中国的影响。

第二节　中非医疗卫生合作与交流

党的十八大以来，以习近平同志为核心的党中央大力提倡构建人类命运共同体，积极推进"一带一路"建设，为推动全球治理变革提供了中国智慧、中国力量和中国方案。全球公共卫生治理是全球治理的重要组成部分，面对新冠疫情给全球公共卫生治理带来的严峻挑战和深刻影响，中国政府第一时间率先行动，提出"公共卫生安全是人类面临的共同挑战""打造人类卫生健康共同体"等倡议，为国际社会携手应对疫情发挥了重要的引领和推动作用。

非洲是世界上受传染病拖累最严重的区域，长期以来，中国一直致力于推动中非医疗卫生合作，参与非洲国家公共医疗卫生防控体系和能力建设，为非洲人民的健康事业做贡献。面对新冠疫情带来的冲击，中国与非洲国家并肩作战，全力支持非洲国家的抗疫行动，共同推动全球公共卫生治理体系向着更加公正合理的方向发展，为国际合作抗疫、打造人类卫生健康共同体树立典范。

一、中非医疗卫生合作的历史

1963年，中国向阿尔及利亚派出首支医疗队，拉开了中非卫生健康合作的序幕。随后的很长一段时间，中国对非卫生发展援助作为中非卫生健康合作的主要内容以及中国对外援助的组成部分，在支持非洲国家民族独立运动，发展和巩固中国与非洲国家的友谊，开启中国外交新局面等方面发挥了重要作用。

中非合作论坛的建立为中非关系构建了新的机制和平台，中非卫生健康合作走在时代前列，成为推动全球公共卫生治理体系向着更加公正合理方向发展的组成部分和重要实践，也为中非团结抗疫奠定了坚实的历史基础，创造了有利的现实条件。

截至2021年6月，中国已累计向非洲派出医疗队员2.1万人次，医治病患2.2亿人次。在具体的疫情防控中，中非医疗卫生合作也不断取得新进展。2014年3月，埃博拉病毒肆虐非洲大地，中国政府第一时间逆行驰援非洲，不仅送去抗疫急需物资，还派出超过1000人次的军民医疗队奔赴疫情最严重地区。2017年，中国工程院院士陈薇率团队研发出新型埃博拉病毒疫苗，并在塞拉利昂临床试验成功。2018年，尼日利亚等国家暴发史上最严重的沙拉热疫情，2019年初，中国科学家成功研制出抑制剂，为疫情防治提供了有效手段。治疗疟疾最有效最广泛的青蒿素，也是中国药学家屠呦呦率先提取，为饱受疟疾肆虐的非洲人民提供了治愈良方。在与病毒、疫情抗争的过程中，中非友谊之树不断得到情感浇注，不断迸发新的活力。①

二、中非医疗卫生合作的成效

随着中非关系的不断转型升级，中非医疗卫生合作在以下方面取得了显著的成效。

（一）建立了中非卫生健康领域高层对话机制

2000年，中非合作论坛建立后，中非逐步搭建起长效稳定的中非卫生领域高层对话机制。2013年8月和2015年10月分别在北京、开普敦举办了中非部长级卫生合作发展会议，从特定疾病预防项目到援建公共卫生设施和鼓励中非医院对接合作，为解决影响非洲大陆的重点卫生难题制定了解决方案。

---

① 王珩，于桂章. 在齐心抗疫中构建更加紧密的中非命运共同体. 光明日报，2020-02-16(8).

2015年，中非合作论坛第六届部长级会议正式将中非部长级卫生合作发展会议作为中非合作论坛框架内的分论坛。在中非合作论坛及部长级会议的指导下，中非形成了《非洲卫生规划》《非洲医药制造规划和行动计划》等卫生合作战略和规划。中非高层领导在卫生健康领域直接对话，为解决中非卫生健康领域合作存在的重点难点问题，促进非洲公共卫生基础设施和医疗保障体系建设，推动中非在全球公共卫生治理方面发挥更大作用提供了制度保证。

（二）培养了一支了解非洲国家、体恤非洲人民的专业的中国医疗团队

在中非卫生健康合作中，派遣医疗队是持续时间最长、稳定性最强，同时也是获得成效较大的领域，是中非合作的典范。截至2020年7月，中国累计向48个非洲国家和地区派遣了医疗队993批次、医疗队员约2.2万人次，治疗患者2.2亿人次。中国援非医疗队从一开始就提出"深入农牧区，面向农牧民""为最贫苦的老百姓看病"的工作方针，不仅在非洲建立了专门的疾病诊疗中心和临床诊室，填补当地医疗人员的不足，还深入到非洲医疗卫生水平落后的偏远地区和农牧区开展巡诊，为非洲百姓治疗疾病、普及医护知识。多年来，中国已形成对口派遣的长效机制，即由中央统一组织，地方政府具体执行，每个省份、自治区或者直辖市对口的一个或者几个非洲国家派出医疗队。这种对口派遣的长效机制既保障了中国对非医疗援助的针对性和可持续性，还培养了一支了解非洲国家国情民情、疾病特征和治疗手段，传播中非友好的专业的中国医疗团队。

（三）援建了一批象征中非友好的医院及卫生设施

自20世纪70年代，中国开始致力于改善受援国的医疗设施条件，支援其建设医疗卫生设施。此类设施包括综合医院、专科医院、卫生诊所（中心）、疟疾防治中心等。截至2020年11月，中国在非洲援建了至少130个医疗设施。

（四）培训了一支掌握中国医疗知识和技术的非洲人才队伍

中国一直重视培养非洲当地的医疗卫生人才。培训对象包括医生、护士和专业技术人员，还有非洲国家的卫生官员和管理人员等。培训方式主要有两种。一是"传帮带"现场教学活动。中国援非医疗队员通过示范观察、主题报告讲座、技术培训和学术交流共享等方式向当地医护人员传授传染病防治技术，以及运用针灸、推拿、保健、中医药等中国传统医学辅助治疗非传

染性疾病的经验做法，提高非洲当地医疗人员的医疗能力和实操水平。二是鼓励非洲医科生来华留学，为非洲国家卫生官员和专业技术人员开设来华短期研修班，培训卫生管理、紧急救援管理、传统医药、传染病防控、实验室检测、卫生检疫和护理技术等内容，带出了一支"永远不走的医疗队"。

（五）积累了一定的传染病预防和应急处置合作经验

非洲是传染性疾病的高发区。中非合作论坛成立后，中非双方一直注重公共卫生应急机制方面的合作，在共同防治艾滋病、疟疾、肺结核、埃博拉、血吸虫等传染病方面取得积极成效。中国协助非洲国家对抗埃博拉、黄热病、鼠疫等疫情。在医疗卫生防御体系建设方面，中国帮助非洲建设疾控中心和高级实验室，加大急性传染性疾病与非传染性疾病的预防和控制力度，大力推进建立公共卫生专家信息分享网络机制，帮助非洲地区探寻建立适合当地国情的卫生服务和医疗监控系统，为及时处置突发公共卫生事件提供可靠保障。

（六）中国医药逐渐走向非洲市场

以青蒿素为代表的不少中国优质医药产品通过援非医疗队为救治众多非洲病患发挥了重要作用，也为当地民众所熟知。随着中国对非医药贸易持续增长，中非医药合作的主要抓手正转变为经济导向的医疗贸易和投资。中国医药在非洲市场的开发中逐渐占有一席之地，填补了欧美企业在原料药、普药、廉价耗材、中小型诊断设备等医药类别上的市场空白，在抗击流行传染病方面，特别是在抗击新冠疫情期间，中国制造的医药及器械耗材做出了突出贡献。2020年1—6月，在中非贸易整体下滑情况下，中非医药贸易额实现逆势增长。非洲已成为中国医药产品出口增长最快的市场之一，并成为中国本土制剂出口的第一大市场。

中国对非洲的医药投资基本处于起步阶段。近年来，国内医药企业加快了对非洲业务人员的派遣，可以预见的是，中国对非洲的医药投资未来有望迎来快速增长阶段。

三、中非医疗卫生合作的趋势

（一）加强顶层设计，进行长远规划

新冠疫情的全球蔓延，给人类的生存与发展带来严重冲击和挑战。面对病毒威胁，中国秉持人类命运共同体理念，发出打造人类卫生健康共同体的倡议，呼吁世界各国携手共同抗击疫情，为全球治理与合作创造更多机遇。中国可总结此次援助非洲抗击新冠疫情的经验，将其化为中非公共卫生合作的经典案例，秉持"真实亲诚"对非政策理念，有针对性地帮助非洲国家改进政权组织，完善治理体制，提升治理能力，推进非洲国家更加重视有效能的、本土化的国家制度和基层政权建设，切实推进中非治国理政经验交流与制度建设合作。

中非双方应进行全面、长远规划，加强顶层设计，针对新冠疫情在非洲各国的不同发展程度，精准施策采取不同的援助办法，并通过使领馆、商会等机构密切关注在非华侨的健康状况，发挥公共卫生资源优势、新冠疫情防控经验优势以及实践优势，做好紧急医疗救助、公共卫生国际援助的准备，做好各类情况的紧急预案。

（二）多措并行，推动疫后非洲全面复苏

疫情促使非洲加快经济数字化转型，非方应在疫情防控常态化条件下，加快推动各种行业复工复产，"重启"发展加速的引擎。中方应把握全球供应链结构调整时机，对接非洲经济发展需求，提升产业链抗风险能力。

首先，要转"危"为"机"，针对对外经贸企业本身存在的经贸投资结构不合理、产品市场竞争力弱、供应链体系尚未形成、金融体系不完善等问题精准施策，降低中国涉非企业风险，提升中国经贸企业走进非洲市场新的竞争力，支持非洲自贸区建设，培育中非大市场，优化产能投资布局，促进非洲工业化进程。

其次，要创新模式，借机转变思维，改变中非经贸传统模式；创新路径，提升中非经贸整体层次，加强科技创新合作，助力非洲跨越式发展。以跨境电子商务为主要形式的数字贸易应是中非经贸创新发展的大方向、新方向。加快发展中非数字贸易，深入推进中非跨境电商，构建中非经贸的创新引擎。

再次，要坚持"两手抓，都要硬"。要一手抓防控防疫，一手推进务实合作，在共建"一带一路"框架下，延续良好发展态势，进入新的发展期，推动双边贸易、投资、基础设施建设、金融、高新技术、能力建设等各领域的合作继续稳步向前，助力中非互联互通。

最后，要完善"中非合作供应链"。推动中国企业在非洲的生产布局、项目合作等方面采取更积极举措，特别是在制造业、产能合作、基础设施建设等方面加强供应链合作，推动整合中非合作产业关系，打破外界干扰，增强独立性，建立和完善中国在非供应链管理能力，助力中非关系可持续发展。

（三）多维发声，引导疫情舆情发展走势

全球新冠疫情防控工作展现出各国文化传统、社会体制之间存在的巨大差异，深入了解这种差异，是进一步深化合作的前提基础。基于中非深厚的历史友谊，针对当前一些人的不解、误解和美西方的曲解，中方应发挥智库媒体功能，加强舆论引导，多渠道发声，澄清误会，回击抹黑中非合作的言论，掌握话语权。

当下是积极践行人类命运共同体的关键时刻，面对非洲各国的多元差异，中国应借助驻非各国使领馆、商协会、非洲各国驻华使馆、高校孔子学院和国际组织等渠道动员政府、企业、教育科研机构及民间组织等各界力量，以政府、商会、侨联、智库、NGO等名义，通过致信、通话、发倡议及公告等方式积极主动发声，建立有效的对非信息传播机制，加强中非媒体合作，及时缓解非洲民众的恐慌心理，保持非洲政治主流对华友好度，避免反华情绪的发展，加强对中国疫情治理、典型防控案例的正向传播，为中非合作奠定坚实的民意基础，创造良好的舆论环境。

（四）多管齐下，推动医疗卫生人才培养

中非双方应大力加强医疗卫生专业人才培养，全面推进医卫人员"提质增量"，抓紧补短板、堵漏洞、强弱项，以更好地满足社会民生需要。

一要内培外引，扩大培养规模。医卫人才培养具有成才周期长、知识更新快、实践性强等特点，因此要前瞻性地构建全方位、多层次、立体化的培养体系，加速人力资本的规模积累。中非双方可依托相关智库引进国内外知名医学院校产学研团队，加强国际国内公共卫生领域的交流与合作，对标发达国家医疗健康水平、结合实际制订发展规划。

二要坚持改革，提升培养质量。需统筹布局学科，设立相关专业学科硕士点、博士点，纵向形成专、本、硕、博及职后培训一体的体系；需建好特色课程，调整现有公共卫生学院课程设置，在紧抓重点医疗卫生学科的同时加强对新兴、交叉学科的建设；需提升培养质量，使该领域人才掌握扎实的生命科学的基础知识，力争成为多层次、综合性、全面发展的"多面手"。

三要夯实平台，统筹产学研用。要加快建立医卫类智库及智库联盟，协同开展研究，产出具有国际影响力的学术成果；要积极倡导校企合作，鼓励企业设置医科生专项奖学金，形成研究和培养合力；要加强"互联网＋"式医卫人才培养培训，使相关人员能熟练掌握应用各种数字化疫情防控平台、科普平台，助力智慧战"疫"。

（五）多域协同，开创中非交流合作崭新格局

新冠疫情对中非合作提出了更高挑战和需求，中方应积极贯彻落实习"八大行动"，在推动中非在公共卫生基础建设、医疗物资、医药设备等方面的交流合作的同时，进一步拓展合作领域，落实中非合作战略。

一是加强治国理政尤其是公共卫生治理经验交流。中国一直积极参与非洲大陆的发展与安全建设，一方面应继续积极帮助非洲国家抗击疫情，提供各种紧急援助，另一方面应积极帮助非洲国家提升其治理能力，通过更积极主动的举措，推进中非在国家治理、抗击疫情、社会管理方面的经验交流。

二是深化中非重点国别和特色领域合作。依托中国医学人才培养的优质资源，探索协同世界银行、世界卫生组织、中国援非医疗队等力量在非洲或中国举办首个中非医科大学，继续依托非洲中医特色孔子学院推广中医文化，探索中西医结合防治疫情的方法。

三是积极拓展和促进中非人文交流与教育科技合作。重点开展以中国之"治"为内容的治国理政经验交流、以中国"智"造为特色的经贸合作行动计划、以云计算为特点的跨境电子商务、以"绿水青山就是金山银山"为理念的生态环保等领域合作，加强对中国文化在非洲的正向传播，夯实中非合作的民意基础。

第三节 中非文学艺术交流与合作 ①

一、非洲文学艺术领域的基本现状与特点

尽管从西方系统化、理论化的标准来衡量，非洲文学艺术的整体发展水平还很落后，但是这些文学艺术却各具民族特色，开发和发展潜能巨大。下面以文学、绘画和音乐为例作简要说明。

1960年以来，非洲民族文学逐渐兴起和发展，诞生了一大批优秀的作家。自1986年诺贝尔文学奖首次花落非洲以来，已有4名非洲作家获此殊荣。非洲拥有凯恩非洲文学奖、索因卡文学奖、非洲出版野间奖等文学奖项，汇集了众多优秀作品。在非洲一些国家，不时设有书展或书市，甚至还有不同范围的国际书展，其中以开罗书展和开普敦书展两大综合型书展最为有名。

非洲的绘画艺术拥有悠久的历史，但20世纪初，随着欧洲殖民者的到来，西方架上绘画技法开始传入，各国逐渐形成了一些民间画派。此后，非洲出现了一些具有特色的美术运动与流派，很多国家建立美术院校，开始培养自己的画家，并派遣年轻的艺术家到欧洲学习绘画，逐渐出现了一批举世瞩目、具有鲜明民族特质的艺术大师。20世纪90年代初，非洲不少国家受西方影响，陷入动乱，一些艺术家为生计所迫，将绘画作为谋生的手段，迎合外国旅游者口味和顾客的要求创作了一些所谓的"机场艺术"。尽管如此，非洲的绘画艺术仍在艰难中前行，还涌现出一批优秀的艺术家。他们中很多人有欧美留学背景，接受了西方现代的绘画观念和绘画技巧，同时还有很多本土画家，他们大多没去过国外接受训练，但具有娴熟的油画技法。

非洲音乐是非洲文化和艺术的重要组成部分，非洲音乐偏爱打击乐器，节奏感强是其最主要的特点。在非洲，音乐和舞蹈相互结合，常常用于自娱自乐。非洲音乐因为其自由开放、变化多端，日渐受到西方音乐家的瞩目。这种传统造就了大量有名的音乐家，但是，由于条件的限制，很多民间歌手的才华被埋没或不能充分发挥。非洲国家对自己的音乐传统非常重视，设有

---

① 本节部分参考了报告《推进中非人文交流合作研究》中的中非文学艺术交流与合作分报告。

相应的图书馆或博物馆，如南非的国际非洲音乐图书馆。这些机构以发现、保存、研究、评价和推广撒哈拉以南非洲的音乐为己任，录制非洲音乐、研究非洲音乐、教授非洲音乐、推广非洲音乐，并收藏音响、图片、乐器和图书，下设"非洲音乐研究协会""非洲音乐俱乐部"等组织。馆刊《非洲音乐》是当今世界研究非洲音乐的权威杂志之一。

总体而言，非洲很多国家政治稳定，经济持续发展，有较深厚的历史文化底蕴，国民有迫切的文化需求。非洲有很多颇有天分的当地艺术家，因为贫穷，缺少平台和机会，他们不能举行自己的个人画展，不能举办自己的演唱会并刻录自己的CD，但是他们对艺术的追求并未因此而停止。非洲文化资源的紧缺使得外来文化的引入前景广阔。

二、中非文学艺术交流合作的主要内容与成效

自2000年中非合作论坛启动以来，中非文学艺术交流合作取得了很大进展，人文交流合作关系正在向更广阔的领域拓展。近年来，中非文化交流合作在过去传统模式的基础上，增加了更丰富的时代内容与形式。

中非文学间的交流较少，主要是少量文学作品的互相译介。随着纳丁·戈迪默、J. M. 库切等非洲作家连续获奖，他们的作品在中国的出版界也掀起热潮。从20世纪90年代至今，戈迪默的《短篇小说集》《七月的人民》《我儿子的故事》《无人伴随我》《新生》《贝多芬是1/16黑人》等作品相继出版；库切的《耻》《等待野蛮人》《青春》《彼得堡的大师们》《迈克尔·K 的生活和学习》等作品也悉数被翻译成中文。相对而言，除早年获诺贝尔奖的索因卡外，很少有非洲黑人作家的作品被翻译成中文。直到2008年初，阿契贝的《瓦解》《荒原蚁丘》《人民公仆》《神箭》等的中文版才在重庆出版社的重现经典小说系列中得以相继出版。

中非音乐方面的交流合作过去主要是以双方互派歌舞团的形式进行，这种形式也是中非文化交流合作的主要形式，并且具有一定的持续性。音乐舞蹈教学和音乐人才的交流也日益增多。如2005年9月，应喀麦隆文化部长邀请，中国文化部派遣由青海省民族歌舞剧院演员娜尔斯和北京舞蹈学院编导蒋可钰组成的培训小组赴喀麦隆，配合喀文化部重新组建其国家舞蹈团。自

1980年中国学界开始关注非洲音乐开始至2010年，中国的非洲音乐研究者发表了100多篇相关的研究文献，并且在数量和质量上均日益提升。非洲音乐的研究领域得到拓宽，不仅有宏观的整体研究，还有国别的微观研究，内容涉及非洲音乐的传播、教学、创作、影响、乐器等。学术研究团队也初具规模。但同时存在缺乏持续性的研究和深入的实地调研等问题。

在绘画方面，多年来，中国同非洲国家互办各种类型和规模的艺术展览达百余次。如中国在埃及举办了"中国绘画与雕塑展"，在津巴布韦和突尼斯举办了"中国水彩画展"等，非洲国家在华举办的展览有"摩洛哥书画展""毛里求斯绘画展"等。参与的国家越来越多，参展的内容和水准也是越来越高。2011年，首次"非洲画家南京行"邀请了来自卢旺达、博茨瓦纳、加纳、塞舌尔和刚果（布）5个国家的画家来宁交流创作，进一步增进了中非艺术家之间的相互了解。2012年6月，作为"中非文化人士互访计划"系列活动的"2012非洲画家南京行"在南京启动。近年来，艺术家交流互访日益频繁，合作也日益增多。

三、中非文学艺术交流合作中存在的问题

中非文化交流虽然取得了显著的成效，但是相对于外交和政治、经济交流，文化交流显然处于一个严重滞后的状况，存在的问题主要有以下几个方面，需要双方进一步沟通解决。

第一，中非文学艺术交流合作主要在政府间层面展开，民间组织和非政府组织在中非文化交流活动中依然缺乏主动性。而事实上，在非洲与西方国家的文化交流活动中，后者才是生力军。

第二，中国人缺乏对当地文化与艺术的细致了解。随着越来越多的中国人进入非洲，他们开设工厂，承包工程，开设商店，但是与当地人的文化交流却很少。对当地传统文化、风俗习惯的不了解使得华商与非洲人在诸多方面存在冲突。

第三，资金不足影响中非文化交流的深入发展。受经济和政治形势的影响，有的非洲国家根本就没有资金和精力投入到国际文化交流合作中来，以致实际的配套政策和文化资源远远跟不上现实的需要，再加上较之政治和经

济交流，文化交流又往往很难在短期看到收益，因此推进的速度也很缓慢。

第四，中国对外文化产业和市场不完善，中非文化交流的产业化程度还没有形成。中国对外文化产业和市场处于刚刚起步的阶段，因此与文化相关的法律法规、税收制度、激励机制还很缺乏或不太健全。

第五，中非交流合作的领域还需拓宽，形式尚待创新。2011年中非智库论坛的启动、用非洲本土语言译制国内热门电视剧在非洲展播等文化创新形式都获得了良好的效果，但中非文化交流的领域和途径依然主要集中在文艺互演、艺术各展览形式方面，多渠道、深层次、多主体的文化艺术交流合作欠缺。

四、推进中非文学艺术交流合作的对策措施及项目建议

中非文化艺术交流合作仍需继续深入，在加强政府间交流合作的同时，要更积极地推动中非民间文化交流，鼓励商业性艺术团体交流，同时推进中国城市与更多的非洲城市建立文化友好城市关系，开展中非文化周、文化年。对赴非公民进行非洲文化的宣传与介绍，让他们尊重当地的文化与习俗。同时，也要调整对非汉语教学，非洲各国汉语热的兴起主要是由于对华商业的迅速升温，商业汉语需求极为强烈，而中国在非的汉语教学，却仍以普通文化普及为主，严重落后于实际需求。此外，要积极鼓励和引导企业和个人投资中非文化交流，开发中非文化交流的产业，特别是推进中国公民更多地赴非洲旅行，推进中非旅游文化产业的发展，并重点开展以下几方面的工作。

第一，保持政府文化高层互访及战略对话势头，进一步加强文化各领域的治国理政经验交流，继续适时举办"中非合作论坛——文化部长论坛"。围绕文化产业合作等深入交流。

第二，继续认真落实双边政府间文化协定，执行计划项目，并结合该框架实施"中非文化合作伙伴计划"，推动中国100家文化机构与非洲100家文化机构建立长期对口合作关系。

第三，进一步扩大中非文化交流"文化聚焦"品牌影响，并利用品牌的力量促进中非文化间的相互认知，增加中非文化艺术合作的机会。

第四，继续执行"中非文化人士互访计划"，深入开展中非文化艺术界管

理人员及专业人士间的交流与合作。

第五，中国和非洲国家要多翻译一些反映双方文化和文明的作品，在电影领域相互投资，相互组织文化展览，加强民间学者、艺术家和文学家之间的交流。

第六，进一步加大对非文化设施的援助力度，重点开展中非文化艺术领域的人力资源开发与合作。同时还要充分利用网络等新技术手段，传播好中非双方文化。

建议实施的项目有：

（1）加强和完善在非中国文化中心的建设。加强中国文化中心建设，能够为全方位地向非洲展示中国文化，加强两国人民的文化交流合作和传统友谊提供平台，推动中非文化交流与合作的常态化和可持续发展。中国文化中心可以参照法国文化中心、美国文化中心等西方文化中心的做法，并且可以吸取其成功经验。同时，中国必须立足于自身的条件和特点，以自己独特的理念和思想来打造中国文化中心的风格和特点。

（2）成立中国国家非洲博物馆。将浙江师范大学非洲博物馆进行升级改造，将其提升到中国国家非洲博物馆的层面。非洲拥有悠久的历史和灿烂的文化，中国国家非洲博物馆的建立以及中非博物馆间的交流合作将推动双方文化交流合作及相互认知更上一层楼。

（3）帮助非洲国家培养文艺高端人才。当前情况下，非洲人才供需严重失衡。无论学术界、艺术界，还是商界，均缺乏相关人才，熟知非洲历史文化、音乐舞蹈、风俗习惯、法律法规的人才少之又少。因此，人才培养是未来非洲可持续发展的主要保障。充分发挥高校在非洲人才培养中的重要作用，在部分高校和学科中增加非洲研究的内容，培养相关专业人才。

第九章

发展为民：中非旅游、民间与减贫交流与合作 ———●

中非在体育和民间领域的交流与合作开展较早，有一定的积累。近年随着国际旅游行业的发展，中国与非洲在旅游文化合作方面进展迅猛，启动了"万人游非洲"等项目。本章从传统与现代的角度考察中非在旅游、民间和减贫方面交流与合作的现状与特点，分析存在的问题与不足，进而提供思考与建议。

第一节　中非旅游交流与合作

非洲大陆拥有得天独厚的自然资源，这为其旅游业发展奠定了基础，整个非洲大陆是世界旅游业发展最快的市场之一。旅游业对于促进非洲经济转型与包容性增长，具有非常重要的作用。20世纪70年代以来，非洲旅游业进入快速发展时期，从北非开始，迅速扩展到撒哈拉以南的非洲各地。非洲旅游业的发展在国际旅游界有目共睹，旅游业也因此成为非洲的一个蓬勃发展的新兴产业。相比而言，非洲旅游业受基础设施落后、交通欠发达、融资不利等因素的影响，发展水平相对较低，目前仅占世界旅游业份额的3%—4%。这种现象与其幅员辽阔、旅游资源丰富、人文景观独特、野生动物繁多、民族风情奇异、发展潜力无限的特点形成了巨大的反差。

一、非洲旅游业发展现状分析

（一）旅游资源丰富

非洲大陆独特的地理位置和地貌类型造就了非洲独特的气候特征和丰富的自然旅游资源，其中最著名的世界级旅游资源主要有东非大裂谷、乞力马扎罗山、尼罗河、马拉维湖、维多利亚大瀑布、撒哈拉大沙漠等。另外，非洲有广阔的热带稀树草原生态群落，其中尤以动物群最为著名。非洲的稀树草原被称为"珍禽怪兽的乐园"。这些草原上的动物及以其为主体的众多野生动物保护区也是非洲最重要、最具代表性和最吸引人的旅游资源。

非洲是世界古代文明的摇篮和人类的发祥地之一，有着璀璨的古代文化和不平凡的近代历史，拥有众多名胜古迹。此外，非洲地域辽阔，区域差异较大，各地、各民族受自然、历史、宗教和传统习俗等影响，形成了绚丽多彩的民俗风情。这些都对来自异国他乡的游客有着巨大的吸引力。

（二）世界遗产多而集中

截至2021年7月25日，世界遗产的总数已达1122项，其中世界文化遗产869处、世界自然遗产213处、世界文化与自然双重遗产39处。非洲共拥有98项世界遗产，分布在35个国家。其中文化遗产54项，自然遗产39项，文化与自然双重遗产5项。总之，非洲有极其丰富、多样化的旅游资源，并以其深厚的文化底蕴、无比壮美的自然景观、独一无二的文物古迹，对游客形成了巨大的吸引力。

（三）旅游资源的互补性强

非洲横跨赤道，地貌类型多样。有美丽的海滨、雄伟的山峦、浩瀚的沙漠、广袤的草原、茂盛的雨林、众多的河流与湖泊、独特的植物和种类繁多的动物，还有传统的埃及金字塔和狮身人面像和有别于其他地区的独特习俗和传统文化等。非洲得天独厚、与众不同的旅游资源，形成了非洲与其他地区旅游资源空间和时间分布的差异性，成为各国游客赴非洲旅游的一大动力，也为开发非洲旅游市场提供了强大的吸引力。

（四）旅游资源开发潜力大

非洲旅游资源往往以其原生态为世人所知，例如东非大裂谷、非洲动物大迁徙等。非洲各国旅游资源尚未进行完整开发，这决定了非洲旅游活动项目容易或者说有条件被设计成符合现代旅游者需求趋势的各类形式，如观光旅游、休闲旅游、专题旅游等。不同的旅游资源可以发展成不同的旅游项目，满足不同游客的旅游需求。

以南部非洲内陆国家——博茨瓦纳为例。博茨瓦纳境内无大的河流，仅在边境地带有3条常年有水的河，西北端发源于安哥拉的奥卡万戈河，流经纳米比亚进入博茨瓦纳西北边境，到达卡拉哈迪沙草原后形成辽阔的扇形沼泽地，即奥卡万戈三角洲。奥卡万戈河每年携带着安哥拉高地雨季（每年1—2月）的洪水汹涌而来，经过纳米比亚，最后在恩加米兰区域放缓脚步，将生命之水缓缓注进卡拉哈里盆地，形成几万个支流。每年大约有11立方千米的水灌溉着这片2万平方千米的土地，绝大部分的水在这片地域上经过蒸发（36%）和植物的蒸腾作用（60%）而流失，不进入任何海洋，从而形成了巨大的奥卡万戈三角洲。三角洲土地肥沃、环境舒适，生长着各种野果、蔬菜、纸莎草和芦苇等植物，栖息着河马、鳄鱼、斑马、长颈鹿、狮子、猎豹等多种野生动物，还有丰富的鱼类资源，为生活在这里的人们提供了良好的生活条件。

博茨瓦纳自20世纪90年代开始大力发展高端旅游，因为完全保持了野生动物的自然风貌，博茨瓦纳的高端旅游被誉为"非洲保存最好的秘密"，主要游客群体是周边国家及欧美国家的富人。如今，博茨瓦纳已经成为非洲最重要的旅游目的国之一，政府把全国38%的国土划为野生动物保护区。乔贝国家公园和奥卡万戈三角洲野生动物保护区为主要旅游点。博茨瓦纳的国家发展计划强调大力发展旅游业，并将其作为经济多元化和可持续发展的重要方面之一。

旅游是博茨瓦纳继矿业开采之后的第二大支柱产业，在新冠疫情前，博茨瓦纳每年可接待外国游客上百万，旅游业对博茨瓦纳GDP的贡献率达5%—9%。旅游业的发展也给当地人的生活带来了很多改变，学者最为关注的是当地人的社会与文化变迁，包括价值观、传统生活方式、家庭关系、个人行为以及社会结构等。博茨瓦纳可以说是非洲国家丰富的旅游资源和强烈的发展意愿的缩影，显示出中非旅游交流与合作的巨大空间与无限潜力。

二、中非旅游交流合作的历史与现状

（一）中非旅游交流合作的历史

2000年，中非合作论坛（下文简称"论坛"）部长级会议在北京举办，中非关系进入了新的历史阶段，"论坛"奠定了中非旅游合作的基本框架。参会部长一致认为中非应在旅游领域进行合作，认为旅游业具有增财政收入、促经济增长、创就业机会，以及消除贫困等经济功能。

2002年，埃及成为非洲首个"中国公民组团出境旅游目的地"（ADS旅游目的地）国家，吸引了一部分中国公民组团出境游。

2003年，《亚的斯亚贝巴行动计划》提出，中非要继续深化旅游合作，中国新增8国为ADS旅游目的地。

2006年，《中非合作论坛—北京行动计划（2007—2009年）》显示，中国在非洲的ADS旅游目的地升为26个，中国居民赴非旅游的同时，非洲国家也支持非洲人民赴华旅游，这表明中非旅游合作更加紧密，正在从单向型的中国游客赴非旅游向双向型的中非游客"互访"转变。

2009年，《中非合作论坛—沙姆沙伊赫行动计划（2010—2012年）》指出，中国继续鼓励企业对非洲的旅游投资，进一步推介非洲为旅游目的地国家。

2012年，《中非合作论坛第五届部长级会议—北京行动计划（2013年至2015年）》提及，中非继续加强旅游合作，合作涉及的领域更加广泛，包括信息共享、投资、培训和安全等领域的合作。

2013年，中国提出"一带一路"倡议，在此背景下，中非旅游合作取得了新的成就和进展。具体表现为"互联互通"的三个方面：一是旅游贸易得以畅通，中非游客互访更加便利、频繁。二是旅游设施得以联通，中非旅游基础设施合作已成共识，鼓励中国企业对非洲进行投资，加快宾馆、景点等旅游基础设施的建设。三是旅游人才政策得以沟通，中非旅游人才培养受到重视。

（二）中非旅游交流合作的主要内容或形式

1.鼓励双方国民赴对方旅游

中非旅游合作取得积极进展，游客人数不断增加，特别是中国赴非洲游客人数增长显著。非洲国家对此表示欢迎，并鼓励其国民赴华旅游。

2.增加"中国公民组团出境旅游目的地"的非洲国家

发展旅游业是促进国民经济发展和文化交流的有效途径，双方将采取切实措施，为赴对方国家和地区旅游提供便利。中国政府将根据非方要求，给予更多条件具备的非洲国家"中国公民组团出境旅游目的地"地位。

3.支持中国企业对非洲旅游业的投资，加强对非洲旅游目的地的推介

中非双方支持中国企业对非洲旅游业进行投资，并加强对非洲旅游目的地的推介。

4.鼓励展开旅游从业人员能力建设和培训交流

中非双方鼓励双方开展旅游及相关产业从业人员能力建设和培训交流活动，不断提升旅游服务水平。

（三）中非旅游交流合作成效与影响的基本评估

自2002年埃及成为非洲第一个"中国公民组团出境旅游目的地"国家以来，中国赴非洲旅游的人数与日俱增，在非洲著名的旅游景点总能见到中国人的身影。在2006年中非合作论坛北京峰会上，中国政府新增了阿尔及利亚、佛得角、喀麦隆、加蓬、卢旺达、马里、莫桑比克、贝宁、尼日利亚等9国为"中国公民组团出境旅游目的地"国家。中国国家旅游局局长邵琪伟在2012年8月26日联合国世界旅游组织（UNWTO）第二十届大会期间表示，中国政府支持与非洲国家间的旅游合作，鼓励中国公民到非洲旅游。截止到2021年底，非洲共有34个国家和地区成为中国公民组团出境旅游目的地。

随着社会经济的不断发展和中非友好往来的不断加强，非洲等长线旅游目的地已越来越受到我国高端游客的欢迎。目前，赴非洲旅游的中国游客人数在出境总人数中所占的比例虽然不高，但增长却十分显著。由中国旅游研究院、文化和旅游部数据中心等机构发布的《中非旅游数据报告2018》显示，2017年，中非双边游客互访达到142.6万人次；其中，中国赴非游客达79.78万人次。当然，中国游客前往非洲旅游的目的地目前还主要集中在埃及、南非、肯尼亚等国家。此外，也有一些游客开始前往毛里求斯、津巴布韦、坦桑尼亚、突尼斯、加蓬等非洲新兴的旅游目的地。我国旅游业界人士非常看好非洲的市场前景，因为非洲拥有美丽的自然风光、种类繁多的野生动物以

及独特的人文风俗，有着巨大的旅游开发潜力。

（四）中非旅游交流合作中存在主要问题及原因分析

1.安全问题

旅游目的地只有拥有足够的社会和政治稳定性，才能让游客产生安全感和信任感，才能吸引大量的游客。尽管非洲各国目前的政治局势日趋缓和与稳定，但长期政治动荡的影响还未根本消除。恐怖袭击、传染病、偷盗抢劫等传统安全问题一直被赴非游客所重视，但在非洲旅游所要注意的安全问题不光与人有关，还与动物相关。随着越来越多的中国游客前往非洲参与以观赏动物为主的旅游，相关问题也逐渐显现。[1]因战争和军事政变而导致的政治不稳定还时有发生，这是制约非洲旅游发展的重要因素。另外，非洲科技相对欠发达，资金结算方式相对落后，加上我国游客习惯携带现金结账，从而更提高了游客财物的不安全性。

2.语言问题

非洲是世界上语言种类最多的大陆，其独立的语言近千种（当然，主要是法语、英语、葡萄牙语和西班牙语等）。由于我国游客大多外语水平有限，懂多国语言的导游人员稀缺，非洲的中文导游更是凤毛麟角；加上非洲的旅游景点很少有中文解说，从而导致我国赴非游客只能在较低的层次上了解非洲旅游景点，很难真正感受到非洲历史和文化的巨大魅力。

3.科技、税负、基础设施与服务等问题

旅游业虽已成为非洲国家最重要的发展途径之一，对促进就业、减少贫困、提高创汇发挥着不可替代的推动作用。但设施不足、信息不畅、推销不当，加之签证速度慢、机场税负重、卫生环境差、政局不稳等因素，极大地限制了非洲旅游业的快速发展。

此外，旅游基础设施的建设关乎非洲旅游经济的繁荣。非洲很多国家（地区）缺乏水电、通信、厕所、垃圾和污水处理设施，旅游基础设施比较薄弱[2]，在景区建设、旅游产品开发、旅游设施建设和服务水准等方面都存在明显的不足和欠缺，无法满足游客"吃、住、行、游、购、娱"等方面的需求。

---

① 袁丁.中非产能合作发展报告（2019—2020）.北京：经济科学出版社，2020：259-273.

② 付建华，薛群慧，邓永进.中国非洲旅游研究50年回顾与展望.旅游研究，2014(3)：91.

4.旅游目的地形象问题

非洲负面的旅游目的地形象是非洲旅游业发展的重要制约因素。各国游客对非洲的认识受媒体的影响，总是把它和干旱、炎热、疾病、落后联系在一起，对非洲往往"望而生畏"，使非洲众多优秀的旅游资源长期埋没在这些误解中，从而严重阻碍非洲旅游市场的拓展。

5.旅游资源问题

西非、中非和南部非洲虽然有着丰富的遗产资源，但入选世界遗产名录的项目却寥寥无几。频繁而严重的自然灾害、武装冲突、资金和人力资源缺乏等，不但使众多奇丽的旅游资源遭到破坏，甚至已经让不少非洲的世界遗产面临危机。尽管非洲的世界遗产数量在全球遗产项目总数中所占的比例较低（约占世界的9%），但是在全球濒危世界遗产项目中，来自非洲的却占了将近30%。

目前非洲共有98处世界遗产，而成为中国游客热门目的地的不足10%。中国学者对于非洲旅游资源的研究，也是以自然资源方面为主，而对于非洲民族、语言、宗教、民俗、建筑等文化方面的研究较少，这也使得国内大众对于非洲多元的文化资源认知不足，业界想要开发相关线路也因为缺乏相应中文资源而力不从心。[①]

6.区域性合作问题

长期以来，非洲各国旅游业都处于"单打独斗"的局面，各国得天独厚、别具一格的旅游资源没有抱成团、连成线、形成面，从而大大削弱了非洲旅游的整体吸引力和影响力。而出于时间、航线与成本的考虑，中国赴非游客很少前往单一目的地，更多是前往多个国家进行区域旅游，例如博茨瓦纳、南非、纳米比亚和津巴布韦的四国线路就是较为受欢迎的选择。由于缺乏统一的签证政策和国家间便利的交通方式，规划执行此类线路难度较大，成本较高，使得中国旅行机构不太愿意主动拓展相关项目。此外，不少非洲国家的旅游接待业资源为欧美国家的大型旅游和酒店业集团所控制，他们对于新入局的中国旅游企业心存戒备，不愿主动与其开展合作，甚至有意设置一些

---

① 袁丁.中非产能合作发展报告（2019—2020）.北京：经济科学出版社，2020：259-273.

障碍。[①]这类现象的主要原因是各国的经济发展不平衡、语言不同、货币不统一等。

三、推进中非旅游交流合作的对策措施及项目建议

当前中非旅游合作面临重大机遇，有利因素日益凸显。"一带一路"互联互通为中非旅游合作创造了条件。一是赴非签证简化；二是交通越来越便利，越来越多直航线路开通，缩短了中非之间的距离；三是中国游客支付手段越来越简单安全。"一带一路"倡议下，重视中外人文交流的目标为中非旅游合作带来了契机。旅游和文化融合是大势所趋。文化是旅游之"灵魂"，旅游是文化之"载体"，二者相辅相成，浑然一体。中非加强旅游合作的实质是加强中非人文交流与文明互鉴，加强沟通与理解。

同时，非洲发展旅游业的意愿强烈。非洲多国积极主动申请成为中国的ADS旅游目的地，非洲生态旅游、探险旅游、高端旅游等前景广阔，旅游业已成为非洲多国的优先发展产业，非洲国家对通过旅游拉动经济快速发展，从而缓解贫困的愿望十分迫切。

2019年5月，由浙江省文旅厅主办，上海达之路集团承办的"万人游非洲"首发团开启了吉布提、坦桑尼亚、津巴布韦三国之旅。其亮点是全程包机游非洲三国，开创了中非旅游合作的历史。

（一）推进旅游交流合作的机制、体制建议

1.转变我国政府管理职能，改变行业管理方式，实施更加开放的赴非旅游政策

近年来，我国公民赴非旅游的需求日益旺盛。为了实现互利共赢，共谋发展，同时也为我国的旅游企业提供更多的商机，我国旅游管理部门只需在设立基本门槛的前提下，在维护非洲旅游市场的竞争环境和秩序上下功夫，以保护竞争的公平性和市场的有序性；要解放思想，放开甚至鼓励所有符合经营出境旅游条件的旅行社参与非洲旅游市场的经营，并实现优胜劣汰。

---

① 袁丁.中非产能合作发展报告（2019—2020）.北京：经济科学出版社，2020：259-273.

2.帮助非洲制定积极的旅游政策，加强政府对旅游业的管理和旅游生态环境的保护

非洲各国在保证国内稳定，营造安全优良旅游环境的前提下，要针对旅游业的行业特点，出台一系列的相关政策、法规，制定区域旅游发展总体规划，协调好政府各部门的利益关系，综合考虑基础设施、住房、教育、宣传、公共卫生等的配套和完善，以确保旅游总体规划能够顺利实施。

3.旅行社要转变观念，树立市场和竞争意识，开发适合目标市场的差异性旅游产品

随着国人旅游意识的普遍觉醒，我国旅行社出境游特许权必将进一步开放，原先拥有包括非洲游在内的出境游经营权的旅行社的"垄断地位"必将被打破，赴非旅游市场的竞争必将日趋激烈。旅行社必须彻底转变观念，不能再依赖原有的"特殊政策"，而要树立市场和竞争意识，改变原来较单一的旅游产品的销售方式，采用品牌营销、整合传播、顾客关系管理等现代营销方法和手段，以吸引、留住原有游客，开发潜在游客。

4.开展区域合作，提高服务水平，保障旅游者权益

非洲旅游目的地国的地接社承担着中国公民赴非旅游的主要接待任务，赴非游客的满意度自然主要取决于地接社的接待质量。为保护我国赴非游客的合法权益，提高游客满意度和重游率，一要加强中非旅行社之间的合作与交接；二要加强非洲各国、各地区间的旅游合作与交流。应充分利用"新非洲行动计划""西非经济共同体""东非自由贸易区""南部非洲发展共同体"等非洲地区的各种合作组织，结合各地自然资源和人文资源的特色，大力吸引投资，以确保非洲旅游业和中非旅游合作的快速发展。

（二）未来建议推进的旅游重点领域、重点内容与重点项目

1.增加旅游目的地国家数量

增加双方公民"组团出境旅游目的地"国家的数量，为赴对方国家旅游提供方便。

2.加强互相宣传

大力推介双方的旅游目的地，通过旅游宣传片、举行旅游推介会等形式，鼓励双方国民赴对方国家旅游。

3.加强经验交流，提升旅游信心

通过宣传、推广非洲旅游业相对发达国家，如南非、毛里求斯、埃及、摩洛哥、肯尼亚、乌干达、突尼斯、坦桑尼亚、加纳等的经验和方法，引导其他非洲国家和地区树立发展旅游业的信心和决心。

4.通过剖析，做出示范

选取非洲旅游业做出品牌的若干国家、地区或景区，剖析其旅游业发展的脉络，总结其成功的经验和教训，以便为非洲其他国家和地区做出示范。

5.支持中国企业投资非洲旅游业

支持中国企业投资非洲旅游业。鼓励其参与旅游基础设施建设、旅游景区的开发等。

6.加强对非洲生态旅游业发展的理念和技术指导

加强对非洲生态旅游业发展的理念和技术指导，促进非洲旅游业的可持续发展。

7.提高中国护照认可度，降低入境难度

通过实行免签、落地签、72小时免签等政策，降低对方国家的旅游团体或者个人的入境难度，让游客快速通过海关，进行游览。

（三）推进落实这些旅游重点项目的方式与途径

1.充分利用中非合作论坛这一国际平台

中非合作论坛是中国和非洲国家在南南合作范畴内的集体对话机制。中非合作论坛部长级会议每3年举行一届。部长级会议召开前一年举行一次高官会议，为部长级会议做准备。非洲各国旅游部门可充分利用这一平台，加强中非旅游合作，制定相适应的政策，提升非洲旅游业的地位和影响。

2.鼓励、指导非洲各界对旅游业的研究

在支持中非全方位合作的过程中，帮助非洲建立非政府间非洲旅游行业组织，使非洲旅游标准化、规范化，同时指导该组织进行旅游研究为各国提供在旅游政策方面的建议。

3.组织中非旅行社旅游产品推介会及实地考察

组织、分批安排国内各大型具有出境旅游资质的旅行社领导赴非考察、踩点，同时邀请非洲国家旅游部门到中国来进行旅游产品推介会，以便旅行社对非洲旅游资源及旅游前景有一个全面的了解。

4.引导和支持国际特别是国内企业投资非洲旅游业

当前，中国企业赴非投资的热情不断高涨，政府和智库要善于引导和支持一些有实力、懂旅游的企业投资非洲旅游业。

5.呼吁中非民航多开通直航线路

截至2019年底，中非间每日的直航航班超过7个，远多于2010年，当时每日直达航班不足一个。中非民航合作发展速度很快，但与中非全方位、紧密型合作的需要相比还远远不够，为此还要进一步呼吁中非民航多开直航班机。

第二节　中非民间交流与合作

一直以来，中国与非洲的关系以政府层面的交流与合作为主。然而随着中国与非洲交往的不断深入，在过去的十几年中，中非关系的发展呈现出了新的特征，这就是越来越多的民间力量参与到中非关系中来。事实上，中非之间的民间交流与合作一直没有停止过，只是近年来这种民间关系变得日益突出。近年，中国与非洲之间系统的民间交流不断增多。中非青年、中非妇女和中国与非洲各国的地方政府之间越来越多地展开交往。但是，中国与非洲的民间交流总体上水平还不高，还有进一步提升的空间。

一、中非在相关领域交流合作现状及评估

中国与非洲民间交流合作的最主要的力量之一是中国地方政府与非洲各国地方政府的交流合作。双方地方政府间合作的内容较为广泛，涉及地方官员对话、政府官员培训、城市管理与规划、反腐败等。不仅如此，这些对话与交流平台还帮助中非双方在投资、旅游、工业、农业、基础设施和公共工程等项目中达成合作协议。各种形式的工商业领导会议，促进了各行业的交流与合作，甚至会举办一些展览会、推介会和洽谈会等。目前，双方交流合

作的主要内容涉及经济、治理和文化交流；而主要形式则包括人员互访考察、文化艺术交流、经济项目合作、友好城市及合作论坛等。

（一）举办中非地方政府合作论坛

中非地方政府合作论坛由中国人民对外友好协会、中国非洲人民友好协会发起，于2012年8月27日成立，是一个非政府、非营利，以推动地方合作、促进共同发展为工作宗旨，致力于中非地方交流与合作的平台。该论坛每2年召开一届大会。论坛在首届大会期间就已达成超过2亿美元的合作项目，在中非关系的发展中扮演着重要的角色。

（二）中非友好城市暨地方政府合作研讨会

中非合作论坛成立以来，中非双方十分重视地方政府层面的交往，提出推动地方政府交流与合作，支持双方建立友好城市。截至2020年9月，中非间的友好城市已达130多对。

（三）中非省市长对话

中非省市长对话是中非地方政府合作论坛框架下的议程，是中非地方政府合作论坛的后续行动。首届中非省市长对话于2012年12月在塞内加尔首都达喀尔举行，第二届省市长对话于2013年6月在济南举办。省市长对话是加强中非民间交往的重要平台，也是落实中非合作各项成果的重要阵地。在举行对话期间，中非省市达成了多项合作意向，包括展览、贸易、工程推介等。

（四）非洲国家驻华使节巡讲

中非合作论坛北京峰会之后，对非洲市场感兴趣的中国企业日渐增多，但他们对非洲缺乏足够的了解。中国地方政府和企业需要与非洲国家开展交流，推动经济贸易的发展，从而达到互利共赢的目标。在此背景之下，"非洲国家驻华大使巡讲"承担了为中国各地企业介绍非洲各国情况的任务，通过邀请非洲驻华使节到中国地方省市演讲，介绍其国家情况，能帮助中国地方政府以及相关企业了解非洲国家，激发中国企业对非洲的投资兴趣，进而加强中非合作。通过这些平台，非洲国家与中国的地方政府建立起了一个关系网络，地方政府之间、工商业界以及社会各界人士之间的交流更加顺畅。

（五）中非青年领导人论坛

与地方政府之间的交流合作相比，中国与非洲青年与妇女的交流与合作显得还不够活跃。"中非青年领导人论坛"是近年较为活跃的中非交流平台。自温得和克会议以来，该论坛不断呼吁中非双方青年要团结合作，加强交流与对话，分享技术进步，并要求中非双方的青年要展开更专业的技能交流。与此同时，论坛一直致力于探索在中非青年领导人论坛的框架下创立青年发展项目的可能性，如设立由论坛参与国资助的创新与留学基金，为组建志愿者组织提供支持，以帮助各国青年发展。

（六）中非民间论坛

2011年8月，首届"中非民间论坛"在内罗毕举行，论坛上发表了《中非民间论坛内罗毕宣言》，同时宣布建立中非民间组织伙伴计划。截至2022年初，中非民间论坛已经举办了6届。2014年5月13日，第三届中非民间论坛通过了《中非民间友好伙伴计划报告书（喀土穆报告）》。在中非民间论坛框架下，中非民间交流取得了一系列重要成果。仅2013年，中国民间组织共举办19期以增进中非民间合作为主旨的非洲非政府组织研修班。中国还与非洲民间组织合作开展农业技术培训、社区示范学习中心建设和"希望工程走进非洲"等项目。中非民间组织积极推动和参与"中非民间友好运动"，在非洲多国实施了数百个民生项目。

（七）中非民间友好组织负责人会晤

由中国人民对外友好协会、中国非洲人民友好协会共同主办的"首届中非民间友好组织领导人会晤"于2017年11月14日在北京召开。本届会晤的主题为"分享、创新，共建我们的一带一路"，会上通过了《中非民间友好组织领导人会晤北京宣言》，确立每3年举办一届的会晤机制。全国政协副主席、中非人民友好协会会长阿不来提·阿不都热西提、非洲国家驻华使团团长希科尼纳、外交部非洲司司长戴兵等出席开幕式并致辞。19个非洲国家对华友好组织领导人、国内地方友协和对非友好组织负责人以及专家学者等约150人出席。

二、交流合作的成效与影响的基本评估

（一）非洲参与方对中非民间交流合作的评价较高

中国与非洲在民间交流与合作方面进步明显。中国地方政府与非洲地方政府之间的交流与合作是目前双方民间交往中最引人注意的部分。参与相关活动的非洲人士对中非民间交流的评价总体比较高。这些评价概括起来主要有三个方面：第一是加深了双方的了解；第二是为非洲各国吸引了必要的投资及援助项目；第三是为双方的交流与合作提供了机会和平台。而在青年与妇女交往方面，非洲方认为通过一系列活动，非洲人可以进一步了解中国的历史、文化和经济发展，这对新时期中非关系的发展具有极为重要的意义。

（二）关注中非关系的西方舆论负面倾向明显

在中非民间交流方面，西方主流舆论更多地是将其与"渗透"联系在一起的，并将中国与非洲日益广泛的民间联系放在中国在全球地位提升的框架下来分析，认为这些交流与合作是中国自身发展的逻辑结果。

实际上，中国近年来与非洲的民间交流与合作成效总体是显著的，而且还呈现出前所未有的发展势头。许多地方政府和企业已经开始改变对非洲的刻板印象，并有意主动同非洲相关方进行接触。与此同时，越来越多的青年人开始到非洲发展事业。这些现象反映了中国与非洲的民间交流与合作在稳步推进。

三、基本特点、存在主要问题及原因分析

中国与非洲的民间交流与合作的基本特点是双方地方政府之间的交流与合作比较突出，而在青年、妇女交流与合作方面总体层次不高。当前，中国与非洲国家在民间合作方面所遇到的困难主要有以下三点：

（1）双方交流与合作深度欠缺，比较强调形式而忽略内容；

（2）仍然依赖政府力量，民间交往通常是零星而缺乏系统性的；

（3）缺乏长期的、可持续的战略与实践。

具体而言，表现在以下方面。

第一，当前中国与非洲的民间交流中最为活跃的是地方政府，与真正意义上的民间交流与合作存在差异。造成这种现象的原因，是中国民间力量还比较弱小，对非洲了解不够，缺乏足够的合作经验，因而形成了政府主导的局面。

第二，中非民间交流与合作的核心内容是经济合作，而在环保、社会公

正等方面的合作还比较少。这与中国目前的经济发展现状密切相关。由于国内面临产业升级的困境，加之"走出去"战略支持，各地方政府不断探寻出路，这首先就体现在经济方面。虽然各地也在文化部门的策划和主导下，与非洲各国展开文化交流，但文化本身并非其首要目标。

第三，中非双方地方政府的交流与合作存在区域不平衡的现象。近几年，与非洲交流合作比较多的地区包括北京、江苏、上海、浙江、广东、辽宁和山东等。这些地区大多具有较好的经济基础，有着发展对外交流与合作的条件。因此，这些地区与非洲的交流比较频繁。相比较而言，中国西部地区与非洲的交流与合作水平相对较低。

第四，有一些交流合作流于形式，缺乏实质性的成效。有些活动在一定程度上产生了一些影响，但这些影响更多地体现在国内媒体上，但在当地的效果事实上并没有那么明显。项目的执行者需要开发项目，更需要项目有好的结果，这就导致一些项目的成效影响被拔高。

第五，缺乏长期的、可持续的战略与实践。中国与非洲的交流与合作，已经不是那种一合作马上就可以获得收益的合作。有一些领域，比如非洲当地的人才培养，可能需要投入20年甚至50年才有成效，但来自经济高速发展的中国的企业可能缺乏长期投资的动力。最终还是需要政府牵头进行统筹，这种所谓民间交流与合作仍然是层次较低的合作。

第六，中国与非洲的青年、妇女的交流合作形势不容乐观。在目前的概念界定下，实际上民间交流的主要参与者只是地方政府和企业。真正有组织的双方青年、妇女的交往还比较少。双方的文化隔膜比较严重，一些中国年轻人对非洲和非洲人存在着一些因无知而产生的偏见，而非洲民众对中国的了解更为有限，其根本立场受到西方的影响。

四、推进中非民间交流合作的对策措施及项目建议

针对在交流与合作中存在的问题，中国需要做出一些政策上的调整，建议如下。

（一）政府主导逐渐转变为民间主导

中非民间交流的主体最终应该是民间力量。政府的工作主要是从宏观层

面规划、指导、引导中非的民间交流与合作，并为这种交流与合作提供相应的条件。政府直接出面，或者表面上是民间，实际上由政府主导的做法长期来看并不符合民间交往的发展趋势。

（二）制定长期战略，短期目标与长远目标相结合

民间交流合作宜细水长流，中非民间的交流与合作需要制定长期战略，至少应覆盖20年以上。

（三）改变以经济利益为导向的合作模式

当前中非各地方政府交流合作的直接驱动力仍然来自经济利益。文化、教育及其他非经济交流合作议题实际所占比重还有待提高。

（四）建立跟踪机制

当前，对中非民间交流与合作的成效缺乏有效的评估，其原因在于缺少机制和力量对各项目的开展情况进行跟踪。即便有一些所谓的评估，大多也是为了应付报告而进行的调研，存在诸多不符合实际情况的结论。

（五）强化学术研究积累

目前中非之间的交往中还存在大量"盲区"，中非双方互不了解，导致许多原本可以推进的工作无法推动。形成这种局面的原因是学术研究积累不够，涉非单位力量配置相对不足。因此，加强相关领域的学术研究尤为重要。

第三节　中非减贫交流与合作[①]

贫困是中非面临的共同挑战。消除贫困是联合国2030年可持续发展议程的首要目标。中国成功走出了一条具有中国特色的减贫道路，使数亿贫困人口摆脱贫困，为解决非洲的贫困问题提供了借鉴。中国积极同非洲开展减贫合作，通过加强交流、提供援助、分享社会发展经验，帮助非洲国家提高社会综合发展水平，为非洲经济发展创造内生动力。中国积极落实《中国

---

① 本节整理自：张瑾. 摆脱贫困共同发展——中非减贫发展高端对话会暨中非智库论坛第六届会议综述. 非洲研究，2017(2)：251-260.

和非洲联盟加强中非减贫合作纲要》，通过"中非合作论坛—减贫与发展会议""中非青年减贫和发展交流项目"等机制，鼓励和支持中非地方政府、学术、企业、青年和非政府组织开展形式多样的减贫经验交流与务实合作。自2010年以来，"中非合作论坛—减贫与发展会议"已在中国、埃塞俄比亚、南非、乌干达等国连续举办10届，参会总人数接近1600人次。2005年至2021年，中国共举办160期减贫援外培训班，为非洲53国培训超过2700人次，占总参训人数的58.6%。

一、中国减贫对发展中国家具有借鉴价值

2017年6月21日至22日，在中国外交部非洲司和中国驻非盟使团的支持下，由浙江师范大学和非盟领导力学院共同举办的"中非减贫发展高端对话会暨中非智库论坛第六届会议"在埃塞俄比亚首都亚的斯亚贝巴的非盟总部隆重举行。来自中国和30多个非洲国家及非洲联盟、联合国非洲经济委员会、非洲能力建设基金会等国际组织的智库领袖、媒体代表、著名学者、政府官员、金融界代表200余人应邀与会。会议围绕"摆脱贫困，共同发展"这一核心主题，以交流习近平主席著作《摆脱贫困》一书中阐述的思想理念、实践和中国减贫发展经验为切入点，就"中国与非洲的减贫发展政策和实践经验""对接中非合作计划，加快非洲工业化和农业现代化进程"等议题进行了深入研讨。

王毅部长在会上指出，过去40年，7亿多中国人摆脱了贫困，为联合国实现减贫千年发展目标作出了70%贡献，在世界发展史上开创了一个奇迹。《摆脱贫困》一书阐述的减贫理念、政策举措，至今对中国完成减贫任务具有现实指导意义，对发展中国家推进减贫努力也具有借鉴参考价值。"一花独放不是春，百花齐放春满园"，习近平主席倡导共同构建人类命运共同体，不仅是让中国人过上好日子，也希望世界各国特别是发展中国家人民都能过上美好生活。王毅部长表达了中方助力非洲实现自主可持续发展的基本立场和意愿：第一，中方愿与非洲朋友毫无保留地分享经验，但绝不会把自己的意志强加于人。第二，中方愿同非方对接发展战略，帮助非洲优先破解基础设施建设滞后、人才不足、资金短缺三大瓶颈，为减贫发展创造有利条件。第三，中方愿为非洲减贫事业营造必要环境，积极支持非洲国家提升国防、维和、维稳、反恐等自主解决非洲问题的能力。第四，中方愿鼓励国际社会支持非洲加快减贫。中国欢迎非洲合作伙伴多元化，呼吁各方摒弃零和游戏的旧思维，树立合作共赢的新理念。①

非盟委员会主席法基发表演讲时指出，中国的发展经验值得整个世界借鉴，特别是对于非洲这样渴望推进经济和社会发展的地区。新中国成立后，政府将之前非常贫苦、懒惰和宿命论的农业人口从思想上转变为"自力更生、用自己双手创造未来的人"，"自力更生"的意识是非洲学习中国发展经验的第一课。法基认为，非洲有潜力成为世界的粮仓，创造跨越大陆的世界繁荣。为此，非洲需要充分发展、培养年轻人的劳动、工作技能，尤其是要改善非洲妇女的教育、就业状况；非洲更需要和平安全的环境开展招商引资、教育培训等工作促进发展、减少贫困，进而将非洲2063愿景所提出的发展目标变为现实。

非盟领导力学院总监穆娜女士在开幕式上代表主办方致辞，她表示全球化给非洲减贫带来了更多机会，非洲发展的时机正在此时。长期以来，非盟领导力学院在非洲2063愿景下，支持成员国研制战略发展计划，搭建非盟一体化战略、领导力、分项战略等平台，以促成利益相关方对长期战略目标的认同，提升区域能力，共筑未来。此次会议，将有助于中非双方增进理解，互通互联。

二、中国与非洲的减贫发展政策和实践经验

习近平主席提出的"真实亲诚"对非政策理念，中非双方在中非合作论坛框架下建立以发展为核心的伙伴关系，有力促进了非洲减贫发展进程。中国是非洲减贫发展的榜样，习近平主席在《摆脱贫困》中提出"扶贫先扶志，扶贫必扶智""把经济建设当作最大的政治""弱鸟先飞""因地制宜、行动至

---

① 携手摆脱贫困 实现共同发展——王毅外长在中非减贫发展高端对话会暨中非智库论坛开幕式上的主旨讲话. (2017-06-21)[2022-08-04]. http://switzerlandemb.fmprc.gov.cn/web/gjhdq_676201/gj_676203/fz_677316/1206_678746/1209_678756/201706/t20170621_9328200.shtml.

上""既要发展经济，又要廉洁政府"等重要思想，对非洲实现减贫发展具有重要借鉴和启示意义。

那么，中国减贫发展有哪些主要经验？非洲摆脱贫困、实现自主可持续发展面临哪些机遇与挑战？如何因地制宜制定发展政策、探索符合国情的减贫途径，如何发挥劳动力市场、金融机构、社会保障政策在减贫发展中的作用，如何加强中非工业化和农业现代化合作，如何有效落实中非合作论坛约翰内斯堡峰会成果，克服非洲发展的挑战？从中国与非洲学者的研究可知，中国的减贫发展实践经验主要有以下几个。

（一）扶贫减贫，理念先行

改革开放以来，按照现行贫困标准计算，我国7.7亿农村贫困人口摆脱贫困；按照世界银行国际贫困标准，我国减贫人口占同期全球减贫人口70%以上。我国提前10年实现《联合国2030年可持续发展议程》减贫目标。福建宁德在29年内GDP增加了45倍，其经验在于：要找到自身优势，思路脱贫、意识脱贫；要因地制宜，谋划发展；要加强指挥，各方协调；要敢于担当，勇于负责。贫困地区完全可能依靠自身的努力、政策、长处、优势在特定领域实现"弱鸟先飞"，把脱贫的命运掌握在自己手里。这不仅需要有正确的方向和准确的政策，也应该提出系统的脱贫方法、有高水平的服务。立足本地资源发展加工业，提高附加值。"一带一路"倡议就是希望与各有关国家一起，通过共商、共建和共享的原则，携手发展，共同富裕。摆在我们面前的是美好的前景，也是巨大的挑战，但我们有理由相信，未来就像习近平主席说的："只要有信心，黄土变成金。"埃塞俄比亚总理经济顾问、总理府部际协调人阿尔卡贝非常认同这点，他认为，科学的观念，能够振奋精神，指引行动。贫穷绝非宿命，对减贫要有长期的心理准备，要致力于更综合的目标，保障和平且有质量的增长。

"消除贫困、改善民生"是中非的共同目标。虽然减贫在人类的发展史上是个难题，但却是值得奋斗的目标，其核心要义就是加快发展，推行特色化脱贫政策。不仅看贫困地区缺什么，还要看有什么，可以发展什么。此外，还要发挥政府、社会和市场等方面的协同作用。地方贫困但观念不能贫困，20世纪80年代的宁德就如同今天的埃塞俄比亚，将发展视为生死攸关的事情，这是减贫的关键。中国减贫和工业化经验对非洲的启示，可以总结为五个方面：机制化的支持体系、技术发展、注重农业、根据现实发展工业化生产，以及最重要的自力更生的理念和实践。

（二）总结经验，务实发展

中国探索发展道路、实现自主可持续发展的主要经验是：发展是基础，安全是保障。目前中国实现了自主发展，政府正在致力于消除发展的不均衡现象，其中，集约式发展、可持续发展、绿色发展、成本收益核算等，是中国在探索未来发展道路上的主要考量。通过精确了解贫困人口的数量和实际情况来有针对性地帮扶，通过集思广益来达成共识，通过政府和基层的政策协调来推进扶贫，最终成就了"一户也不能少"的中国式扶贫特色。

坦桑尼亚经济社会研究基金会的费斯托系统总结了非洲扶贫的经验和教训：机会不均等、贫困人口聚集在贫困国家是非洲扶贫存在的问题，经济发展是减贫的必要前提，也是就业和所有非洲未来发展蓝图的基础，健康、社会保障、法制化发展、外汇流动等都有经验值得总结。非洲需要探索自主、可持续、切实可行的发展道路，以生产符合非洲人需求的产品。对此，非洲首先要掌握自己的话语权。联合国非洲经济委员会经济规划部主任巴斯沐唯认为，非洲在农业方面获得的援助有下降的趋势，对农产品出口没有足够的支持，对妇女的支持力度不够，非洲经济还没有多元化，非洲必须通过增加商品和矿业附加值来促进就业，减少贫困。减贫首要的是计划，非洲需要切实、综合、连贯性和长时段的目标，也需要政府有结构性和财力上的支持。不同国家因其人口结构、主要经济驱动力、应对气候变化能力等方面的差异，未来应采取不同的扶贫策略进行发展。

发展中国家要发挥好政府作用，因地制宜地制定减贫发展政策。为此，政府必须有推进国家发展意愿，并且务实高效；政府必须以经济建设和民生改善为工作中心，而且代表全体人民，不能在宗教、民族、地域等方面具有排他性；政府必须高度重视教育投入与人才资源开发，重视基础设施投资与建设，努力提升政府办事效率；国家政策必须符合本国国情、必须保持政策连续性，同时长期坚持对外开放。

非洲国家常因受制于各种外部力量和外部规划，无法发挥自主性。而非洲的不稳定和战乱，限制了非洲的发展。政治稳定、制定符合非洲实际的发展规划，并主导这些规划，才可以为减贫和投资发展提供良好的环境。充分听取民意、考虑少数民族的利益、惩治腐败、加强国家治理，这些都是减贫的重要前提。

非洲的经济园区表现欠佳，未来发展应关注：中央政府强有力的支持以及地方政府的自主性和主动性、完善的法律法规和制度框架、地方政府及园区管委会高效的执行力和服务水平、技术转移与不断的技术学习和升级、园区明确的目标及健全的监测评估体系。此外，私有企业和年轻人是非洲发展的动力，应将携手繁荣的理念贯彻到他们的心中。廉洁政府和对成功有热切愿望、愿意为之奋斗的有能力的年轻人，是未来引领非洲前行的主体。

（三）减贫发展，综合施治

减贫对于重债穷国的非洲国家而言至关重要。非洲国家的贫困人口数量巨大，应追求更高水平的发展，向中国学习减贫经验。中国企业在非洲的经营也应该重视非洲环境和农业现代化的发展，提高产品附加值，通过包容性发展、关注风险防控，来实现最终的双赢。

不同的文化和历史决定了不同的发展情况，劳动力、国家和私人行业之间的关系是重要的结构性因素，资本、社会、技术、领导阶层等都在此中变动。经济和政策的延续性对于发展而言十分重要，但发展的前提是发展农业。非洲农业长期被忽视，没有足够的附加值，这是造成非洲贫困的重要原因。非洲的发展和减贫有脱轨现象，其原因在于农业经济增长率低，同时人口增长率高。非洲要实现更好的发展，必须有超过人口增长率的经济增长率，且保证足够的劳动力需求。非洲海洋经济正在逐步成为带动经济发展的新动力。

民主治理在减贫工作中有重要作用，应建设"发展型政党"，不仅要关注选举，还要关注领导力建设，提升规划和执行能力，建设专业有德的政府体系，以推动农业现代化，促使国家摆脱贫困。减贫还要有法律保障，公正、有效的法律体制和坚持减贫实施的团体，对于巩固减贫效果而言至关重要。未来，非洲应多考虑落后地区的利益，推进教育发展，增强政策和管理透明性，减少腐败。

三、中非减贫发展合作面临新的时代契机

《中非合作2035年愿景》指出，"中非持续开展多种形式创造就业和减贫经验交流，中国支持非洲提高扶贫减贫能力，完善教育、供水、电力等民生设施，提升城镇化水平，实现包容性增长。"①

当前，贫困问题是非洲大陆面临的最大挑战，不平等、气候变化和青年失业是慢性的贫困问题，非洲光有经济增长还不够，还需要以可持续方式降低贫困率。发展是摆脱贫困的关键，而工业化与农业现代化是发展的唯一路径，落实中非工业与农业合作，要坚持五大发展理念，即坚持共同发展、坚持集约化发展、坚持绿色发展、坚持安全发展、坚持开放发展。

中非合作论坛提供了中非经济合作的新平台，非洲的转型可以为中国带动出口和投资增长，而相当数量的中国投资将促进非洲在科学、技术、贸易、财政、教育等方面的发展，并最终促进非洲的经济转型。减贫是长期过程，只有可持续地发展，才可以减贫，否则返贫率也会很高。要明确务实地制定导向性政策，甩开双臂干工作。想要因地制宜地制定减贫政策，执政党必须贴近人民，了解基层的情况。从地方到中央，务实、实干才可以解决民生的问题。中非合作为非洲加快农业、工业发展进程，提升农业生产率，促进经济增长提供了机会，应先行先试，为非洲带来合理发展。其中，以中国为首推进的基础设施建设，对非洲社会的发展影响深远。完善的基础设施一方面降低了交易成本，一方面增加了国际竞争力，而这些都将促进贸易发展，提升农业、数字化发展的水平。非洲应重视政治的稳定性、安全问题和包容问题、打击腐败等。

"一带一路"倡议不仅能改变之前非洲被动的全球化，也将使非洲的工业化和农业现代化受益。实践证明，基础设施的投入对发展中国家和发达国家都有好处。"一带一路"建设关注基础设施，这是扶贫的重要方面，同时还倡议新工业化、追求包容性，追求互联互通合作，为中非合作提供了广阔空间。未来中非可以在能源方面合作，解决非洲能源短缺问题，也可以加强人才培

① 中非合作2035年愿景.（2021-12-08）[2022-08-22]. http://xyf.mofcom.gov.cn/article/lt/202112/20211203226116.shtml

训合作，解决人力资源问题，同时，在青年、就业、两性方面开展中非地区与省级合作，都是值得期待的。

中非合作的优先领域和主要方向应达成基本共识：第一，分享治国理政经验，增强非洲国家自主探索发展道路的意识和能力。第二，加强人力资源合作开发，帮助非洲国家突破人才不足瓶颈。第三，坚持集约发展理念，把基础设施建设同产业化发展结合起来，加快非洲工业化进程。第四，创新合作模式，充分调动市场和私营资本的积极性，助力非洲国家解决发展资金短缺问题。第五，加强和平安全合作，维护非洲和平稳定，为中非合作和非洲发展创造安全环境。第六，秉持开放、包容、共赢理念，欢迎非洲合作伙伴多样化，共同为非洲实现自主可持续发展贡献力量。

第**十**章

中非青年交流与合作 ————————————————— ●

　　非洲是面积第二大的大洲，也是当今世界发展中国家最集中的大陆，同时还是全球人口年龄结构最年轻的大陆。非盟《2063年议程》专门把促进青年发展列为第六大目标，指出"非洲应当成为追求以人为本，特别是让妇女青年可以尽情发挥潜力的非洲"。习近平主席高度重视非洲青年发展和中非青年交流合作，在2018年中非合作论坛北京峰会主旨演讲中强调指出，青年是中非关系的希望所在。中非"八大行动"倡议中，许多措施都着眼青年，旨在培养青年、扶助青年。然而，在百年未有之大变局和新冠疫情全球大流行的影响下，非洲地区薄弱的经济基础和卫生体系压力陡增，非洲青年也面临健康、教育、就业等重重问题。因此，研究非洲青年发展并深化中非在青年领域的合作，对传承中非传统友谊、构建更加紧密的中非命运共同体具有重大现实意义。

第一节　非洲青年发展与中非青年合作现状

　　青年问题是非洲发展战略的核心问题之一，这已成为非盟、非洲各国乃至整个国际社会的共识。青年是非洲的未来，也是中非合作的未来，是中非合作舞台上的新生力量，在中非合作各领域中发挥着重要作用。

一、非洲青年发展现状

非洲青年人口基数大、增速快。联合国经济和社会事务部人口司数据显示，截至2020年11月，非洲人口总量突破13亿，其中青年人口基数庞大，15岁至35岁之间的年轻人超过4亿。在非洲东南部，年龄在10岁至24岁的青少年人口占总人口的33%。可见，非洲人口结构年轻化程度很高。从发展趋势看，非洲是目前乃至未来人口增速最快的地区。人口增长很大程度上取决于生育率的变化，世界上21个高生育率国家中的19个位于非洲。预计到2025年，非洲青年人口将占据世界青年人口的四分之一；到2100年，非洲大陆人口将占据世界总人口的40%，低于25岁的青年人口将占据非洲总人口的60%。高生育率、高人口增长率态势意味着未来5—10年内，非洲将享有巨大的人口红利。

非洲青年发展意愿强、潜力大。人口年轻化为社会发展提供了重要机遇，大量的青年人口是经济繁荣的重要资源。非洲青年希望自己可以为建设更美好的家园贡献力量，参与工作与创新创业的意愿强烈，发展空间巨大。如果措施得当，非洲将拥有更多的劳动力和更具潜力的消费市场。非盟《2063年议程》充分肯定了人口红利在促进非洲发展、减贫及刺激经济方面蕴含的巨大潜力，推动出台了一系列旨在开发人口红利的政策。但需要注意的是，人口优势能否转化为发展红利、青年未来发展能否充分发挥其特点优势，取决于国家能否通过政治、经济及人口方面的政策控制生育率和死亡率，为积累人力资本提供必要的卫生健康和教育资源，并为大量劳动人口提供充分的就业岗位，进而将这一潜力转化为现实优势。

二、中非青年合作现状

一是合作机制平台不断增加。自2000年中非合作论坛设立以来，中非合作不断推进，中非青年交流与合作取得显著成效。2005年，由共青团中央发起的中国青年志愿者海外服务计划被纳入中国对外援助体系后，首次实现了对外派遣志愿者。2006年，为落实中非合作论坛北京峰会成果，中国政府向非洲派遣了300名志愿者。2011年，首届中非青年领导人论坛在纳米比亚举行。2018年，第四届中非青年领导人论坛在深圳举行。2016年启动的"中非青年大联欢"是中非合作论坛框架下最具活力的品牌活动，已成功举办6届。2017年建立的中国—南非高级别人文交流机制，是中国与非洲国家建立的首个高级别人文交流机制，其中将青年工作作为重要领域重点推进。此外，青年也成为中非合作论坛框架下的中非民间论坛、中非媒体合作论坛、中非智库论坛、中非青年互访计划等活动的主力军。

二是交流领域、主体、形式不断丰富。近年来，中非青年合作在教育、艺术、文化等传统领域的交流得到巩固，在就业创业、跨境电商、科技创新等新兴领域的交流也应时而生，合作领域的不断拓展给中非青年发展创造了有利条件，青年的参与也极大助推了中非务实合作。随着经济、文化等领域交流的不断加深，来自中非双方的留学生、青年学者、医疗队员、年轻军官、企业人员、青年科学家、新闻媒体从业人员等各行各业的交流合作日益频繁深入、渠道更加广泛多元，为中非青年友好交往注入了强劲动力。与此同时，为传承中非友谊，双方积极开展了形式多样、内容丰富、为青年人喜闻乐见的活动，如艺术交流、学术研讨、经验分享、考察访问、学习培训等，增进了中非青年间的相互了解和理解，推动中非青年更加相知相近相亲。

受时空和条件限制，中非青年交流总体上仍不够深入，人数不足、范围有限。中非青年交流与合作亟待进一步突出重点、提升质量、创新形式、扩大范围，增进了解和沟通，为中非合作夯实民意基础。

第二节　非洲青年发展困境与中非青年合作机遇

新冠疫情的暴发和蔓延让非洲政治、经济、社会等各方面的发展受到一定的阻碍，非洲青年发展面临更加严峻的形势。非洲青年不仅是有待解决的问题主体，也是非盟、非洲各国政府和国际社会的施惠对象，更是解决自身困境和整个非洲发展问题的行为主体。如果疫情应对不力、相关政策实施不当，非洲不断增长的人口不仅发挥不了积极作用，还会引发粮食、教育和医疗等资源短缺及社会动荡等问题。在此背景下，中非青年合作如何在危机中育新机值得思考。

一、非洲青年发展面临困境

一是国际经济环境不利。世界银行研究报告认为，2020年新兴市场及发展中经济体将收缩2.5%，撒哈拉以南非洲经济增长率将从2019年的2.4%降至2020年的−2.8%，人均收入下降5.3%。[①]联合国非洲经济委员会《新冠肺炎疫情：保护非洲的生命和经济》研究报告指出，2020年，非洲经济增速因受疫情影响可能从之前预期的3.2%降至1.8%。[②]非洲多国面临经济负增长的压力，全球贸易投资遭受重创，产业链、供应链断裂以及巨大的就业和收入损失会导致2020年陷入极端贫困的人口新增3430万，其中非洲国家人口将占56%。[③]破产潮、失业潮、退单潮、断链潮等问题在非洲国家相继出现，南非失业率一度飙升至50%以上，仅旅游业就可能减少55万到60万个就业岗位，超过5万家旅游企业关停倒闭。新冠疫情给非洲经济带来严重不利影响，也对非洲青年的生存与发展构成严峻挑战。

二是内部支持条件有限。尽管非洲各国政府及政府间组织一直致力于非洲的基础设施建设，但现有设施很大程度上不能满足发展需求，很多非洲国家的民众仍饱受暴力、疾病威胁，遭遇经常性停水停电、缺乏清洁饮用水等问题，蝗灾使东非地区百万人口面临粮食危机，洪灾、旱灾也严重干扰非洲农业生产，国民生活缺乏基本保障。这些生存问题严重影响青年的身体健康和未来发展。新冠疫情的蔓延暴露出非洲国家医疗卫生设施贫乏、公共卫生体系薄弱、国家治理能力缺陷等短板。现有条件无法满足平时的医疗需求，疫情更是加剧了非洲青年的健康问题。

三是青年失业现象严重。非洲青年发展面临的最严重的问题就是失业，法国《论坛报》甚至将非洲青年失业问题比喻为"定时炸弹"。联合国国际劳工组织发布的《非洲青年就业干预报告》指出，目前非洲青年主要在农业部

---

① 黄梅波，邱楠. 新冠疫情对撒哈拉以南非洲经济发展的影响. 西亚非洲，2020(4)：3−23.

② 贺文萍. 构建后疫情时代更紧密的中非命运共同体. 光明日报，2021−01−03(4).

③ 熊一舟. 联合国2020年世界经济形势与展望年中报告. 社会科学报，2020−06−04(7).

门和非正规经济部门就业，但就业岗位很少。参照目前人口增长速度和经济发展前景，未来20年估计需要至少4.5亿个就业机会，但非洲实际就业岗位供应不足1亿，缺口达3.5亿。[①]新冠肺炎疫情对非洲青年就业产生了双重负面影响，不仅导致其失去工作，而且严重干扰了日常教育和培训，因为许多非洲国家不具备提供在线学习的技术能力。部分非洲国家失业率不断冲击高位，2020年9月，南非青年失业率高达61.3%，安哥拉青年失业率达到56.4%。缺少收入来源给青年人带来的挫败和绝望，极易引发性犯罪、盗窃、滥用药物、疾病传播等各种社会问题，失业青年也极有可能成为暴力团伙、青年党等恐怖或极端组织的招募对象，影响社会稳定。

四是主流价值观念缺失。非洲青年国家意识和政治参与意识淡薄，对政府信任度不高。联合国开发计划署报告指出，极端组织在非洲"最可能"招募的成员是"自童年起就遭受挫败、被边缘化和被忽视的年轻人"。加入极端组织的人大多表现出对政府的不满，有调查显示，83%的调查对象认为政府只关注少数人的利益，73%的调查对象对政客和国家安全体系完全不信任。另外，由于种种原因，非洲庞大的人口资源尚未完全转化为服务国家建设的人力资源与生产要素，因此非洲的人口红利远未得到发挥利用。

二、非洲青年发展与中非青年合作面临的机遇

历史经验证明，每一次重大的全球性或区域性危机，都蕴含着战略性机遇。大疫当前，百业艰难，但危中有机。疫情背景下的非洲青年发展与中非青年合作也面临发展机遇。

首先，国际产业链转移为非洲发展打开了新局面。受疫情影响，全球产业链、供应链受到巨大冲击，各国都在重新布局更具韧性的产业链条，广大发展中国家市场受到青睐，劳动密集型产业优势凸显，庞大的劳动力人口将成为非洲经济持续发展的重要优势。在全球产业链调整之时，非洲也迎来提升参与全球价值链分工地位的历史性机遇。疫情使非洲各国政府进一步意识到经济多元化的重要性和紧迫性，诸多非洲国家纷纷出台支持措施，帮助本国制造业、服务业等企业渡过难关。非洲大陆自由贸易协定（AfCFTA）的正

---

① 李志伟，万宇.非洲寻求破解青年就业难题.人民日报，2018-04-06(21).

式启动、全球产业链的进一步完善、经贸合作园区的创建等，将为非洲青年创造大量的就业机会，同时也将进一步优化非洲青年就业创业的基础设施和内外环境，为非洲青年发展提供更为有利的环境和条件。

其次，中非合作势头强劲为经济复苏注入新动能。近年来，非洲经济一体化进程取得实质性进展，共建"一带一路"倡议与非盟《2063年议程》契合度高、互补性强，铁路、公路、机场、港口、电站等一大批项目成功实施，给非洲经济社会发展带来显著变化，中非务实合作取得丰硕成果。2000—2020年，中非贸易额翻了20倍，直接投资存量翻了100倍。即使是在新冠疫情冲击下的2020年，中非经贸合作依旧体现出巨大的韧性。据中国外交部、商务部等部门的数据统计，2020年1—10月，中非之间的贸易下降不到20%；中国对非直接投资，与2019年同期基本持平，仅下降0.7%。同时段中国企业在非洲新签的承包工程合同额同比增长34%，领跑全球各区域，充分显示了中非经贸合作的广阔空间。随着2021年初中国与非洲国家首个自贸协定的生效，中非产业链的协同作用更加明显，不仅能进一步带动非洲青年就业，还能为当地带来税收，继续助力非洲实现工业化。非洲经济加速发展，将进一步扩大就业规模，提升青年人口的工作技能，解决青年就业问题。

再次，数字经济新业态为青年合作带来新契机。非洲互联网经济在疫情催化下加速发展，据谷歌最新发布的报告显示，2020年，非洲的互联网经济对GDP的贡献值已达到1150亿美元，占非洲GDP的4.5%。信息技术的发展为加强经济贸易联系提供了技术基础，远程医疗、电子商务、移动支付等新兴行业迎来新的发展机遇，涉及移动支付、金融科技、在线教育、交通物流等领域的成长型企业在非洲国家大量涌现。中非电子商务合作正在助力非洲实现数字梦想，并帮助非洲提升创新技术竞争能力。疫情期间，中非数字经济合作迎来了快速发展契机，"云办公"和"云交会"成为热点，各类数字合作平台、线上推介会、直播带货等新业态蓬勃发展。2020年6月举行的第127届中国进出口商品交易会首次采用"云端会议"模式，来自非洲等全球各地的参展商和采购商通过网上展示、线上推介、供采对接、在线洽谈等全新模式谈生意、签合同。青年成为新业态领域最大的实施主体和主要客体，"云时代"的开启预示着中非青年合作将进入"互联网＋"新时代。

第三节　中非青年合作的未来趋势

立足非洲青年发展与中非青年合作面临的机遇与挑战，中非双方应在"一带一路"倡议、非盟《2063年议程》和中非合作论坛等机制的指引下，做好顶层设计，加强中长期规划，结合非洲需求、青年特点做好项目设计，实施中非青年交流"五彩"工程：红色工程，即加强中非政党、青年政治家在治国理政等方面的经验交流；绿色工程，即加强中非绿色生态、绿色金融、绿色农业等方面合作；蓝色工程，即加强中非海洋经济、"互联网+"等领域的合作；白色工程，即加强中非医疗产业方面的合作，推动中医走进非洲；金色工程，即加强中非产能、矿业合作，助力非洲更好地开发和利用资源。具体而言，可从以下四方面推动中非青年共同发展，构建更加紧密的中非命运共同体。

一、以培养培训为基础，让青年成为推动非洲社会发展的资源

教育能为个体提供上升的通道，能为一个地区提供经济社会发展所必需的人力资源。中国援外培训项目自20世纪50年代启动至今，已走过70余年的历程，机构设置渐趋完善、培训领域渐趋广泛、培训体系渐趋专业。2000年至2020年，中国为非洲50多个国家和区域组织培训了8万多名各类人才，增强了非洲国家的自主发展能力。中非双方可基于非洲战略、非洲需要和非洲意愿确定未来培训优先合作领域。

一是加强中非职业教育合作。职业教育是推动非洲本土技术发展和生产方式变化的重要基础，要积极落实中非合作论坛北京峰会"八大行动"倡议中所确定的"设立10个鲁班工坊、设立旨在推动青年创新创业合作的中非创新合作中心、为非洲培训1000名精英人才、提供5万个研修培训名额"等项目；引导职业教育与企业需求对接，为企业长远发展提供职业技术人才支撑；大力推动"中非高校20+20合作计划"、中非职业院校合作计划等，鼓励中国应用型本科和职业院校在非洲国家开展职业教育和技能培训，帮助非洲建立培训中心，提高非洲青年就业创业能力。

二是扩大中非高等教育合作。2020年，非洲高等教育入学率约为7%，私立学校毕业的大学生占毕业生总数的25%，私立高等教育机构在促进非洲大陆高等教育发展方面起到日益重要的作用。虽然入学人数有了大幅提升，但高等教育的质量和适切性仍然堪忧。理工科教育是科技发展的基础，发展高等理工教育是非洲发展生产、改善人民生活的优先选项，但同时也是非洲大多数国家的薄弱领域。中非可加强数学、物理、化学、生物、医学、航空、路桥工程、计算机、矿业、农学等学科的合作，加大中非青年高层次人才教育合作力度，培养一批非方急需的高端科技人才。

三是拓展和创新中非基础教育合作形式。非洲国家正大力普及非洲青年的基础教育，不断扩大接受中高等教育的人数和规模，帮助青年提升就业能力。教育机构应进一步加强对中非青年之间交流和互信的培养，为青年提供更多教育和实践机会。中方可在基础教育阶段的数学和科学课程设置、教材与教学等领域与非洲国家加强精准合作与交流。后疫情时代，可通过项目招标、援建或合建中非教育合作网络平台和线上教学资源库等方式，创新开展数字教育或智慧教育领域合作。

二、以复工复产为契机，让青年成为推动中非合作发展的主力

后疫情时代，非洲公共卫生体系得到加强，传染性疾病诊治能力提高，中非双方相互声援，共克时艰，结下深厚友谊。随着新冠疫苗接种率提高，非洲疫情有望逐步缓解，这也为经济复苏创造了条件。2021年，中非合作论坛会议在塞内加尔召开，助推中非全面战略合作伙伴关系向更高水平发展。

一是要发挥政策优势，推动复工复产。中非双方要积极落实中非团结抗疫特别峰会精神，适应疫情防控长期化发展态势，通过推动全球化实现经济高质量发展，在危机中寻新机。发挥"一带一路"倡议、非洲大陆自贸区等政策性平台优势，通过紧密合作确保产业链、供应链畅通，调动各方资源助力复工复产，稳就业、促就业，针对金融、制造、交通和储运、信息和通信、宾馆服务和餐饮等行业出台促进就业和提高生产率的政策，鼓励青年在上述领域提升竞争能力、创新能力和发展能力。

二是结合非洲发展需求，助力"三网一化"。在发展区域互联互通及产能

合作领域重点打造公路网、铁路网和航空网，实现工业化。致力于落实《非洲加速工业发展行动计划》，优化中非产能合作，加强非洲基础设施建设。农业是中非合作的传统领域和重要利益交汇点，可通过向非洲国家派出青年农业专家或志愿者、开展"南南合作/一带一路：非洲农业发展青年领袖培养项目"培训等形式，让中非青年围绕国际发展南南农业合作经验、中国农业政策及实施经验、农业市场机制等展开对话研讨与实践合作，助推非洲国家提升农业治理能力，储备农业发展人才资源。加紧落实中非合作论坛北京峰会成果，发动中非青年参与到中非合作"八大行动"之中，让青年成为助力优化产业链的主力军。

三是着眼长远提升能力，适应发展新趋势。针对非洲民生需求特点，积极拓展中非医疗产业、数字科技、智慧医疗等新领域的互利合作。抓住经济新业态发展机遇，支持非洲大陆一体化和"新基建"。以非洲大陆自贸区建设为契机，加强互联互通，保障产业链、供应链建设，加快发展数字经济，拓展中非在数字化和信息通信领域特别是远程医疗、远程教育、5G、智慧城市、清洁能源等新业态的交流合作。鼓励中国企业"走出去"，帮助非洲国家开拓市场，为非洲提供更多就业岗位。

三、以创新创业为引擎，让青年成为推动中非经济发展的动力

世界正处于百年未有之大变局，加强创新创业是解决民生问题的新思路、新趋势。在新一轮科技革命和产业变革迅速发展的今天，如何培养创新创业意识、学习创新创业技能、提升创新创业能力以应对新挑战，是新时代中非青年必须思考的新问题和必须抓住的新机遇。

一是深化传统领域合作。中非双方应继续推进青年政治家、企业家和科学家交流，开展联合研究，启动培训项目，逐渐让中国和非洲融入全球创新创业和科技网络中，为中非战略合作注入新的活力。通过建立健全监管机制和改善基础设施环境，支持青年提高创新能力以及知识产权保护能力，鼓励青年寻找创新思路、抓住创业门路，让青年成为推动中非经济发展的动力。

二是强化创新领域合作。云计算、大数据、人工智能和工业互联网等数字信息化技术的蓬勃发展，将引领全球产业链调整的方向。中非青年要加强

在互联网跨境电商、物联网等新兴领域的合作。中方可组织非洲青年走进中国互联网企业、教育机构等，体会创业者精神、企业家精神，提升将创新作为发展驱动的内生动力。

三是优化环境氛围。通过"共享创新知识、共育创业人才、共建合作平台、共担交流使命"，进一步激发活力、拓宽空间，为中非青年创新创业创造良好的政策制度环境。办好"互联网+"世界青年创新创业大赛，不断拓展非洲赛区覆盖范围，扩大非洲青年参与面，鼓励中非青年合作开展创业实践，提升创新意识与创业能力。

四、以文明文化为纽带，让青年成为传承中非传统友谊的使者

习近平主席在2018年中非合作论坛北京峰会开幕式上提出携手打造文化共兴的中非命运共同体，强调"促进中非文明交流互鉴、交融共存，为彼此文明复兴、文化进步、文艺繁荣提供持久助力，为中非合作提供更深厚的精神滋养"[1]。青年是中非关系发展的未来，在促进中非友好合作方面肩负着更多责任，应在中非人文交流中发挥更大作用。

一要搭建中非青年合作交流的平台。借鉴中国—南非高级别人文交流机制经验，酌情建立相关青年交流机制，加大中非青年联合会、青年志愿者等青年组织的实践经验交流力度，帮助非洲青年建立适合国家实际、具有时代特征的青年组织，形成合力促进国家发展和中非合作。

二要推进中非智库与媒体合作，优化中非合作舆论环境。促进中非高校、研究机构、智库之间的交流合作，促进知识共享，构建知识和人文共同体，为中非合作提供智力支持。加强中非媒体领域合作，共同设置议题、共享传播内容，在国际舆论传播中相互协调、支持，共同提升国际传播力和话语权。

三要建设人文互信桥梁，深化中非合作交流机制。人文交流是国与国、民与民之间增进了解、加深理解、建立互信的桥梁，是中非关系深化发展的不竭动力。艺术、影视、短视频等形式对年轻人影响巨大，要注重加强影视、艺术、非遗文化的交流，引导中非青年提升对彼此文化的好感度，传承源远

---

[1]　本书编写组.十九大以来重要文献选编（上）.北京：中央文献出版社，2019：642

流长的中非友谊，助力中非关系可持续发展。

　　推动中非青年交流合作，促进共同发展，是中非友好事业后继有人、中非关系可持续发展的关键所在。站在中非合作论坛第二个20年的重要历史节点上，中非青年要在探索国家发展道路、提升治理能力、巩固中非友谊、促进中非友好等方面担负更多责任、发挥更大作用，为构建人类命运共同体特别是更加紧密的中非命运共同体贡献青春、智慧和力量。

第十一章

中非人文交流的未来展望 ———————————————•

第一节　中非人文交流的发展趋势

中国和非洲都有着灿烂的历史文明，为人类文明发展进步做出了重要贡献。近年来中非全面战略合作伙伴关系不断深化，人文交流更加密切。[①]2020年，由于受到新冠疫情的冲击，中非人文交流受到一定影响，但双方始终携手与共，紧抓中非合作论坛成立20周年的契机，发挥中非青年新力量，丰富"一带一路"时代新内涵，合力共谱中非人文交流新华章。

一、中非合作论坛开启新征程

习近平主席在致中非合作论坛成立20周年的贺电中指出，"20年来，在中非双方共同努力下，中非合作论坛已成为中非开展集体对话的重要、活跃平台和务实合作机制，也是南南合作的一面重要旗帜。中非双方始终坚持以人民为中心，致力于发展高质量的中非全面战略合作伙伴关系，论坛合作成

[①] 中共中央政治局委员、中央外事工作委员会办公室主任杨洁篪在中国非洲研究院成立大会上的致辞. 中国非洲学刊，2020(1)：13.

果惠及中非人民"①。中非合作论坛为不断加强双方在人文领域的合作，相继在论坛框架内创立了智库论坛、媒体合作论坛、中非青年大联欢等重要人文交流平台和机制，推动了中非在教育、文化、卫生、科技等领域的合作，促使青年、妇女、学界和民间组织的交流日益频繁，中非文明交流互鉴日益深化。截至2020年10月，中国已累计向非洲国家提供了约12万个政府奖学金名额，在非洲46个国家合作建设了孔子学院和孔子课堂，拓宽了中非语言文化交流之路。中非双方建立了150对友好城市关系，34个非洲国家成为中国公民组团出境旅游的目的地。新形势下，中非双方将继续推动落实2018年北京峰会"八大行动"项下的人文交流行动成果，克服疫情带来的不利影响，创新交流合作方式，办好各项品牌活动，深化各界人员交往，携手打造文化共兴的中非命运共同体。②在全球陷入新冠疫情的紧急状态下，中非双方以论坛为基础，持续推进团结抗疫，积极化危为机，不仅为中非关系发展持续注入了新时代的内涵，而且为全世界树立了秉承多边主义推进人类命运共同体建设的典范。中方进一步对接并支持非洲发展战略，全面推动北京峰会和中非团结抗疫特别峰会成果落实，把中非全面战略合作伙伴关系推向了更高水平。③

二、共建"一带一路"增添新内涵

"一带一路"为各国提供了一个包容性的合作发展平台，近年来，其内涵不断深化，外延更加扩展，更加契合各国对全方位、宽领域、创新性、持续性拓展合作的需求。④"一带一路"将成为疫情后非洲经济复苏的催化剂，有效增强非洲国家区域内的贸易和制造业能力。习近平提出，"为克服疫情带来的冲击，要加强共建'一带一路'合作，加快落实中非合作论坛北京峰会成

---

① 习近平同塞内加尔总统萨勒就中非合作论坛成立20周年共致贺电. (2020-10-12)[2020-12-29]. http://www.qstheory.cn/yaowen/2020-10/12/c_1126594742.htm.
② 中非人文交流取得累累硕果. (2020-10-27)[2020-12-29]. https://news.sina.com.cn/c/2020-10-27/doc-iiznezxr8400486.shtml.
③ 中非智库论坛第九届会议举行. (2020-11-06)[2020-12-29]. http://iwaas.cssn.cn/xshd/xshy/202011/t20201106_5212440.shtml.
④ 持续推进高质量共建一带一路（2020·年终专稿）. (2020-12-27)[2020-12-29]. https://cn.chinadaily.com.cn/a/202012/27/WS5fe8098da3101e7ce9737a7b.html.

果，并将合作重点向健康卫生、复工复产、改善民生领域倾斜"①，传递了与合作伙伴高质量共建"一带一路"的坚定决心。从非洲角度来看，"一带一路"倡议被视为一个极具吸引力的替代方案：通过实施基础设施建设、工业化和融资方案，该倡议能够为巴尔干化的非洲各国经济、社会和文化联通提供更坚实的物质基础。②2020年8月29日，中非共建"一带一路"的机遇与挑战国际学术研讨会在上海举行，中非学者围绕中非共建"一带一路"、"一带一路"与中非经贸合作、"一带一路"与新冠肺炎疫情、"一带一路"与中非关系的长效发展等议题进行深入讨论。同年12月16日，中国同非盟签署了《中华人民共和国政府与非洲联盟关于共同推进"一带一路"建设的合作规划》，明确了"一带一路"建设中"五通"的合作内容和重点合作项目，将有效推动共建"一带一路"倡议同非盟《2063年议程》对接，促进双方优势互补，共同应对全球性挑战，推进共建"一带一路"高质量发展，为全球合作创造新机遇，为共同发展增添新动力。③截至2020年底，已有44个非洲国家和非盟同中方签署相关合作文件，约占签署此类文件国家和国际组织总数的三分之一。

三、中非青年展现新力量

非盟《2063年议程》专门把促进青年发展列为第六大目标，指出"非洲应当成为追求以人为本，特别是让妇女、青年可以尽情发挥潜力的非洲"。习近平主席高度重视非洲青年发展和中非青年交流合作，他在2018年中非合作论坛北京峰会主旨演讲中强调指出，青年是中非关系的希望所在。④为激发中非青年创新创业交流合作的积极性，促进中非创新资源、市场资源双向流动，第六届浙江省国际"互联网+"大学生创新创业大赛国际赛道还设立了非洲专

---

① 习近平在中非团结抗疫特别峰会上的主旨讲话（全文）. (2020-06-17)[2020-12-29]. http://www.gov.cn/xinwen/2020-06/17/content_5520086.htm.
② 恩科罗·福埃."一带一路"倡议与非洲一体化. 曾珠，译. 中国非洲学刊，2020(1)：84.
③ 中国政府与非洲联盟签署共建"一带一路"合作规划. (2020-12-16)[2020-12-29]. http://m.xinhuanet.com/2020/12/16/c_1126868669.htm.
④ 王珩，张书林. 新冠肺炎疫情背景下的非洲青年发展与中非青年合作. 当代世界，2021(3)：65-72.

场，43位非洲青年参与其中。2020年8月18日，以"共享创新知识·共育创业人才·共建合作平台·共担交流使命"为主题的中非暨中南青年创新创业论坛在线上举办，中非双方政府官员、专家学者、企业家、学生代表、媒体人士就如何激发中非青年创新创业活力，拓宽中非青年创新创业空间分享了思路与经验，会议还发布了中英双语版《新时代中非青年创新创业共同倡议书（浙江倡议）》。同年10月26日，由外交部、中国宋庆龄基金会和江西省人民政府共同举办的第五届中非青年大联欢在北京、江西两地举行。活动以"凝聚青春梦想，共创中非关系新时代——中非青年共庆中非合作论坛成立20周年"为主题，进一步深化了中非青年友谊，促进了双方的交流互鉴。同年11月25日，"中非环境合作：应对气候变化与生物多样性保护"青年圆桌对话在京举行，与会人员分享和交流了应对气候变化与生物多样性保护的理论与实践经验，并讨论通过了《中非青年应对气候变化与生物多样性保护倡议》，以推动共建清洁美丽世界。

第二节　中非人文交流的指导思想

中非人文交流的指导思想与新中国历代领导人的对非外交思想既一脉相承又独具特色，具有丰富的时代内涵，主要包括"真实亲诚"的政策观、义利统一的价值观、合作共赢的发展观和命运共同体世界观等，体现在中非政治互信、经贸往来、人文交流等各个方面。

20世纪五六十年代，毛泽东、周恩来等新中国第一代领导人和非洲老一辈政治家共同开启了中非关系新纪元。中非人民在反殖反帝、争取民族独立和解放的斗争中，在发展振兴的道路上，相互支持、真诚合作，结下了同呼吸、共命运、心连心的兄弟情谊。

早在2013年3月，习近平主席首次出访非洲时就提出，中方将秉持"真实亲诚"的对非工作方针和正确义利观。在与非洲各国的交往中，中国始终秉持"真实亲诚"理念和正确义利观，同非洲各国团结一心、同舟共济、携手前进。

2018年中非合作论坛北京峰会召开，习近平主席再次表示："中非双方基于相似遭遇和共同使命，在过去的岁月里同心同向、守望相助，走出了一条特色鲜明的合作共赢之路。"在这条道路上，中国始终秉持"真实亲诚"理念和正确义利观，同非洲各国团结一心、同舟共济、携手前进。中国在合作中坚持真诚友好、平等相待，中国在合作中坚持义利相兼、以义为先，中国在合作中坚持发展为民、务实高效，中国在合作中坚持开放包容、兼收并蓄。中国始终认为，非洲实现长治久安、发展振兴，是非洲人民心愿，也是国际社会责任。中国愿同国际合作伙伴一道，支持非洲和平与发展。凡是对非洲有利的事情，我们都欢迎、都支持，全世界都应该尽力做、认真做。任何人都不能阻止和干扰国际社会支持非洲发展的积极行动！①

从现实的横向维度考察，这一指导思想同中国与周边国家交往的"亲诚惠容"理念既有联系又有区别，颇具特色。其特色体现在中非政治互信、经贸往来、人文交流等各个方面。②

一、"真实亲诚"的政策观

2013年3月，习近平主席对坦桑尼亚进行国事访问时发表重要演讲，用"真实亲诚"四个字阐述新时期中国对非政策：第一，对待非洲朋友，我们讲一个"真"字。第二，开展对非合作，我们讲一个"实"字。第三，加强中非友好，我们讲一个"亲"字。第四，解决合作中的问题，我们讲一个"诚"字。③《中国对非洲政策文件》对此做了进一步阐述。

"真"，即平等互信、团结互助，永远做非洲的最可靠朋友和真诚伙伴。中国尊重非洲国家自主选择发展道路，尊重非洲国家推动经济社会发展、改善人民生活的实践和努力，愿在平等自愿基础上同非洲开展治国理政经验交流，促进双方对彼此政治制度和发展道路的了解、认同和借鉴。中国一贯真

---

① 携手共命运　同心促发展——习近平主席在2018年中非合作论坛北京峰会开幕式上的主旨讲话. 中国非洲学刊，2020(1)：6-11.

② 王珩. 加强对非外交战略核心内涵的理解. 中国社会科学报，2018-02-08(4).

③ 习近平在坦桑尼亚尼雷尔国际会议中心的演讲. (2013-03-25)[2020-12-29]. http://www.gov.cn/ldhd/2013-03/25/content_2362201.htm.

诚支持非洲发展，不干涉非洲国家内政，不把自己的意志强加于非方，对非援助不附加任何政治条件。

"实"，即务实高效、合作共赢，秉持言必信、行必果的理念，不折不扣落实对非互利合作方针和举措，在支持非洲实现自主发展的过程中实现中非共同发展。坚持以发展促和平，以和平谋发展，坚定支持非洲致力于自主可持续发展和"以非洲方式解决非洲问题"。

"亲"，即人心相通、和谐共处，推动中非文明互鉴，促进思想融通、政策贯通、民心沟通，为中非友好提供坚实的民意和社会基础。加强中非在科教文卫等社会人文领域的交流与合作，扩大民间交往，促进智库、高校、媒体交流，支持地方往来与合作，鼓励各自在对方国家和地区的人员与当地人民和睦相处，共存共荣。

"诚"，即以诚相待、妥善解决问题，坚持从战略高度和长远角度看待和推进中非关系，共同为中非友好互利合作营造良好的环境。中方愿与非方加强政策协调和沟通，本着相互尊重、合作共赢的原则，通过平等友好协商，坦诚面对并妥善处理中非合作中出现的新情况、新问题，使双方都能从真诚友好和互利合作中受益。①

在会见津巴布韦、南非、尼日利亚等非洲国家领导人时，习近平多次强调"真实亲诚"的对非政策理念，并表示"无论中国发展到哪一步，中国永远都把非洲国家当作自己的患难之交"。中方本着"真实亲诚"的对非政策理念和正确的义利观，致力于与非洲建立和发展政治上平等互信、经济上合作共赢、文明上交流互鉴、安全上守望相助、国际事务中团结协作的全面战略合作伙伴关系。

二、义利统一的价值观

正确义利观是中国对发展中国家外交的一面旗帜，讲求的是义利相兼、以义为先、情义为重，核心要义是把帮助非洲等发展中国家实现自主可持续发展同促进中国自身的发展紧密结合起来，实现合作共赢、共同发展，推动

① 中国对非洲政策文件.（2015-12-08）[2022-08-22]. http://www.scio.gov.cn/zhzc/35353/35354/Document/1507264/1507264.htm

世界更加均衡、包容和可持续发展。"义，反映的是我们的一个理念，共产党人、社会主义国家的理念。这个世界上一部分人过得很好，一部分人过得很不好，不是个好现象。真正的快乐幸福是大家共同快乐、共同幸福。我们希望全世界共同发展，特别是希望广大发展中国家加快发展。利，就是要恪守互利共赢原则，不搞我赢你输，要实现双赢。我们有义务对贫穷的国家给予力所能及的帮助，有时甚至要重义轻利、舍利取义，绝不能唯利是图、斤斤计较。"[1]2014年11月，习近平强调："要坚持正确义利观，做到义利兼顾，要讲信义、重情义、扬正义、树道义。"[2]

中国在对非合作中秉持正确义利观，注重授人以渔，帮助非方筑巢引凤，提升非洲国家自我发展能力，惠及非洲各国人民，真正实现互利共赢，共圆发展振兴之梦。中国坚定地支持非洲国家致力于基础设施建设和人力资源开发，帮助非洲破除长期制约发展的两大瓶颈，积极开展产业对接和产能合作，助力非洲工业化和农业现代化进程。2019年，习近平在大阪主持中非领导人会晤时指出，中非合作论坛北京峰会开启了中非关系新时代，中方珍视中非传统友谊。无论国际形势如何变化，无论个别势力如何干扰，中非合作共赢、共同发展的初心不会改变，中非携手构建更加紧密的命运共同体的决心不会动摇。[3]

支持和帮助非洲国家实现自主可持续发展不仅符合非洲人民的利益，也符合全世界人民的利益，是国际社会的共同责任。中国开展对非合作始终尊重和维护非洲国家和人民的根本利益，秉持公道，为非洲伸张正义。中国是非洲最大的贸易伙伴，不断扩大对非洲的投资，为非洲提供贷款，加强人文交流，积极实施"非洲人才计划"等，坚持互利共赢，真心诚意支持和帮助非洲实现和平、稳定与发展。中国对非洲朋友始终守信重义，历来都不折不扣地落实援非项目，得到非洲国家一致称赞。

---

①　转引自：王毅. 坚持正确义利观　积极发挥负责任大国作用——深刻领会习近平同志关于外交工作的重要讲话精神. 人民日报，2013-09-10(7).

②　习近平. 习近平谈治国理政·第二卷. 北京：外文出版社，2017：443.

③　习近平主持中非领导人会晤. (2019-06-28)[2022-08-04]. https://www.fmprc.gov.cn/web/wjb_673085/zzjg_673183/yzs_673193/xwlb_673195/201906/t20190628_7491251.shtml.

三、合作共赢的发展观

中非关系的本质特征是真诚友好、相互尊重、平等互利、共同发展。合作共赢这一理念为中非关系发展提供了强大动力。中非合作是发展中国家共赢发展的成功典范，是南南合作的示范案例。中非合作首先是全方位的合作。2013年3月19日，习近平在北京接受金砖国家媒体联合采访时表示，"今后，无论国际风云如何变幻，中国都会一如既往做非洲和平稳定、繁荣发展、联合自强、平等参与国际事务的支持者和促进者。中国重视同所有非洲国家发展友好关系，无论大小、强弱、贫富。不管是资源富集国还是资源贫瘠国，中国都平等相待，积极开展互利共赢的务实合作"[1]。其次是有重点的合作。中非在合作中积极夯实五大支柱，坚持政治上平等互信，尊重各自选择的发展道路，在事关双方核心利益和重大关切问题上坚持相互理解、相互支持；经济上合作共赢，充分发挥中非政治互信和经济互补优势，以产能合作、"三网一化"（高速公路网、高速铁路网、区域航空网、工业化）为抓手，全面深化中非各领域合作，让中非人民共享双方合作发展成果；文明上交流互鉴，加强青年、妇女、艺术、教育等各界人员往来，促进文化融通、政策贯通、人心相通，让中非人民世代友好；安全上守望相助，中方支持非洲人以非洲方式解决非洲问题，愿积极参与非洲加强维护和平安全能力建设，支持非洲加快发展，消除贫困，实现持久和平；国际事务中团结协作，推动全球治理体系向着更加公正合理的方向发展，维护共同利益。再次是多领域的合作。2014年5月，李克强总理在非盟会议中心发表演讲，提出"461"中非合作框架，即坚持平等相待、团结互信、包容发展、创新合作等四项原则，推进产业合作、金融合作、减贫合作、生态环保合作、人文交流合作、和平安全合作等六大工程，完善中非合作论坛这一平台。约翰内斯堡峰会将合作领域扩展至"十大合作计划"，即中非工业化合作计划、农业现代化合作计划、基础设施合作计划、金融合作计划、绿色发展合作计划、贸易和投资便利化合作计划、减贫惠民合作计划、公共卫生合作计划、人文合作计划、和平与安全合作计划。今后，合作领域还将进一步拓展。

---

[1] 习近平接受金砖国家媒体联合采访. 光明日报，2013-03-20(1).

半个多世纪以来，在中非关系发展的每一个关键时期，中非双方都能登高望远，找到中非合作新的契合点和增长点，推动中非关系实现新的跨越。因此，要保持中非关系的旺盛生命力，必须与时俱进、开拓创新。习近平主席把这种逢山开路、遇水架桥的开拓精神，称为"不断提高中非合作水平的重要法宝"。

四、命运共同体世界观

党的十八大以来，习近平主席提出践行正确义利观，推动构建以合作共赢为核心的新型国际关系、打造人类命运共同体，打造遍布全球的伙伴关系网络，倡导共同、综合、合作、可持续的安全观等等，这些理念得到国际社会广泛欢迎。

习近平主席在中非合作论坛北京峰会上提出"构建更加紧密的中非命运共同体"主张，携手打造责任共担、合作共赢、幸福共享、文化共兴、安全共筑、和谐共生"六位一体"的命运共同体，得到非洲各国的高度赞同和一致响应，擘画了新时代中非合作的美好愿景。[①]

中非从来都是命运共同体。2013年习近平主席在非洲访问时的讲话，一语道出了中非命运共同体具有坚实的历史基础，也对中国与非洲基于相似遭遇和共同使命，在反殖反帝、争取民族独立和解放的斗争中，在发展振兴的道路上，同心同向、守望相助的历史做了生动的概括。2013年3月，习近平主席在南非德班同非洲国家领导人就中非关系交换意见时提出构建"休戚与共的命运共同体"。2015年11月，则提出将其发展为"合作共赢的利益共同体"。无论是前者还是后者，都表明了中非命运共同体具有强劲的现实动力。中非合作非一时之计亦非一时之需。中国对非合作注重"授人以渔"，强调非洲造血功能建设和自主可持续发展。2018年，中非合作论坛北京峰会向世界宣告中非将携手共筑更加紧密的命运共同体，为推动构建人类命运共同体树立典范。这是中非命运共同体从理念到实践的丰富和完善，为未来中非合作关系提供了根本遵循。

---

① 李雪冬，王严. 构建更加紧密的中非命运共同体：意义、内涵与实现路径. 非洲研究，2019(14)：162—170.

"六位一体"确立了新的宏伟目标，进一步坚定了中非在更大范围、更深层次、更高水平开展各领域合作的意愿和信心，将全面提升中非关系的战略性、前瞻性，为中非全面战略合作伙伴关系的发展确立了目标，指明了前进方向，将开辟中非更加美好的未来前景，为在全球范围内推动构建人类命运共同体积累经验，树立典范。

"六位一体"丰富了新的时代内涵。一是特色鲜明的思想基础，即"真实亲诚"的对非政策理念和正确的义利观。这体现了习近平对非外交的战略思想，是新时代中国特色大国外交战略的重要组成部分。二是互利共赢的合作原则，责任共担、合作共赢、幸福共享、文化共兴、安全共筑、和谐共生，六个"共"字与"一带一路"倡议遵循的"共商、共享、共建"原则一脉相承，展现了中国愿同非洲各国团结一心、同舟共济、携手前进的"全球视野"，体现了中国始终尊重非洲、热爱非洲、支持非洲的"非洲情怀"，更体现了"四个坚持"和"五不"的中国特色。三是开放创新的发展理念。中非关系已成为发展中国家共赢发展的成功典范、南南合作的示范案例。"一带一路"倡议把亚非大陆更紧密联系起来，旨在把"一带一路"建设成为和平之路、繁荣之路、开放之路、绿色之路、创新之路、文明之路。这为中非合作注入了新的生机活力，为全球治理提出了创新方案。

"六位一体"拓展了新的实施路径。2015年中非合作论坛约翰内斯堡峰会上，习近平主席宣布通过打造"五大支柱"、实施"十大合作计划"，打造中非命运共同体。2018年的北京峰会提出，通过"实施产业促进行动、设施联通行动、贸易便利行动、绿色发展行动、能力建设行动、健康卫生行动、人文交流行动和平安全行动"，解答时代命题，展现时代担当。"六位一体"涉及全球治理、生态环保、基础设施、工业农业、产能金融、和平安全、教育文化、国计民生等众多领域，需要全方位、复合型的行动计划和实施路径。相比而言，新路径更注重能力建设、内涵发展，更注重发挥非盟作用，关注非洲自主发展和人民幸福，闪耀着温暖的人性光辉。这是促进中非高质量、可持续共同发展的新部署，是对现有合作机制的优化升级。

携手共命运，同心促发展。构筑更加紧密的中非命运共同体，是面向时代、面向世界、面向未来的崭新命题。中非合作论坛北京峰会将指引中国和非洲国家登高望远、阔步前行，汇聚26亿中非人民的智慧和力量，共同开启中非合作共赢、共同发展的新时代。

在双方的共同努力下，中非关系已经进入全面发展的快车道，中非各领域务实合作成果丰硕，中非关系正处于历史上最好时期。具体表现为政治互信不断增强、经贸往来不断增多、人文交流日趋频繁。非洲成为"一带一路"建设重点面向区域。多个非洲国家受邀参加G20峰会、金砖国家领导人峰会等重要活动。2017年4月，首个中非人文交流机制——中国—南非高级别人文交流机制建立。同年6月，中非减贫发展高端对话会暨中非智库论坛在埃塞俄比亚亚的斯亚贝巴的非盟总部举行，会上发布了记录习近平主席在福建省宁德地区工作期间对当地减贫发展的重要思考与实践的《摆脱贫困》一书的英、法文版，引起非洲各界代表的强烈反响。非盟主席法基表示，最近几十年来，中国经济发生了一场真正的变革，中国的发展经验值得整个世界借鉴，特别是对于非洲这样的渴望推进经济和社会发展的地方。中非贸易额从2017年的1700亿美元上升至2018年的2050亿美元。2018年的增长率达到20%，创下2011年以来最高纪录。2018年还召开了中非合作论坛北京峰会，近50名非洲国家元首及政府首脑出席。同期，中国对非洲出口，从2017年的960亿美元上升至1060亿美元。中国向南非、尼日利亚、加纳、肯尼亚、坦桑尼亚及埃塞俄比亚等非洲市场出口的数额均以合理速度增长，而刚果民主共和国、莫桑比克及赞比亚等市场的增长最快，同比均超过40%。2019年，中非贸易额2087亿美元，同比增长2.2%。

第三节　中非人文交流的发展愿景

促进民心相通，构建人文共同体是习近平主席提出的重大倡议，中非命运共同体是人类命运共同体的典范。人文共同体是命运共同体的思想前提、文化基础和文明纽带，是由中国特色大国外交创新实践中的中外人文交流发展而来，人文与政治、经贸三足鼎立，成为我国对外关系发展的三大支柱。

构建人文共同体是夯实中外关系社会民意基础、提高我国对外开放水平的重要途径，有力推动了全球范围内的人文交流与文明互鉴。当前，面对严峻复杂的国际国内形势，中非人文交流还有较大提升空间。在构建中非命运共同体的关键时刻，落实中非合作论坛北京峰会成果，构建"思想共通、知识共享、文化共兴"的中非人文共同体是当务之急。在此过程中应注意处理好几对重要关系。

一、明确定位，处理好"软"与"硬"的关系

以文明互鉴为核心的人文共同体是服务国家战略、维护国家利益和国际形象的重要基础，有利于提升国家文化软实力，增强我国国家制度和国家治理体系的说服力和感召力。中非人文共同体是中非命运共同体的重要组成部分。首先要提高对中非人文共同体重要性与意义的认识。要从战略高度提出一套系统的中非人文交流理念、目标、框架体系、行动方案，进行长远规划和精准对接，建构完备有效的中非人文交流体系和格局，以更好推进中非人文交流与合作，促进"一带一路"民心相通，助力人类命运共同体建设。其次要强化顶层设计。要坚持以人为本、平等互鉴、开放包容、机制示范、多方参与、以我为主、改革创新等原则，深化协同创新，统筹各类资源，创新外交布局，拓展合作领域和交流主体，落实"国之交在于民相亲"的外交"人民性"。再次要加大投入。长期以来，中国对非合作更多体现在基础设施建设等"硬"的、看得见的、见效快的领域，对"软"的、看不见的、建设周期长的人文交流领域关注甚少。其实，软实力更需要"软"建设，现阶段中非合作已进入新时代，产能合作、基础设施建设已达到较高水平，理应反哺人文交流，要加大对思想、文化合作与交流的支持和投入力度。

二、点面结合，处理好国别与区域之间的关系

构建全方位、宽领域、多渠道的中非人文共同体，应使机制化路径更成熟、合作领域更广泛、交流主体更多元、互学互鉴更深入。首先，要继续发挥首脑外交、政府外交优势，在中国—南非高级别人文交流机制基础上进一步完善机制化路径，经缜密论证后可与条件相对较为成熟的组织，如非洲联

盟或其他非洲国家建立高级别人文交流机制。其次，非洲地区组织作为地区一体化领导者的地位日益凸显，其发展的举措越来越具体和务实，发展的阶段和目标越来越明确，开放性也逐渐增强。中方应重视与非盟、东非共同体等次区域组织的合作，积极为其提供人文公共产品，以点带面，推动非洲整体活力提升。再次，非洲有54个国家，每个国家都有各自的文化特色，其他中外人文交流的方式不能简单照搬到中非之间，发端于传统发达国家间的关系或者传统发达国家与发展中国家关系的公共外交文化外交等理论与实践也不能简单套用于中非人文交流。中非人文交流实践应在新的时代条件和国际环境背景下不断创新发展，基于中国与非洲不同的国家特性、文化特性和双边多边关系特性去构建和发展具体的路径与内容，促使不同群体文化实现互动交流，不断形成新的文化身份特征，双向构建中非人文交流的理论与实践体系。

三、与时俱进，处理好继承与创新的关系

中非人文交流的历史久远、积淀深厚，尤其是党的十八大以来，在以习近平同志为核心的党中央坚强领导下，中非人文交流日益兴盛，走出了一条具有鲜明中国特色的人文交流之路，其中有很多值得总结提升和继承发扬的经验。政党互访、科研合作、学术研讨、文化展览、才艺演出、旅游投资、媒体交流、体育赛事等实践有序推动了人文交流领域的不断拓展。下一步，在加强中非在教育、科技、文化、体育、地方交流等传统领域合作的同时，还要推陈出新，在智库、媒体、旅游、影视、医卫等新兴领域开拓创新，建立全方位、立体化的合作网络，打造新的增长点。双方应根据中非合作论坛北京峰会的要求，持续推进中非文化交流，共同倡导不同文明间开展平等对话、互鉴交融，维护世界文化多样性，推动人类文明进步和世界和平发展。同时，互联网的发展为构建中非人文共同体带来了新的机遇与挑战，要以网络为沟通桥梁，加快发展线上合作、"云"端交流、智媒融合。一是推进中非教育新型模式开发，打造在线课程，支持远程教育，深化职业教育；二是落实政府间文化协定的执行计划，通过友好城市等渠道打造中非城市间文化交流合作机制；三是支持中非文化艺术团组参与对方举办的国际艺术节，扩大

中非文化艺术的国际认知度；四是支持非洲创意经济发展，探索中非文化产业合作；五是鼓励和支持中非开展思想对话和沟通，增进中非媒体智库融合，合力应对西方干扰，主动发声，讲好"真实亲诚"的中非合作故事。

四、官民并举，处理好官方与民间的关系

随着中非合作的日益深入，双方应使参与其中的交流主体更加多元，要健全全社会广泛参与的体制机制，真正做到外交为民、全民参与，使中非合作成果惠及广大中非人民。要搭建从中央政府到地方政府再到其他参与主体的相对较为系统的中国对非交流机构框架，使现有对非交流机制更完善。发挥好青年、华侨华人、企业等重要作用，把工作做到年轻一代，增进双方青年组织和广大青年在社会发展、文化体育、志愿服务等领域的务实合作。发挥华侨华人的作用，打造一支"民间外交官"队伍，使其成为"中国故事"的宣介者、"一带一路"的开拓者、文明互鉴的推动者。推动企业履行责任，立足中非、着眼长远、把握机遇、积极创新，扛起应担的社会责任，在经济合作中做中非友好的连接纽带。要协同推进区域国别研究，为中非加强战略对接、打造更高水平的中非全面战略合作伙伴关系。应多建言献策，培养"非洲的中国通"与"中国的非洲通"人才梯队，为中非合作提供有力人才支撑。坚持引进来与"走出去"相结合，聘请国外学者，培育外籍学者传播队伍，吸纳海外智库专家、汉学家等优秀人才，通过"以外传外、以非传非"的创新探索和特色做法，打造新的国际传播模式。

人文交流对于中非合作具有基础性战略意义，是提升中非合作大局、维护中非共同发展利益的长期投资与风险防控举措。当前，中非人文交流日益紧密，文明互鉴更加多彩：中国—南非高级别人文交流机制、中非联合研究交流计划等平台作用凸显；"万人游非洲""中非影视合作论坛""中非文化交流周"等活动深入开展；在非孔子学院、孔子课堂和中国文化中心、非洲博物馆、非洲主题文化园、鲁班工坊等不断增加；中非智库、科技、教育、法律、艺术、影视、青年、妇女等领域合作不断拓展。中非人文交流异彩纷呈，展现了中非文化共同的创造力、凝聚力、行动力，夯实了中非全面战略合作

伙伴关系的民意基础。①

　　中国有句古语：独木难成林。非洲也有谚语：独行快，众行远。中非合作之舟的行稳致远离不开人文共同体的保驾护航。新时代中非人文交流将继续秉承"真实亲诚"的理念，遵循中非合作论坛北京峰会"八大行动"计划指引，共同探索互利合作新模式，扎实推进峰会成果落实和共建"一带一路"，不断增进中非人民福祉，为中非关系可持续发展厚植民意基础，携手构建更加紧密的中非命运共同体。

---

① 王珩. 让中非合作不断结出果实. 光明日报，2019-07-02(11).

参考文献

著 作

Abegunrin, O. & Manyeruke, C. *China's Power in Africa— A New Global Order*. Bern: Palgrave Macmillan, 2020.

Hooghe, I. *China's Public Diplomacy*. Leiden: Brill Nijhoff, 2015.

Ivo, Carneiro de Sousa et al. *China–Africa: New Types of Exchange, Cultural Identity and Emerging Relations in a Globalized World*. San Diego: St Joseph Academic Press, 2011.

Riordan, S. *The New Public Diplomacy*. Basingstoke: Palgrave Macmillan UK, 2005.

Szondi, G. *Public Diplomacy and Nation Branding: Conceptual Similarities and Difference*. DenHaag: Clingendael Institute, 2008.

Wang, J. *Soft Power in China: Public Diplomacy Through Communication*. New York: PalgraveMacmillan, 2011.

韩方明.公共外交概论.北京：北京大学出版社，2012.

玛格丽特·凯克，凯瑟琳·辛金克.超越国界的活动家——国际政治中的倡议网络.韩召颖，孙英丽，译.北京：北京大学出版社，2009.

李德芳.中国公共外交运行机制研究.北京：社会科学文献出版社，2021.

李华.世界新公共外交模式与趋势.北京：时事出版社，2017.

李新烽，吴传华，张春宇.新时代中非友好合作：新成就、新机遇、新愿景.北京：中国社会科学出版社，2018.

刘建飞，罗剑波，等.构建人类命运共同体：理论与战略.北京：新华出版社，2018.

王丽莉.公共外交：多元理论与舆论战略研究.北京：中国社会科学出版社，2018.

王义桅.国之交如何民相亲：新时代中国公共外交之道.北京：中国人民大学出版社，
2020.

习近平.论坚持推动建构人类命运共同体.北京：中央文献出版社，2018.

邢丽菊，张骥.中外人文交流与新型国际关系构建.北京：世界知识出版社，2019.

徐薇，刘鸿武.中国—南非人文交流报告2016—2017.杭州：浙江人民出版社，2018.

徐薇，刘鸿武.中国—南非人文交流发展报告（2018—2019）.杭州：浙江大学出版社，
2020.

姚遥.新时代中国公共外交与民间外交理论与实践.北京：世界知识出版社，2019.

张宏民.非洲黄皮书：非洲发展报告黄皮书（2019—2020）.北京：社会科学文献出版
社，2020.

张忠祥.中非合作论坛研究.北京：世界知识出版社，2012.

赵可金.公共外交的理论与实践.上海：上海辞书出版社，2007.

赵启正.公共外交的案例教学.北京：中国传媒大学出版社，2016.

赵启正.公共外交与跨文化交流.北京：中国人民大学出版社，2011.

文　章

Atkinson. Aid vs. "Aid": Foreign Aid in Mao-Era China's Public Diplomacy. *The Australian Journal of Politics and History*, 2019, 65(2):196–214.

Benabdallah. Power or Influence? Making Sense of China's Evolving Party-to-party Diplomacy in Africa. *African Studies Quarterly*, 2020, 19(3–4): 94.

Caruso, D. China Soft Power and Cultural Diplomacy. The Educational Engagement in Africa. *Cambio* (Firenze), 2020, 10(19).

Cho, Y. N. & Jeong, J. H. China's Soft Power: Discussions, Resources, and Prospects. *Asian Survey*, 2008, 48(3): 453–472.

Cooper, V.A. Media Development, DAC, and China: Different Approaches, Same Public

Diplomacy. *Journal of Media Business Studies*, 2017, 14(1): 25–37.

d'Hooghe, I. China's BRI and International Cooperation in Higher Education and Research: A Symbiotic Relationship. In F. Schneider (ed.). *Global Perspectives on China's Belt and Road Initiative: Asserting Agency through Regional Connectivity*. Amsterdam: Amsterdam University Press, 2021: 35–58.

Fitzgerald, J. Mind Your Tongue: Language, Diplomacy and Community in Australia–China Relations. *Australian Strategic Policy Institute*, 2019: 4–9.

Georghiou, Costa A. Cultural Diplomacy: Should South Africa Give It a Try?. *The South African Journal of International Affairs*, 2015, 22(4): 497–511.

Hartig, F. New Public Diplomacy Meets Old Public Diplomacy—The Case of China and Its Confucius Institutes. *New Global Studies*, 2014, 8(3): 331–352.

Jakobson. China's Diplomacy toward Africa: Drivers and Constraints. *International Relations of the Asia–Pacific*, 2009, 9(3): 403–433.

Kejin, Z. The Motivation behind China's Public Diplomacy. *The Chinese Journal of International Politics*, 2015, 8(2): 167–196.

Kim, Y. H. The Role of China's Public Diplomacy in Sino–Africa Economic Relations. 국제정치연구, 2020, 23(1): 191–229.

Leibrandt–Loxton. South Africa's Bilateral Parliamentary Diplomacy as a Soft Power Tool of Attraction: Successes and Challenges. *Strategic Review for Southern Africa/ Strategiese Oorsig Vir Suider–Africa*, 2020, 42(1): 121.

Matingwina, S. China's Public Diplomacy in Zimbabwe: Perceptions, Opportunities and Challenges. *African East–Asian Affairs*, 2016(4): 96–125.

Medeiros, E. S. & Fravel, M. T. China's New Diplomacy. *Foreign Affairs*, 2003, 82(6): 22–35.

Nye, J. S. Public Diplomacy and Soft Power. *The Annals of the American Academy of Political and Social Science*, 2008, 616: 94–109.

Scott, D. China's Public Diplomacy Rhetoric, 1990—2012: Pragmatic Image–Crafting. *Diplomacy and Statecraft*, 2015, 26(2): 249–265.

Shen, G. C. & Fan, V. Y. China's Provincial Diplomacy to Africa: Applications to Health Cooperation. *Contemporary Politics*, 2014, 20(2): 182–208.

Soares, L. Overseas Chinese, Soft Power and China's People-to-People Diplomacy in Timor-Leste. In G. Smith and T. Wesley-Smith (eds.). *The China Alternative.* Canberra: ANU Press, 2021: 473–498.

Tembe, P. Z. Cultural Approaches to Africa's Engagement with China. *Africa–China Cooperation*, 2021.

Wang, Y. Public Diplomacy and the Rise of Chinese Soft Power. *The Annals of the American Academy of Political and Social Science*, 2008, 616: 257–273.

Yağci, M. Rethinking Soft Power in Light of China's Belt and Road Initiative. *Uluslararası İlişkiler/International Relations*, 2018, 15(57): 67–78.

Yang, Y. Corporate Public Diplomacy and Global Communication of China's "Belt and Road" Initiative. *Pacific Focus*, 2018, 33(3): 497–523.

Zhang, Wasserman, H., & Mano, W. China's Expanding Influence in Africa: Projection, Perception and Prospects in Southern African Countries. *Communication*, 2016,42(1): 1–22.

Zhao, K. China's Public Diplomacy for International Public Goods. *Politics & Policy(Statesboro, Ga.)*, 2017, 45(5): 706–732.

薄荣康. 中国在南非的公共外交研究. 国际公关, 2020(4): 3–4.

曹玮. 中国公共外交的效果及其影响因素——基于对国外学者研究的批判性综述. 当代亚太, 2013(5): 59–91, 158–159.

程涛, 孙海潮, 曾宪柒, 贺文萍, 龙小农. 中非关系与公共外交. 公共外交季刊, 2018(3): 81–87, 130.

程涛. 促进中非民心相通, 公共外交大有可为. 公共外交季刊, 2018(3): 4–7, 125–126.

冯丹. 中国与南非关系发展现状及问题对策思考. 学理论, 2013(32): 33–34.

冯韬. 新公共外交视阈下孔子学院传播传统文化探索. 广西社会科学, 2017(2): 198–200.

雷芳. 新世纪以来中国公共外交研究综述. 重庆交通大学学报 (社会科学版), 2011(4): 84–87.

李志永. 企业公共外交的价值、路径与限度——有关中国进一步和平发展的战略思考. 世界经济与政治, 2012(12): 98–114, 159.

刘贵今. 中国在非洲的舆情变化和对非公共外交. 公共外交季刊, 2012(4): 41–46.

刘诗琪. 中国对非洲的人道主义援助在公共外交中的作用. 公共外交季刊, 2018(3)：
　　50–55, 128.

龙小农. 巧用NGO开展中国对非公共外交. 公共外交季刊, 2018(3)：27–34, 127.

罗盛齐. 近年来中国公共外交研究述评. 国际研究参考, 2015(5)：51–57.

莫盛凯. 中国公共外交之理论与实践刍议. 外交评论（外交学院学报）, 2013(4)：
　　45–56.

倪清阁. 中国与南非乃至整个非洲之间的友谊与合作. 友声, 2006(6)：24–25.

曲星. 公共外交的经典含义与中国特色. 国际问题研究, 2010(6)：4–9, 70–71.

沈陈. 南非外交转型及对中南关系的影响. 复旦国际关系评论, 2016(1)：113–129.

孙兴杰. 公共外交：理论基础与历史演进. 中国与世界, 2015(0)：49–60.

檀有志. 美国学界的公共外交研究简况. 美国研究, 2013(2)：128–143.

王红续, 汲立立. 论中国特色公共外交及其理论的文化内涵. 新远见, 2012(7)：13–19.

王莉丽. 多元公共外交理论框架的建构. 中国人民大学学报, 2018(2)：116–123.

王莉丽. 智库公共外交：概念、功能、机制与模式. 中国人民大学学报, 2019(2)：97–
　　105.

辛传海, 王旸. 中国非政府组织开展公共外交的成效、阻碍与路径研究——以中国人
　　民对外友好协会对美公共外交为例. 前沿, 2015(7)：10–16.

杨立华. 中国与南非：战略伙伴关系的发展. 国际政治研究, 2006(4)：68–79.

杨立华. 中国与南非建交的战略选择（上）. 西亚非洲, 2007(9)：11–16, 79.

杨立华. 中南建交十年　深化战略合作. 亚非纵横, 2008(1)：44–49, 62.

赵俊. 论非洲华侨华人与中国对非公共外交. 非洲研究, 2013(0)：206–218, 11.

赵俊. 新时期中国对非公共外交：动因与机制. 公共外交季刊, 2012(1)：103–109.

赵可金. 关于中国公共外交学科建设的思考. 清华大学学报（哲学社会科学版）,
　　2013(3)：123–137, 161.

郑华. 新公共外交内涵对中国公共外交的启示. 世界经济与政治, 2011(4)：143–153.

祖马. 从南非视角看中南关系. 中国浦东干部学院学报, 2008(4)：5–7.

学位论文

韩中悦.中国—南非经贸合作的机遇与挑战.金华：浙江师范大学，2020.

刘炳香.公共外交：理论、实践及对中国的借鉴.北京：中共中央党校，2006.

罗宏英.二战后美国公共外交的变迁研究.贵阳：贵州师范大学，2020.

彭天.中国跨国企业公共外交研究.上海：上海师范大学，2016.

曲文娜.中国公共外交战略研究.长春：吉林大学，2014.

宋晓燕.中国—南非职业技术教育合作实践研究.金华：浙江师范大学，2020.

田立加.中国公共外交中多元行为体参与机制研究.长春：东北师范大学，2019.

杨雪.新时期中国公共外交研究.北京：北方工业大学，2016.

袁文亿.中国—南非关系的媒介镜像：自我认知与他者认知.北京：外交学院，2019.

訾凌寒.一带一路"建设中的中国公共外交研究.苏州：苏州大学，2017.

报　纸

陈晓东.中南合作前景广阔　湘江扬帆未来可期.国际商报，2021-09-24(A05).

陈晓东.中南携手同行　合作再续华章.国际商报，2021-11-30(7).

赵可金.新世纪中国外交理论的十大创新.学习时报，2012-11-05(2).

赵启正.中国进入公共外交新阶段.学习时报，2018-04-11(5).

附　录

中非人文交流特色案例

　　2017年5月11日，在国务院新闻办举行的"一带一路"沿线国家民心相通情况发布会上，中国国际广播电台、国际在线记者问道，国内高校在推动民心相通有没有成功的经验值得借鉴和推广，教育部副部长田学军以浙江师范大学为例，介绍了国内高校在推进"一带一路"民心相通中所做的大量工作。田学军高度评价了浙江师范大学校在推动中非人文交流中的做法，从定位清晰、交流广泛深入、广育人才、加强研究、双向宣传、建立基地等六个方面做了详细介绍，认为学校的实践"定位非常清晰，工作很扎实，可以说是持续发力，久久为功，亮点纷呈"，具有重要的代表性、示范性和推广性。以下为发布会文字实况记录：

　　　　国内的高校在推进"一带一路"民心相通方面做了大量的工作，有很多典型的案例，这里我想介绍一下，我亲眼看到、亲身经历的一个大学的做法，我曾经在南非工作过，刚从南非回来，在南非期间我亲身经历了浙江师范大学在推动中非人文交流、促进中非民心相通方面的一些做法，我觉得这些做法非常具有代表性、示范性和推广性。浙江师范大学在推动中非民心相通实践中，定位非常清晰，工作很扎实，可以说是持续发力，久久为功，亮点纷呈。

　　　　概括起来有六个特点：一是它的定位清晰，很有特色。学校确定了面向非洲的国际化办学定位，建立了较为完整的制度保障，全校统筹，各部门协同推进中非的交流合作各项工作。二是交流广泛深入。浙江师范大学这十年来每年都派师生到非洲去实地考察，他们的足迹基本上遍及了大半个非洲，据我了解，迄今已与20多个国家50多所学校签署了合作协议。三是广育人才。我了解他们现在办培训班已经有90多期，培训了50多个非洲国家的2000多名政府高官、教育界的管理人员、校长和智库的精英。四是加强研究。浙江师范大学专门成立了非洲研究所，长期开展国别和区域的研究，产出了大量的极具价值的成果，发布了中国南非人文交流年度报告，入选了美国宾夕法尼亚大学《全球智库报告2016》最佳区域研究中心。五是双向宣传。一方面他们邀请非洲国家的记者来参观，记者回去之后举办了"一个非洲记者眼中的中国"的展览，他们还把"中国改革开放与发展实践"丛书等翻译成当地语言，推向非洲。与此同时，他们也向国内编译了关于非洲的丛书，来介绍非洲。学校有关的学者还积极参与"讲述中非交往故事"的活动，获评"感动非洲的十个中国人"，成绩还是很突出的。六是建立基地。在浙江金华市的秋滨小学建立了"非洲文化活力园"，成为中国人走进非洲文化的体验园，专程来访华的20多个非洲国家的记者团，还有中小学教师研修班的成员，看了之后给予高度肯定。他们还建立了浙江师范大学非洲博物馆，每年接待1万多人，众多的非洲政要、大使、学者看了之后深受感动，纷纷捐赠藏品。

本书附录部分将列举五个案例，分别从主体、平台、队伍、国别、区域等角度提炼中非人文交流的创新经验、模式和路径。

案例 1　主体：高校助力"一带一路"民心相通[①]

　　民心相通是"一带一路"建设的重要内容，也是"一带一路"建设的人文基础。2017年4月24日，中南高级别人文交流机制首次会议在南非比勒陀利亚召开，国家主席习近平、南非总统祖马向会议发去贺信，国务院副总理刘延东出席会议并发表重要讲话。这是中国与非洲国家建立的首个政府间高级别人文交流机制，也是落实中非合作论坛约翰内斯堡峰会成果的重要行动，对于加强中南关系、深化中非合作、推动南南合作将产生重要而深远的影响。在机制会议筹备过程中，浙江师范大学非洲研究智库为该机制的预研、筹备、方案制订和落实提供了坚实的学术支撑和智力支持，得到了机制会议主办方的高度认可。高校智库在促进人文交流、民心相通方面的独特作用得到彰显。

　　一、做好中非人文交流研究，增强政治互信基础

　　近年来，刘鸿武院长带领团队，依托学校协同创新机制，按照国家战略部署和部委委托，积极主动致力于中非人文交流研究和推动工作。2014年智库团队承担了教育部应急专项委托项目"推进中外人文交流合作研究——中非人文交流合作"，开始组建团队重点关注中非人文交流的专题研究，形成系列成果。2016年12月再次受教育部社科司委托，团队提交了《建中南人文交流机制，促中非思想文化交流》调研报告，包括总报告1篇，专题报告8篇。在机制会议筹备期间，团队成员还为机制会议起草文件、提供会议资料等数

---

① 王珩. 高校智库助力"一带一路"民心相通. (2017-05-23)[2020-12-29]. http://sky.cssn.cn/gd/gd_rwhd/xslt/201705/t20170523_3528012.shtml.

十份，受到国家领导人和各部委的高度赞誉和肯定。非洲教育所所长牛长松等学者专程陪同教育部国际司人员赴南非参与中南非学历互认谈判。2017年2月，刘鸿武团队受国务院政策研究室委托，提交了《中南非人文交流机制面临问题及对策建议》等7篇咨政建言报告。

随着中南人文交流机制推进工作的深入，2016年底至2017年初，刘鸿武作为专家顾问，连续3次受邀赴中南海国务院向国家领导人和相关部委专题汇报中南人文交流的现状、前景，成绩、问题，以及未来合作的重点领域和重要工程，受到国家领导的认可和好评。会议前夕，刘鸿武与国务院教科文卫司联合撰写的《中南非人文交流机制化顺乎其势、恰逢其时》《中南非人文交流亟需突破障碍、统筹推进》《以中南非人文交流带动促进中非人文合作》等报告以《国务院研究室送阅件》形式直接报国家领导人，得到重要批示。

受中南人文交流机制秘书处教育部国际司委托，2017年4月1日浙江师范大学以非洲研究为核心协同校内相关学术力量成立了中国—南非人文交流研究中心，专业为中国南非人文交流机制提供思想支持和智力支撑。当天还召开了"新时期中南非和中非人文交流战略研讨会"，会议就中南人文交流的战略意义和推进路径进行了深入研讨。今后中心将按照机制统一要求开展各种工作，重点发布"中南人文交流年度报告"以跟踪、监测中南人文交流的具体情况，服务国家战略需求。同时将配合当前热点，举办中非智库论坛、青年创业论坛、中非艺术节、影视节、思想对话会、研讨会、中非文化博览会等一系列活动。还将筹建中南高校智库联盟、西开普大学中医药孔子学院或孔子课堂等。

二、讲好中非故事，增进历史传统情谊

建院10余年来，智库学者多次深入非洲进行实地调研，开展政策与学术宣讲。院长刘鸿武受国家部委委托率团出访非洲多个国家，宣讲中非关系及中国对非政策，调研非洲国家局势、对华政策走向。2016年4月，刘鸿武受邀出席由中共中央宣传部、国务院新闻办公室主办的"讲好中国故事文化交流使者"聘任仪式及座谈会，与诺贝尔文学奖得主莫言、国际影星成龙、体育明星姚明、著名画家刘大为等八位文学大家、文化名家、社会名流一起被聘为"讲好中国故事文化交流使者"专家，并在座谈会上做了主要发言。其发言内容《让中国形象更可亲可敬可爱》被《人民日报》全文刊发。刘鸿武还受上海《文汇报》邀请，与外交部非洲司副司长贺萌一起做客文汇讲堂第99期，以"2063年的非洲与现在的中国"为主题，从"印象非洲""真实非洲""中国人在非洲"三个层面进行讲述、阐释，匡正公众认知误区。此外，刘鸿武先后赴浙江大学"浙大东方论坛"、国家行政学院高校智库培训班等国内高校、政府部门、企业行业协会的邀请主讲中非交往故事。他还获评"中非友好贡献奖——感动非洲的十个中国人"。他认为，要多讲中国与"一带一路"沿线国家、与世界一起发展、一起合作、一起创造美好未来的故事，说明中国不是"独步"世界，更不是"独占"世界，让中国在世人眼中变得更可亲、更可敬、更可爱，这样，中国在世界上才会有更多好朋友、好伙伴。

2016年10月，非洲研究院外籍研究员凌迈（Ehizuelen Michael Mitchell Omoruyi，来自尼日利亚）博士应邀参加中国日报组织的纪念红军长征胜利80周年活动，重走了长征路，在延安参观了相关展览，之后，他在《中国日报》发表了《长征，一场光耀万代的行进》一文。他说这次活动促使他对长征的认识发生了改变，他所理解的长征是中国人民团结的凝聚剂，是中国共产党保存有生力量带领国家从黑暗走向光明的转折点。很少有历史事件能像长征这样对人民产生如此大的影响。长征的胜利本身意义非凡，其赋予中国的精神价值更是无可比拟。在八十年之后的今天对中国仍然是一笔巨大的精神遗产。长征使他认识到团队作战的关键和重要，这正是绝大部分正处于矛盾挣扎中的国家和民族应该向中国学习的。他认为长征这一宏伟的史诗所蕴含的人性美打破和超越了不同的社会体系和意识形态的樊篱。长征是中国历史上的象征性事件之一，它打开了让更多外国人了解中国的一扇窗户。长征作为这个国家历史长河中不可磨灭的片段，被铭刻在了纪念柱上，让全世界的人民世代相传，永远难忘。

三、探索创建有中国气派的"中国非洲学"，在国际思想平台上建构中国话语

人才培养是高校智库区别于其他智库的独特功能。非洲研究智库积极探索"非洲学"人才培养模式，通过开展非洲研究、建构课程体系、建设协同平台、打造新型智库等途径，培养了一大批涉及非洲政治经济文化等各方面的层次多元的应用型人才，包括科研骨干、智库人才、赴非就业创业的青年毕业生等，同时也有力提升了科研水平，体现了学科特色，完善了协同创新机制，促进了中非交流。

学校2007年建立非洲研究院，2008年开始招收硕士生，2011年设全国首个"非洲学"硕士点，2015年设立全国首个"非洲教育与社会发展"二级交叉学科博士点，形成了完善的"非洲学"课程体系。该体系以培养从事非洲研究和非洲实务的人才，促进对非研究，加强对外交流为课程目标；以原创教材、非洲研究文库为课程内容，形成非洲学教学与课程案例或精品课程；从高校新型智库建设和协同创新中心的要求出发，进行课程评价；以"全球视野、非洲情怀、中国特色"作为课程特色，着力体现中国气派、中国风格和中国自信的学科话语特点。课程体系包含本科、硕士和博士三个层次，每个层次的课程内容均非洲研究理论与方法、非洲国家政治与国际关系、非洲经济发展与资源环境、非洲历史文化与民族宗教、非洲教育科技与社会发展等模块。共开设非洲学相关课程34门，编撰相关教材62部。学校还是浙江省重点创新团队，建有"政治学"浙江省一流学科A类，教育部区域国别研究基地等学科平台，学科成果"服务国家战略的非洲学人才培养理论创新与实践探索"获2016浙江省教育教学成果一等奖。

非洲研究院下设非洲政治与国际关系、非洲经济、非洲教育、非洲历史文化4个研究所和8个学科、区域国别研究中心，及院行政办公室、科研管理与国际合作办公室，创办有"中非智库论坛"，已在中国和非洲成功举办8届会议，被纳入中非合作论坛框架，成为中非民间交流的固定机制，建有国内高校首个非洲博物馆、非洲翻译馆、非洲图书资料中心与非洲特色数据库，还设有《非洲研究文库》《非洲地区发展报告》《非洲研究》《中南人文交流发展报告》编辑部，及院学术委员会、院务委员会等机构，与20多个非洲国家高校和智库建有合作关系，并在南非建有分院，在喀麦隆、莫桑比克、坦桑尼亚、南非建有孔子学院和海外研究基地。

目前逐渐建构起"一论坛、两馆、三孔院、四基地、十中心"的协同发展大平台，即以非洲研究院为核心，创设"中非智库论坛"，建好国内高校首个非洲博物馆、非洲翻译馆，设有喀麦隆、莫桑比克、坦桑尼亚3个孔子学院和教育部区域国别研究基地、教育援外基地、商务部基础教育援外研修基地、孔子学院总部/国家汉办孔子学院研修中心（基地）4个研训基地，成立了非洲地理、交通、艺术、教育、体育、法律、影视、文学、科技问题、商贸与产能合作研究中心等10个研究中心，形成了开阔平台及协同创新环境。在非洲三国建立海外实训基地，招收中国和非洲国家的本科、研究生，迄今已培养中国"非洲通"和非洲"中国通"的人才近千人。国际协同方面，学校已与非洲30多个国家的数十家教育、智库、文化、影视、科技等组织与机构建立了合作关系，与欧美日及中国周边国家的国际合作也快速增长提升。迄今共承办教育部、商务部、文化部、中联部等部委各类涉非培训项目90余期，培训了50多个非洲国家的2000余名高级政府官员、教育主管、大中小学校长、智库精英，不少已成为非洲政界、学界重要人物，其中包括中非共和国现任总统福斯坦·阿尔尚热·图瓦德拉等政要。

四、构建协同创新机制，拓展中非民间交往

长期以来，智库在促进中非民间交往方面做了大量扎实的工作。2010年正式建立了非洲博物馆，博物馆拥有800多件非洲藏品，免费面向公众开放，每年接待政府官员、国外使节、中外学者、大中小学生、普通市民1万多人次，还在上海、宁波等地巡展，成为面向大众传播非洲文化的立体"教科书"，更是"融通中非"的桥梁。非洲博物馆不仅让国内参观者了解非洲，更让非洲客人惊叹。非洲客人走进博物馆时常说："中国朋友如此用心地向民众和大学生介绍非洲的文化历史，让我们感动。"

鉴于中非基础教育合作相对薄弱的情况，智库积极推动非洲研究院、美术学院、文传学院共同在金华市秋滨小学打造非洲文化活力园，这是我国首个基础教育领域中非文化项目，于2015年6月1日正式开园，引起了多方关注。全国人大常委会原副委员长、中国关工委主任顾秀莲专程考察，并给予高度评价，认为值得推广。随后，非洲22国记者团、非洲法语国家中小学艺术教育教师研修班、非洲英语国家中小学教师研修班等先后访问该园。尼日利亚《太阳报》、埃及《七日报》、肯尼亚无线传媒集团K24电视台等非洲国家媒体前往考察报道，认为"这才是接地气的中非人文交流和中非友谊延伸"。2017年3月，津巴布韦主流媒体《先驱报》及其网站刊登了一篇题为《以文化交流构建中非友谊之桥》（"Sustaining Friendship Through Cultural Exchanges"）的报道文章，详细报道了"金华市秋滨小学非洲文化活力园教育项目"建设情况，认为"非洲活力园是中非教育合作政策的一个范例"。

此外，智库团队协同国际学院、美术学院与金华金东区旅游局联合打造琐园"非洲风情"国际研学村，策划"琐园——非洲风情节"等非洲文化主题活动。与浙江浦江县合作筹建"非洲创客园"，为来华非洲留学生和义乌非洲商人提供创业服务；筹建"非洲文化村落"，推动非洲文化与中国传统民俗的交流与融合，助推乡村旅游与中非文化产业发展。与义乌市政府联合拍摄6集纪录片《非洲人在义乌》；与中土集团合作拍摄纪录片《重走坦赞铁路》等，向中非普通百姓讲述中非交往过程中发生过或正在发生的生动故事。

五、积极服务国家战略，开展智库外交、学术交流

高校智库承担战略研究、政策建言、舆论引导、公共外交、人才培养等功能。浙江师范大学非洲研究智库推出了一系列具有填补空白意义的智库成果。《非洲发展趋势及中国对非战略选择》《关于推进中非产能合作的若干建议》等多篇咨询报告被教育部《高校智库专刊》刊发，被外交部、商务部、中联部等部委采纳。智库首席专家刘鸿武院长作为外交部、教育部指定推荐专家，在国家领导人访非期间、非洲十国记者团来华期间、中非合作论坛约翰内斯堡峰会期间接受数十家中外媒体的集中采访，做深度政策解读与分析，彰显了高校智库的作用。

学校还创设了"中非智库论坛"，被纳入中非合作论坛框架，成为中非民间交流的固定机制，迄今已成功召开五届论坛会议，成为影响广泛的中非人文交流和公共外交的高端平台，在国内外产生广泛影响。2017年，配合习近平著作《摆脱贫困》推介会，中非智库论坛将在非盟总部召开第六届会议，助力中非全面战略合作伙伴关系的进一步巩固和发展。全球顶级智库美国布鲁金斯学会评价中非智库论坛已日益成为国际社会认知中非关系、理解中国

对非战略结构与性质的重要平台，其公共外交的影响力与舆论引导的作用正日益显现。

　　智库还先后举办全国首届非洲文学研究高端论坛、非洲妇女商业科技论坛、中非投融资合作与非洲可持续发展国际研讨会、中非影视合作论坛、中非村长酋长对话论坛、中非文明对话研讨会等近百场国际国内学术研讨会，参与了"一带一路"高峰论坛、金砖国家大学校长论坛、金砖国家智库联盟等国际学术会议；建成国内首个中非联合研究交流计划网站暨非洲研究特色资源数据库，为政府部门、企业、学者提供信息服务，体现了非洲研究的社会服务功能。2017年，非洲研究院入选美国宾夕法尼亚大学《全球智库报告2016》"最佳区域研究中心"。

案例2 平台："五位一体"打造高校智库协同创新"升级版"

一、中心概况

2013年有很多大事要事和喜事，与浙江师范大学非洲研究与中非合作2011协同创新中心相关的就有三件：一是习近平当选国家主席后首次出访就选择了非洲，并指出"中非合作是全方位合作"。之后习近平主席先后九次访问非洲，这充分表明了新一届国家领导集体对中非关系的高度重视。二是习近平主席对智库建设作出重要批示，随后教育部要求以"2011协同创新计划"为抓手，努力打造新型高校智库。在此背景下，非洲研究与中非合作协同创新中心应运而生，成为浙江省第二批2011协同创新中心之一。2020年，中心获评教育部、浙江省省部共建协同创新中心。

中心以浙江师范大学非洲研究院为核心，汇聚了国内外涉非事务领域各种优质资源与要素，以全面推进新时期中非发展合作为宗旨。

主体明确。依托独立设置、正处级建制的实体性研究机构——非洲研究院，下设四个研究所、10余个研究中心、近百名专兼职人员。

体系健全。设有学校党委书记、校长任组长的领导小组、理事会、学术委员会等机构和完备的党、政、工、学管理体系。

协同有力。与国内外政府、高校、企业、智库、NGO乃至军事机构开展广泛协同合作，为服务国家部委、地方发展、学科共享作出了积极努力。

机制完善。出台了《协同创新中心建设管理办法》以及关于学术研究、智库发展、资源管理、人才培养等多项制度，逐步推动制度创新。

二、实施路径

党的十九届四中全会指出，我国国家制度和国家治理体系具有多方面的显著优势，其中之一就是"坚持全国一盘棋，调动各方面积极性，集中力量办大事的显著优势"。这也是浙江师大坚持"全校一盘棋，集中力量做大做强做优做特非洲研究"的强烈共鸣与深刻体会。

国家2011协同创新中心的宗旨是"人才、学科、科研"三位一体，我们将在此基础上作了拓展与延伸。在学校涉非工作30年、建非院12年、协同中心成立6年实践基础上，探索出了"五位一体"的高校智库协同创新"升级版"。

一是学科建设为本体。在国务院学位办、教育部等部委指导帮助下，创建了国内第一个非洲学交叉学科博士点、硕士点。协助创建了国内第一批商务部、教育部援外培训基地，培训50多个非洲国家3000多名高级政府官员、教育主管、大中小学校长、智库精英。探索创建"非洲学"学科理论，协同校内五个学院编撰"非洲学"系列教材。

二是智库服务为功用。发挥高校智库战略研究、咨政建言、舆论引导、公共外交职能，协同承担国家社科基金重大攻关项目、教育部重大攻关项目等国家级课题30余项，仅2019年国家社科基金涉非项目就有12项，国家部委委托课题100余项，发表论文400余篇。在外交部指导下创建的中非智库论坛被纳入中非合作论坛框架，在教育部指导下成立了中南非人文交流研究中心，为中非人文交流提供智库支持。六年来协同国内外相关机构举办中非智库论坛等大型活动200余次，极大地提升了在非软实力和国际影响力。

其中较有影响力的有：2015年9月与南非外交部合作，在南非外交部举办中非智库论坛第四届会议。2016年在肯尼亚举行中非媒体智库研讨会。2017年6月与非盟有关机构、中国驻非盟使团合作在埃塞俄比亚非盟总部举办中非减贫发展高端对话会暨智库论坛，共商减贫大计，推介习近平主席著作《摆脱贫困》英法文版，外长王毅、非盟主席法基出席会议并致辞。2018年6月与尼日利亚古绍及其研究所合作举办中非和平、安全与发展合作国际研讨会。

2018、2019年两届智库论坛均在钓鱼台国宾馆举行，为中非合作论坛北京峰会和落实峰会成果建言献策，提供智力支持。

三是扎根非洲为前提。近六年选派师生赴非洲调研、交换学习100余人次，资助金额超过200万元。提交调研报告论文100余份，发表近百篇，受到批示50多次。合作建立了南非分院以及尼日利亚、埃及等多个国别研究中心，与中非智库10+10合作伙伴、南非曼德拉大学等近百个非洲高校或智库开展合作研究。协同校内外机构出版国家社科基金出版项目《剑桥非洲史》，主要面向"一带一路"与非洲国家的《中国改革开放与发展实践》中英法丛书，推出"非洲人文经典译丛""非洲研究新视野""在华非洲学者论非洲""在非华人学者论非洲""在华非洲学者论中国"等主题丛书，极大地集聚了本领域的学术资源与成果。

四是媒体传播为手段。我校有多个媒体传播路径，每个平台的成员都来自国内外不同高校、智库或社团、群体。除前面提到过的论坛，还有非洲地区年度发展报告（教育部区域国别重点培育基地项目）、非洲研究文库（国家社科基金资助出版项目），出版"非洲高等教育国别研究丛书"12卷、"非洲教育译丛"6卷，开办《非洲研究》《非洲研究智库专刊》；网络平台有：和外交部联合运作的中非联合研究交流计划特色信息网、五种语言的非洲研究院网站、微信公众号及非洲舆情摘报等。中心协同CCTV、义乌市委宣传部、驻外使领馆等拍摄的纪录片《我从非洲来》《重走坦赞铁路》获"五个一工程"奖、中非电影节多个奖项，反响热烈。

五是中非合作为路径。近年来，学院聘请10位非洲籍学者，形成中非学者一对一，双向建构"非洲的中国学和中国的非洲学"的互动格局。同时中心，构建了强大的非洲研究学科与智库建设体系：建成了涵盖两论坛（中非智库论坛、中非经贸论坛）、两馆（非洲博物馆、非洲翻译馆）、三个数据库、四家非洲孔子学院（坦桑尼亚、莫桑比克、喀麦隆、南非）、九个中心（商务部、教育部援外培训基地和教育部区域国别研究中心、中南非人文交流研究中心、孔子学院研修中心、中非智库"10＋10"合作伙伴计划、中非高校20＋20合作计划、中联部金砖智库联盟中方理事单位、浙江省一带一路智库联盟成员等）、十余个分支学科（非洲教育、艺术、体育、法律、文学、交通、经贸、科技、卫生、影视)、百所合作院校"的协同体系,构建了国内与国外、校内与校外、学界内与学界外、行业内与行业外全面互联互通、共建共享的协同大格局,有力推动了中国非洲研究的开放前进与创新发展。

三、协同成效

在省教育厅的关心指导下,在学校党政的重视和职能部门的支持下,中心协同校内外、省内外、国内外、行业内外各协同单位力量,初步形成了理念创新、内容创新、机制创新、保障创新和协同领域广泛、协同主体多元、协同平台扎实、协同路径多样的新格局,有力地服务了国家战略、区域发展、知识共享与人才培养,影响广泛。

(一)服务国家战略成效显著

中心服务外交部、教育部、商务部等多个国家部委,助推中非全方位合作。多次为国家领导人出访非洲提供咨询服务,多次受部委委托承担举办论坛、出访非洲、引导舆论等重大任务。外交部赞誉本中心"有效带动了国内非洲研究发展和人才队伍建设"。教育部副部长田学军在"一带一路"国际合作高峰论坛召开前夕在国新办新闻发布会上,向世界媒体介绍我校在推动中非人文交流、促进中非民心相通方面的典型做法,高度评价本中心做法具有"代表性、示范性和推广性"。美国布鲁金斯学会撰文对中非智库论坛发表评论,国内外多个主流媒体报道本中心观点、活动,极大地提升了软实力和影响力。

(二)促进浙非合作深入有力

2019年教师节,时任浙江省委书记车俊专程到本中心调研视察,此前,车书记访问非洲四国并见证了我中心南非分院的成立。同一天省长袁家军在我校主办的中南非青年创新企业论坛致辞,并见证我校南非孔院揭牌。2018年中心成员刘鸿武教授和张巧文博士为浙江省人民政府专题学习会作专题报告,袁省长给予高度评价,并就浙非合作作出重要指示。之后,浙江省各部门加快了对非合作步伐,省发改委邀请刘鸿武作讲座,省商务厅发布《推进浙江省对非合作三年行动计划》。中心被列入浙江省"一带一路"建设成果清单。中心负责人受聘为浙江省人民政府咨询委员会特邀专家。中非商学院获评省商务厅"浙非经贸合作特别贡献奖"。

（三）推动人文交流民心相通

中心所设的非洲博物馆，六年接待参观者6万余名，获批省科普基地，成为中非人文交流的立体教书上。中心还与省文旅厅合作举行"万人游非洲"活动，与都市快报、杭州市委宣传部共同策划举办杭州文博会、良渚中非文化交流活动，与义乌市政府合作举办中非智库论坛第五届会议，探讨中非产能合作，助力金华建设中非文化合作交流示范区，协同秋滨小学建成国内首个"活力非洲园"，开发非洲主题活动课程，受到非洲媒体、国内嘉宾高度认可。

（四）共享学科体系特色鲜明

中心发挥了学科引领功效，成为学校学科建设的重要推进器、共享学科，"非洲研究+传统学科"遍地开花、多点收获。仅2019年全校获国家社科基金项目资助（含后期资助）43项，非洲研究领域共12项，占27.9%。2019年学校著作定级共130部，其中，全校非洲研究领域共19部，占14.6%。中心负责人主持的重大项目入选国家社科基金中华学术外译项目，获浙江省哲学社会科学优秀成果一等奖。中心与校内各学院、学科协同合作，陆续建成非洲教育、经贸、艺术、交通、地理、旅游、影视、法律、文学、体育、科技、音乐舞蹈等十多个协同研究中心，形成了非洲研究学科群，实现了集聚效应。如学校与中国地理学会合作举办第七届"地理学与中国全球战略高层论坛"，成立中国地理学会非洲地理研究中心。学会理事长陈发虎院士对本中心协同有关学科开展非洲地理研究所给予高度评价。

（五）人才队伍建设成绩突出

中心自主培养了教育部长江学者特聘教授、浙江省特级专家、浙江省咨询委员会委员3人次。在全国率先实施中非人员"旋转门"机制，聘任十多位非洲资深外交官、学者以及前中国驻非洲国家大使来本中心工作，选派本中心教师借调至中国驻坦桑尼亚大使馆、中国驻非盟使团工作，促进中非联合研究。

致力于培养中国的"非洲通"和非洲的"中国通"，在国内率先构建"非洲学"人才培养体系。协同培养了中非共和国总统、索马里总统顾问、喀麦隆教育部官员、中联部职员、优秀汉语志愿者、中国大学生年度人物等优秀毕业生5000余名。获2016年浙江省教育教学成果一等奖、全国研究生教育学会教学成果二等奖，浙江省研究生教育学会教学成果一等奖等。

团队获评全国首批黄大年式教学团队、全国工人先锋号、侨界创新团队奖，浙江省党建示范群、党建工作标杆院系等。中心2016年以来连续三年入选《全球智库报告》"最佳区域研究中心（大学附属）"，入选《中国大学智库发展报告2017年》"中国高校智库百强排行榜"、中国大学顶级智库30强、中国社科院中国社科评价研究院"中国智库综合评价核心智库榜单"、中国智库索引（CTTI）"中国高校智库综合评分TOP100"等。

（六）体制机制创新举措有力

在协同主体上，与国家开发银行、中非发展基金、中非产能合作基金等企业合作举办中非学术研讨会，与中国土木工程集团、与中地海外集团、华立集团、嘉发集团、温州亚龙集团、浙能集团等企业合作，指导其拓展对非业务。与浙江省影视协会、四达时代集团等影视界机构合作，推广本中心组织拍摄的两部中非关系纪录片《我从非洲来》《重走坦赞铁路》，促进中非影视合作。与中国法学会、国家民委、南非华人工程序师学会、金华南非商会等社团、NGO合作，开展非洲相关领域研究。

在研究机制上，突破传统领域，定期向国内外协同单位发布非洲研究专项课题，迄今立项94项，经费达278万元，并专门设立了科研管理与国际合作办公室，建有完善的立项、中期检查、结题等流程及相关规章制度，有效推动了国内外非洲研究学术力量的深度整合。

在体制机制上，学校积极探索组织管理、人事制度、人才培养、人员考评、科研模式、资源配置方式、国际合作、创新文化建设。给予中心学科特区政策倾斜，对智库成果予以规范、审核与认定，探索成果共享机制，在人事管理、人才计划、学位点增列、招生指标、科研任务和分配政策等方面给予优先或倾斜支持，极大地鼓舞蹈了师生参与非洲研究的积极性和主动性。

中心成绩的取得，离不开上级领导的关心指导、各级职能部门的支持帮助和协同单位同仁的共同努力。

当前，"一带一路"倡议为中非合作注入新动力，非洲是"一带一路"的重点面向区域。中非合作论坛北京峰会提出实施八大行动，构建更加紧密的中非命运共同体。这些为中心发展提供了前所未有的机遇，正如中心负责人在《人民日报》撰文所言，非洲研究大有可为。同时，由于学科与领域的战略性、特殊性，我们也感受到诸多压力与挑战。

一是人才队伍面临挑战。中心学术梯队成员较年轻，领军人物偏少，智库型人才转型难度较大。受制于国内非洲研究专业期刊严重偏少的现实，青年学者产出难度高，职称晋级难度也逐年增加。目前，学校和中心正积极为青年学者的成长创造条件，积极物色引进领军人物。

二是学科建设面临困境。受中国传统学科设置方式的制约，"非洲学"新兴交叉学科地位始终未被普遍认可，在夹缝中生存，申报国家一流学科以及其他国家级平台、项目难度较大。未来发展面临许多不确定的因素和障碍。刘贵今大使说，中非合作需要不忘初心、不断创新，这也是对我们的鞭策和鼓励。

三是体制机制亟待创新。中心高级别研究成果、科研获奖相对缺少，民间外交、政策咨询等大量协同成果还很难纳入主流评价体系。目前，学校将"决策咨询业绩"纳入科研业绩计分和考核之中，以推进智库和协同创新中心可持续发展。

下一步，中心将继续围绕协同创新主线，集聚优势力量，不断努力，砥砺前行，从队伍建设、平台建设、学科建设、智库建设、制度建设五个方面入手，重点开展协同研究、协同咨政、协同育人、协同服务、协同传播，实现学科创新、平台创新、资源创新和机制创新，共同为非洲发展、中非合作提供新的更有力的智慧支持，做出新的贡献！

案例3 队伍：非洲学者助力提升国际传播力 ①

  2020年新冠病毒来势凶猛，截至欧洲中部时间2021年2月28日下午5时31分，全球24小时内新增新冠肺炎确诊病例384956例，累计报告113467303例，累计死亡2520550例。灾难面前，中国人民迸发出来的强大力量，赢得了国际社会的普遍认可。联合国、世界卫生组织、欧盟委员会、非盟委员会及100多个国家和组织通过各种方式，高度评价中方为抗击疫情所作的努力，并表达对中国的支持。在此过程中，一批在华的外籍学者密切关注支持中国的抗疫战斗，在国际上积极发声音，有力回击西方某些势力抹黑中国的图谋，发挥了特殊的作用。事实证明，重视培养一支知华懂华友华的外籍学者，充分发挥其"以外传外"的特殊作用，对于提升我国际传播力、改进我外宣成效，具有特殊意义。这方面，目前还面临一些短板与缺陷，需以积极举措加以改进。

一、在华外籍学者力挺中国抗疫，生动诠释中外民心相通的精神内涵

  第一，在华外籍学者以多种方式开展暖心举动，支持中国抗疫工作。"山川异域，风月同天"，"天下一家，命运同体"。在中国疫情暴发的最严峻时刻，许多在华高校、科研机构和智库的外籍人士、留学生，亲身见证中国全员抗疫的努力，为中国抗疫点赞加油，与中国人民站在一起面对重大灾难的挑战。金华职业技术学院塞尔维亚籍教师弗拉基米尔·马林科韦克在欧洲家

---

① 作者为刘鸿武，单敏，赖丽华。曾刊发于教育部《中外人文交流专报》2020年第7期。

乡，默默帮助因疫情滞留国外的中国人；该校乌克兰籍教师以视频方式通过媒体高呼"我在中国浙江很好"。浙江工商大学俄罗斯留学生唐曦兰在《俄罗斯姑娘发来的一封鼓励信》中写道，"我亲眼看见这个国家如何在磨难时刻团结起来，面对困难，所以我特别想对中国政府和中国人民表示钦佩……。"宁波诺丁汉大学马来西亚籍交换生庄茉莉（Jasmine Chong）感动于医护工作者的勇敢和奉献精神，专门创作歌曲致敬这群最可爱的人；该校外籍学者艾历·切希博士抗疫期间发挥自身专业能力，写了一份详细的报告，为疫情中的宁波城市复苏提供决策参考。中国人民大学重阳金融研究院的高级研究员、英国伦敦经济与商业政策署前署长罗思义在国际上发表《"惯性反华"将把疫情中的西方推入衰退的大灾难》等系列文章……还有众多其他外籍师生通过当志愿者、提供抗疫语言服务等方式积极支持、参与高校所在地社区疫情防控工作。

第二，高端智库外籍学者在国际媒体密集发声，有效对冲西方媒体"抹黑"报道。在这方面，国家对非事务重要智库浙江师范大学非洲研究院的做法值得借鉴。疫情暴发伊始，浙江师范大学非洲研究院迅速行动起来，充分发挥院内非洲学者的特殊作用，多种方式组织院内非洲学者格特大使（南非）、约罗参赞（马里）、迈克博士（尼日利亚）、和丹博士（索马里）、罗德里格博士（喀麦隆）、李坤博士（尼日利亚）、爱德博士生（突尼斯）、马萨（苏丹）等，面向非洲国家开展了一系列工作，或组织专题论坛，或接受主流媒体采访，或在高校发表演讲，或在刊物撰写文章，他们用英语、法语、阿拉伯语、阿非利卡语、斯瓦希里语等国际通用语言或非洲当地语言，详细介绍中国人民正在进行的抗疫防控工作，充分肯定中国政府的抗疫决心及为此采取的高效行动，赞扬中国人民面对困难展现的坚韧品格及对政府决策的高度配合和支持，表示中国用实际行动坚决阻击疫情蔓延，一方面为世界防疫争取了宝贵时间，另一方面也给世界各国防控提供了珍贵经验，呼吁世界各国、各界团结一致共同抗击疫情。比如：

非洲研究院东非研究中心主任、索马里籍学者阿布迪·和丹博士在CGTN撰　文"Rethinking Media Coverage of COVID-19: A Call to Humanize People's Suffering"（《世界应同舟共济抗击疫情——对西方媒体有关新冠肺炎病毒报道的反思》），就西方少数媒体故意抹黑、讽刺中国抗疫防控工作的失实报道进行反驳，呼吁国际媒体摒弃偏见，同舟共济共同抗击疫情。

南非皇家科学院院士、浙江师范大学特聘教授迈克·梅多斯（Michael Meadows）在 Science Bulletin 发表题为 "A Systematic Approach is Needed to Contain COVID-19 Globally"（《必须采取系统方案抗击新型冠状病毒肺炎的全球化》）的文章，客观全面介绍中国的防控措施，指出"能否赢得抗击COVID-19的斗争不仅取决于药物和医生，还取决于所有社会成员的共同参与和努力，需要国家间树立彼此的信任，进行全面的合作"。

该院非洲法语国家研究中心主任、马里籍学者约罗参赞在马里首都巴马科组织"中国与马里建交六十周年：挑战与前景"会议，力挺中国抗疫工作。他称赞中华民族一直以来以性格坚韧著称，必定能战胜疫情。

该院高级研究员、南非籍学者格特大使在南非出席多个研讨会时表示，中国是世界稳定的希望，南非对中国抗击疫情有十足信心，中非合作也能助力非洲抗疫。

该院尼日利亚国别研究中心主任、尼日利亚籍学者迈克博士在CGTN连续撰文 "Increasing Shining Beacon of Hope by Statistics"（《数据让希望的灯塔更加闪耀》）、"Can China-style Quarantine Against COVID-19 Go Global?"（《中国战"疫"模式能否走向世界？》），向世界介绍中国各界抗疫努力与成效，指出国际社会应齐心协作为战胜疫情而共同努力，"向中国学习抗疫经验永远都不算迟，中国一定会给世界各国提供必要的支持与帮助"。

该院突尼斯博士留学生爱德连续撰文 "Patriotic Dragons"（《爱国主义在中国》）和 "From Patriotism to Humanity: China Leading the Fight of the COVID-19"（《从爱国精神到博爱情怀：中国战"疫"为世界提供典范》），指出"中国用实际行动艰苦阻击疫情蔓延，一方面为世界防疫争取了宝贵时间，另一方面也给世界各国防控提供了珍贵经验"。

上述系列文章、采访、演讲，以英语、法语、阿拉伯语等多种语言在国际上的众多媒体、权威期刊上发表和传播，以专业性观点和国际社会可以理解的语言，产生了广泛良好的国际影响，有效消解了国际社会的疑虑与误解，对冲了西方少数媒体、政客恶意的"抹黑"式宣传和误导及产生的负面影响，为中国人民的抗疫防控工作争取了应有的公平公正的国际舆论环境。

二、提升国际传播与对外宣传的效果，重在国际民心沟通，关键是国际化人才培养

有效的中外文化交流和国际传播因惠及民间、扎根人心，具有基础性和长远性作用，须努力推进，为中外政治互信、经贸合作提供活水源头。

第一，人文交流贵在人民，国际传播重在人才。人文交流的参与主体是人民，重在人民的普遍参与，突出人民性，而中外人民间可共享、共通、共享的知识支撑与思想引领，则是推进人文交流的基础保障。当今时代是一个知识与思想高速流转与激烈竞逐的时代，观念与思想对国际关系与国际合作的影响复杂而多样。适宜的思想交流与知识共享可以为国际合作创造良好的条件，而经贸合作与投资贸易关系的背后也多少隐含着观念的互动与思想的融合，影响着人们对国家间关系的性质与意义的认知。推进中外人文交流与加强国际传播能力建设密不可分，尤其是重大公共事件发生之时，急需专业化的国际传播人才作出快速反应，开展有效行动，抢占国际舆论制高点，并且需要主动创设概念，引导国际话题。这方面，我们还需要花大力气改变过去对外宣传和国际传播中以"应对指责""解释误会"等为主的"被动式"传播模式，应采取积极进取举措，培养国际高端传播人才，以外传外，提升国际传播成效与影响力。

第二，人文交流意在民心，对外宣传重在专业。中外合作关系要保持长期可持续发展，要更好地造福于中外双方的人民，就必须努力将双方的关系更多地聚焦于最广大人民群众的现实需要以及对精神和物质生活的向往与期待，让双方的合作关系更深入双方民间大众的日常生活，让双方的人民群众有更多的参与途径、表达渠道和分享机会，拥有更多的获得感、参与感和认同感。而正是人文交流的价值所在——通过平等对话、多元交流，汇通不同文明体之间的知识、思想、文化，形成共通共享的价值体系、思想体系和沟通渠道。不同文明之间架起沟通的桥梁，把中国人的话说给外国人听，而且让外国人听得懂、愿意听，就必须在对外宣传上下功夫。对外宣传的关键点在于能够建构一套完整完善的对话外语体系，在于找准中外利益交汇点、话语共同点、情感共鸣点等国际交流的公约数，从而有效阐述中国文明、中国制度、中国理论，让中国观点变成世界语汇、成为国际共识。

三、充分发挥外籍专家学者的特殊作用，以外传外，拓展和深化中国人民"朋友圈"和"传播力"

第一，在"站起来、富起来、强起来"后，让中国的国际形象"美起来"，是中国外宣国际传播的新课题。国内从事国际问题研究、宣传、传播的高校、科研机构、媒体，应责无旁贷，要以创新性的举措，努力把自己建设成为具有国际影响力的学术思想智库，成为推进中外思想知识双向、平衡、互动的国际知识传播机构，推进人文交流落地生根，走进各国人民心里。

第二，要着眼新时代发展要求，着力培养一大批"知华友华"高端国际传播精英人才。推进人文交流，做好国际传播，培养好国际化高端人才是保障。应努力激发当代各国尤其是亚非拉国家和发展中国家的知识精英群体的民族理想与文化情感，使其重新审视所在国家、地区与中国和世界的关系，对当代国际发展问题与各国发展道路选择做出更独立性的思考与自主判断。

第三，随着中国与外部世界关系的深度调整，我国国际问题研究与传播宣传机构的特殊人才培养体系有待进一步完善。近年来，浙江师范大学非洲研究院先后聘任了十余位非洲学者担任高级研究员，或各研究中心负责人。研究院重视培养中非学者间的情感，与非洲学者真心交朋友，研究院在为非洲学者提供学术平台、科研经费支持等的同时，有意识地做好培养和引导工作，组织非洲学者到中国城乡和扶贫点调研中国基层治理经验，让他们有机会深入观察了解中国治理经验、减贫工作及背后的制度、文化、理念，研究中非合作及其问题与成效，从而得以突破西方话语垄断，产生自主性思想，在国际上积极为中非合作发文发声，及时传递信息，提升了中非人文交流走实走深的人才基础。可见，要培养"知华友华"高端精英人才，首先应该让外籍学者在中国有一定时段的生活、学习、工作经历，让他们对中国国情有充分客观的认知，对中国人民有友好良善的情感，与此同时，这种在中国的经历还能帮助其在专业领域获得成长，成为在国际某一领域具有自主性和话语力的学者，从而提升其国际影响力、传播力。

第四，要抓紧建构传得开、听得懂的国际话语体系，用心培养懂民情、扎本土的"以外传外"国际传播使者。如何更好地将中国的"政策语言""学术语言"转换为其他国家人民"听得懂"的"当地语言"，是当前国内对外传播工作的难点、重点。一定程度上，谁代表中国在国际上发声、谁帮助中国在国际上立言，这个至关重要，因为"发言人"的身份影响着内容的传播效果。由知华、懂华、友华的外籍学者来讲述他们自己感受到的中国以及"中国发展故事里的故事"，可以更好地架设起中外人民心灵相通的精神桥梁和话语通道。为此，国内的学术机构、媒体机构、宣传机构，都要努力培养、聚焦起一支能讲好中国发展故事、讲好中外合作故事的舆论引导和知识普及的外籍学者队伍，并创造条件，提供平台，推动他们广泛活跃在中国和世界的学术界、媒体界、智库界，产生广泛影响力。通过上述努力，在浙江师范大学非洲研究院成长起来一批优秀的外籍专家队伍，他们既是了解非洲了解中国的"非洲中国通"，更是中非友好的民间使者。如和丹博士曾在BBC驳斥西方不实言论，受到媒体热议，又发挥阿拉伯语、英语、索马里语、法语、中文等多语种优势，频繁在国内外媒体发声，以自身经历讲述中非交往的故事，引起了广泛的社会影响。外交部相关人士曾评价，"培养一个和丹，胜过培养一个外交官"。此次疫情来袭，非洲研究院的这批外籍学者，在非洲多个国家媒体上撰文、接受采访，力挺中国防疫努力，消除国际大众的误解与疑虑，有效对冲西方媒体的"抹黑"式宣传。

第五，要加强中外学术人才与媒体人才联合培养合作，切实扩大中国海外"朋友圈"和"影响力"。一个学术机构、媒体平台、思想智库建设得好不好，有没有用，一个重要方面是要看在研究对象国和传播对象国，有没有好的合作伙伴，双方能不能共同面对挑战，解决实际问题；有没有一支优秀的中外学者与媒体思想队伍，在关键时刻能"上阵打仗"，用专业知识解读社会现象，引导公众舆论，向国际国内社会传播正能量。如2018年浙江省委省政府提出"开放强省"战略以来，每年引进各国（境外）专家5万余人，各国留学生4万余人。这种情况，在全国各省也都较为普遍，因而如何将这支外籍高端学术科技人才队伍组织起来，成为中国对外交流合作的广阔朋友圈，应当是外籍学者、留学生所在单位要重点思考和探索的工作新方向。多年来浙江师范大学非洲研究院坚持拓展非洲合作伙伴关系，目前已与20多个非洲国家的30余家智库机构、科研单位、媒体机构建立了合作伙伴关系。如2018年6月，浙师大非洲研究院南非分院在南非挂牌成立，聘任南非学者和华人共同担任分院执行院长，有效延长了非洲研究院海外研究的触角；十年来，先后派出师生赴非留学、调研、访学、参会250多人次，接待包括坦桑尼亚前总统姆卡帕等非洲前政要、官员、学者来访、交流2000余人次。非洲研究院秉持"一线体验、一线人脉、一线资源"的原则，不断壮大国际"朋友圈"，有效促进中非学者参与全球智力和智慧的知识对话，产生了积极的国际传播影响力。

在中国抗击疫情的艰难时刻，众多中国高校外籍师生学者能够积极主动在国际媒体发声，坚定地与中国人民站在一起共抗疫情的鲜活例子，是我国践行改革开放、教育走向世界的生动体现和积极成效。总之，今日中国的国际问题研究机构、媒体传播机构、思想宣传机构，应当积极搭建平台，将不同国别、不同领域、不同层次的学者、官员、媒体等聚合在一起，逐渐形成自身在海外的广泛的人脉网络资源，坚持以我为主，充分发挥外籍人士的特殊作用，有效联通各方，沟通各界。只有具备了扎实的国际化传播水平，高效的科研与智库行动能力，及良好的国际影响力和全球布局，方能在关键时刻发挥特殊的积极作用。

案例4　国别：中国与埃及的人文交流 [①]

　　中国和埃及是世界文明古国，都有丰富的历史文化底蕴，人文交流潜力巨大，合作意义深远。中埃建交六十年来，人文交流成果丰富并成为推进双方关系发展的重要动力。长远来看，推进中埃人文交流，提升交往层次，扩大合作影响，对中埃、中非、中阿关系的可持续发展，对"一带一路"倡议的有效实施，都有重要的意义。

　　经历多年动荡而目前处于十字路口的埃及，百废待兴，人心思治，对推进中埃合作寄予厚望。2016年新年伊始，习近平主席出访埃及，将中埃关系提升到了历史新高度。2016年适逢中埃建交60周年，中埃将互办"中埃文化年"。为此，本报告从进一步推进中非、中阿中长期合作的战略高度上，梳理和评估了60年来中埃人文交流的历史进程、基本特点与主要成就，介绍了一些生动感人的事例和人物，也分析了目前中埃人文交流中存在的问题与挑战。在此基础上，就如何进一步推进中埃人文交流合作，如何提升层次、增加实效、扩大影响等，提出了具体的对策建议。

一、中国与埃及人文交流合作的历史进程

　　中国与埃及的友好交往可以追溯到几千年前。早在公元前11世纪，中国西周的丝绸就经过中亚、西亚辗转运抵埃及。据说埃及艳后克丽奥帕特拉就曾享用中国的丝绸，埃及的亚历山大城是中国史籍上最早出现的非洲地名，

---

① 本案例作者为刘鸿武、周海金。

被称为"黎轩""乌迟散"。作为连接世界几大古文明的重要纽带，汉代张骞、班超等人出使西域所开拓的丝绸之路不仅是古代中埃之间互通有无的商贸之路，也是两国文化交流的重要途径和友谊的桥梁。1404—1433年，郑和七次下西洋，其船队曾到达埃及的艾得哈布。

新中国成立后，埃及成为第一个与中国签订文化协定、第一个与新中国建交、第一个接受中国援助的非洲国家。1955年万隆会议期间，周恩来总理结识了埃及总理纳赛尔并成为好朋友，周总理在万隆会议上提出，中国与亚非国家除了要发展政治关系外，还要发展经济、文化合作，文化合作应建立在平等互利基础上，突出各自文化的优点。在万隆会议期间，中国与埃及签署了第一个文化协议，启动了中埃、中非人文交流的历史进程。一年后的5月30日，中埃正式建交，开启了中非友好合作关系的大门。1963—1965年，周恩来总理曾三次访问埃及，那以后半个多世纪，中埃高层互访不断，人文交流合作也逐渐扩大提升。

进入21世纪以来，随着中非合作论坛、中阿合作论坛的相续建立，包括人文交流在内的中埃合作关系也获得新的发展。2009年10月第三届中非合作论坛部长级会议在埃及历史文化名城沙姆沙耶赫召开，埃及在中非合作中的地位日显重要。2016年年初，中国国家主席习近平访问埃及，将中埃关系提升到全面战略伙伴关系的新高度，也开辟了中埃人文交流的历史新篇章。

二、中埃人文交流合作的基本特点与主要成就

第一，作为世界文明的重要发源地，中埃人文交流合作内容丰富，潜力巨大，长期以来人文交流合作一直是中埃合作的重要领域并获得双方领导人的高度重视，中埃人文交流合作成为带动整个中非、中阿人文交流合作的"火车头"。

埃及有句谚语说"喝过尼罗河水的人是会再回来的"，作为中非合作的核心国家，周恩来总理在1963—1965年三次访问埃及，随后的岁月，中埃合作始终受到双方国家领导人的高度重视，包括杨尚昆、李先念、江泽民、胡锦涛、习近平在内的几任中国国家领导人都曾访问过埃及，时任埃及总统穆巴拉克也七次访华，这推动了中埃人文交流合作进程。

自1956年中埃签订第一个文化合作协定以来，双方已先后签署了10多个双边执行计划，内容涵盖了文化、教育、宗教、文物、图书文献、新闻出版、广电电视、青年交流、旅游等方面。中埃人文交流合作一直是带动整个中非、中阿人文交流合作的"火车头"。

第二，近年来随着亚非国家和人民自主发展意识的不断觉醒，中埃双方相互携手，共同推进中非、中阿全方位的人文交流合作，在思想、文化、科教、艺术、治国理政等各领域的人文交往领域不断拓展，合作内容日益深化，中非合作推进世界体系变革的意义也逐渐呈现。

2014年12月25日，在埃及总统塞西即将访华前夕，阿拉伯语版的《习近平谈治国理政》一书在埃及出版，埃及学术界和出版界举行了隆重的推介研讨会。推介研讨会上，许多埃及知名人士热情谈论起中国发展的经验与埃及未来的选择。埃及前总理埃萨姆·谢拉夫在演讲时明确表示，他十分赞同《习近平谈治国理政》中传递的价值观，"中国的经济发展成果是以惠及百姓为前提的，没有社会稳定和法治保障，不会有经济发展。埃及人和中国人的价值观是相同的，我们不能被极端思想左右。"熟读中国典籍的埃及著名学者绍基·贾莱勒在演讲中说："我之所以向大家介绍孔子和孟子的思想，是因为习近平主席是中国传统文化的继承者和发扬者，《习近平谈治国理政》一书中闪烁着中国智慧。这本书不仅仅是'谈'治国理政，还有透过中国5000年文明史的思索和坦诚交流。"

第三，在经历了多年复杂的政治动荡与国家发展道路徘徊后，近年来埃及的智库与思想界都在重新思考和探索埃及未来的发展道路，在这个过程中，埃及社会各阶层学习中华文化、借鉴中国道路的热情明显增加，这为推进中埃人文交流合作创造了更好的机会与环境。我可顺势而为，积极引导，实施一些实质性举措，拓展中国文化与思想制度在埃及的影响力，并通过埃及进而带动整个阿拉伯世界、中东国家对华合作。

近年来，中埃人文交流合作快速推进，来华留学生快速增长，新闻媒体、智库交流与艺术文化合作也日益推进，每年均有百余名艺术家互访。中埃双方积极组派人员举办艺术展，参加艺术节及各类品牌活动、各类人力资源研修班等。中埃文化产业合作，杂技培训等合作项目也在不断探索中。仅2015

年，中埃双方就开展文化交流活动约80场，埃方参与人数近3.5万人次。

目前，埃及的开罗大学、爱兹哈尔大学、亚历山大法鲁斯大学、艾因夏姆斯大学等九所著名学府都建有中文系，拥有一批优秀的研究中国历史文化的汉学家与中文教授。同时，埃及政府与中国政府合作，已经在埃及全国建有两所孔子学院，埃及人民学习汉语的热情空前高涨。2016年，中埃两国将互办"中埃文化年"，全年计划将在中国与埃及多个城市举办文化艺术、旅游教育、新闻出版广电、青年体育、文物档案、友城交流等活动102场，其中中方63场，埃方39场，这将把中埃人文交流合作推向新高度。据中国驻埃及大使馆教育处宋波参赞介绍，近年来，中埃两国教育合作呈现上升势头，2019-2020学年，中国政府共向埃及提供了364个奖学金名额，是非洲国家中最多的，而且埃及留学生的质量也是最高的，其中博士生占126人，多以理工科应用科学为主，旨在为埃及培养高端技术人才。

三、中国与埃及人文交流中的一些感人事例

过去一百多年特别是近六十年来，作为亚非世界两个文明古国，中国与埃及在追求国家独立、文明复兴、经济发展的过程中，努力相互认识对方丰富的历史文化，涌现出许多推进双方人文交流合作的杰出人物，有过许多感人的交往故事。

第一，是埃及的大学和教授为现代中国培育了第一代研究阿拉伯语言文化和伊斯兰教的学者，埃及始终是百年来中国认识非洲、认识阿拉伯世界文明的重要桥梁。许多事例说明，推进中埃人文交流不是单向度的只是中国援助非洲、援助埃及的过程，埃及和非洲也可以为中国培养人才，也可以推进中国文化的发展，非洲有许多值得中国学习借鉴的文化与文明成果。比如，被称中国现代阿拉伯语言文化学科开创者、中国现代伊斯兰研究奠基者的纳忠先生、马坚先生等，都是由埃及著名学府为中国培养出来的优秀学者。他们在20世纪的30年代留学埃及的著名学府爱资哈尔大学、开罗大学，成为现代中国第一批赴埃及的留学生。当时，中国人民与埃及人民一起投入了反抗德、意、日世界反法西斯联盟的斗争，并相互支持。纳忠先生在留学埃及期间，在埃及人民的支持下，曾奉中国"回教救国协会"之命，赶赴沙特阿拉

伯麦加监督抵制侵华日寇当局派出的伪"华北回民朝觐团"，并在埃及的《金字塔报》等阿拉伯世界大报、电台上撰写了大量文稿，宣传中国人民的抗日战争，揭露日寇的侵华罪行，赢得了埃及和阿拉伯世界对中国人民抗日救亡斗争的声援和支持，被当时国内报刊誉为"中国在中东的外交抗日战士"。纳忠先生早在1932年就将埃及著名学者哈桑·曼苏尔的《伊斯兰教》一书译成中文，其后又翻译了叙利亚著名学者穆罕默德·库尔迪·阿里的《伊斯兰与阿拉伯文明》、埃及著名学者艾哈迈德·爱敏的《阿拉伯—伊斯兰文化史黎明时期》。自1940年从埃及学成归国后，纳忠先后在中国的中央大学、云南大学担任阿拉伯史教授，是最早在中国的大学创立阿拉伯历史文化与语言研究学科的学者。1958年，他奉周恩来总理之命，从家乡云南来到北京，在北京外国语大学正式创办了阿拉伯语系，毕生致力于阿拉伯语及伊斯兰历史文化的教学与研究工作，先后出版了《回教诸国文化史》《埃及近现代史》《传承与交融：阿拉伯文化》《阿拉伯通史》等数百万字的研究成果，他编写的新中国第一本《阿拉伯语教材》，至今依然是中国高校通用的阿语教材之一。纳忠先生在推进中埃、中阿人文交流合作方面的成就也得到埃及人民和阿拉伯人民的充分肯定，1985年，设立于大马士革的"阿拉伯语言学会"年会推举纳忠任担任该委员会的"终身通讯委员"。

与纳忠先后同赴埃及留学的马坚先生，先后毕业于爱资哈尔大学、开罗阿拉伯语高等师范学院。回国后一直从事阿拉伯语教学和伊斯兰文化教育，1946年受聘进入北京大学，创办了北大阿拉伯语专业，为中国培养了大量阿拉伯语人才，同时潜心于《古兰经》的研究和翻译，其翻译的汉译《古兰经》全译本不仅在中国影响广泛，而且还发行到世界各地，成为迄今为止全球影响最大的《古兰经》汉译本。

第二，在过去六十多年，埃及也有许多著名学者努力将中国文化引入埃及，将中国优秀文明介绍给埃及和整个阿拉伯世界，为推进中埃、中阿人文交流合作做出了杰出贡献，成为"感动中国的埃及人和非洲人"。如埃及艾因夏姆斯大学汉学家穆赫辛·法尔先生曾获"中国阿拉伯友好杰出贡献奖"，他长期致力于中国文学研究与翻译，用巨大的努力将中国经典古籍《道德经》翻译成阿文。虽然在此之前《道德经》虽然已经有了阿拉伯语译本，但都是从德语、英语或者法语转译的，由中文文本直接翻译，他是第一个译者。他在该书出版时说，"《道德经》篇幅虽然不长，但是其写作手法辩证、玄妙，译文要做到'信达雅'还是很有难度的。在翻译的过程中，我发现《道德经》与埃及苏菲派的文学作品在表现形式上有着异曲同工之妙。"近年来，在他的努力下，《论语》《战国策》等一大批中国古典文学典籍及莫言和阿来的小说等中国当代文学著作也正在被翻译成阿拉伯语，介绍到阿拉伯世界。埃及爱资哈尔大学中文系主任阿卜杜勒·阿齐兹教授长期从事中国文学作品的翻译工作，他曾将中国现代文学家曹隅等人的许多作品翻译成阿拉伯文在埃及出版，影响广泛。

在中埃双方学者、翻译家的努力下，有大量的埃及历史文化文献特别是现当代文学作品被翻译介绍到中国。1988年埃及作家马哈福兹获诺贝尔文学奖之后，中国读者对埃及和非洲文学的兴趣空前高涨，仅马哈福兹的长篇小说《开罗三部曲》就先后有三个版本的中译本在中国出版，更有越来越多的埃及作品被翻译成中文在中国出版推广。2009年11月，中国人民对外友好协会友和中非人民友好协会开展的"第二届中非友好贡献奖"评选出"感动中国的五位非洲人"，其中一位是埃及中国友好协会主席尤素福·瓦利。瓦利是埃及前副总理，任埃中友好协会主席40多年来，一直兢兢业业、倾尽全力，在他的领导下，埃中友协举办了各类对华友好活动：建立埃及中国友谊林；邀请中国各领域代表团访埃，促进中埃人民在各方面的了解；在中文热尚未兴起之时即开设中文培训班，积极传播汉语文化，吸引更多人关注中国。

第三，今天，中埃友好正在被更年轻的新一代中埃青年继续推进，越来越多的中国青年与埃及青年在双方的大学学习、交流与研究。比如，穆尼卡是埃及爱资哈尔大学中文系的老师，他2012到浙江师范大学非洲研究院攻读研究生，精通中文，可熟练阅读中国古代文献。在中国老师指导下，他广泛查阅中国古文献和阿拉伯语文献，对《唐朝时期中国与阿拉伯人的交往史》进行梳理和研究，通过中阿文献对照研究，补充校正了此前中国学者提出的一些观点。目前穆尼尔还在中国继续深造，他希望利用语言优势，推动中埃历史研究，为中埃友好贡献力量。

四、中埃人文交流合作中存在的一些问题

中埃人文交流合作虽然取得了巨大的成就，但也面临着一些问题有待克服解决。

第一，交流合作层次尚比较低，技能性、娱乐型项目多，思想性、知识性项目少，也缺乏更具长远视野的中长期战略规范及高效适用的磋商机制、执行计划与执行单位。尽管中埃在人文交流合作方面已经有了高层磋商机制，这些高层磋商机制以谅解备忘录、框架性协议等形式加以执行落实，但缺乏操作性强的各层级机构，涉及具体问题时双方相关方面反应迟钝，处理滞后，框架性协议中的内容和方案因缺乏具体承接单位而搁置。

第二，尽管政府间的人文交流合作已经较频繁，但是民间学术机构和专门基金的参与性不多，交往合作的途径与渠道依然十分有限。目前中埃人文交流合作依然是官方为主，民间参与不够，面不广；近年来华的埃及留学生逐渐增加，但中国政府派往埃及留学的学生少，双方交往有不对等现象；许多中国民众对推进与埃及和非洲国家的人文交流、开展教育合作持轻视蔑视的态度。因而，扩大中埃人文交流合作的机会与领域，积极支持和鼓励民间交往，支持民间资金参与人文交流，是当前人文交流中需要解决的迫切问题。

第三，中埃双方的政府官员、学术界与民间，在深层次上的相互了解和研究依然是十分不够的。中国学者对埃及历史文化研究长期保持着热情与关注，但是熟谙阿拉伯语、科普特语并在埃及长期从事田野调查的学者不多，很多研究成果是转抄西方二手资料，观念与材料都受西方影响。同样，埃及学者与民众对中国的了解也长期受制于相似的障碍，能直接听读懂汉语汉字的人才少，中文文献翻译到埃及和阿拉伯的少，西方知识及其学术传统依然支配着中埃人文交往合作的基础，双方民众的相互认知都存在明显误区与盲点。

第四，总体上看，中埃各领域的人文交流在最近20年来呈下降趋势。如1956—2015年，我国共向非洲国家派遣体育教练496人次，其中派往埃及130人次，埃及的体操、乒乓球、武术、游泳、杂技都是中国帮助下发展起来的。但2000年以来，派遣人数逐年下降，在其他领域也存在类似现象。

第五，埃及是我在中东和非洲留学生最多的国家，对于我国前往埃及和其他中东国家自费留学生的管理问题，需要给予足够重视。2014年，中国有933名学生前往埃及留学，多数是自费生，公派生仅16人。2014年，我在埃及的留学生有2360人，绝大多数是通过中国和境外的伊斯兰相关宗教组织提供资助前往留学的，其中相当一部分是在当地的宗教学校学习。对这些自费留学生，中国政府需要多给予关注关心和管理。

五、进一步推进中埃人文交流合作的建议

为更好地发挥人文交流合作在推进中埃、中非、中阿关系中的基础性作用，我们提出如下建议。

第一，从战略高度重视人文交流合作。我们既要在非洲做大规模的基础设施建设，做"三网一化"，推进非洲工业化，建设提升非洲物质能力的"交通大学""商学院""技术学院"，更重要的是，我们还要建设帮助非洲国家提升思想能力、熟悉热爱中国的"文化大学""政法大学""智库学院"。应采取一些长期性、基础性的战略举措，实质性地加大在非洲国家的思想、文化、教育领域的投入，为中国在非洲的国家利益维护和安全保障，做一个"长线投资"与"购买保单"。

第二，从战略高度制定好中埃人文关系的中长期规划，明确战略目标，提升合作层次，推动中埃人文交流合作更加专业化、机制化、规范化。双方应继续保持和完善中埃文化高层对话机制及磋商势头，加强战略对话，扩大共识，在国际文化事务中相互支持，维护双方及发展中国家文化利益及权利。在中非文化部长论坛框架下，制定中埃人文交流的相应机制。

第三、支持帮助埃及和其他非洲国家开展古典文明文献整理、非物质文化遗产保护、申遗工作，加大双方在历史研究、考古学、博物馆学、文献学、语言学、宗教学方面的联合研究与人才培养。尤其是埃及近年政局动荡、经济衰退，许多传统文明与自然文化遗产保护出现危机，中国可以加大这方面的援助投入，同时学习借鉴埃及在历史遗产保护、古典文明研究方面的优势，引进其人才，派出学者，实现知识共享、思想交流。

第四，着眼长远，重视基础，推进一些原创性、长期性的战略举措，如

应积极考虑筹建"中埃联合大学"这样高端的中非思想与知识合作支撑平台，为中埃友好合作培养和储备高端人才，提供思想性产品。作为亚非世界最重要的文明古国，中埃双方都有丰富久远的知识积累与思想创造，中埃人文交流合作不能停留在艺术交流、杂技表演、美食品鉴这样的水平上，而必须从推进亚非文明复兴与知识重建的战略高度，下大力气来推进中埃双方在高校教育、学术研究、智库建设、话语建构方面的引领作为。可考虑推进建立"中埃联合大学"，双方承认学历，聘请中埃语言教师及专家学者共同授课，开展中埃及古典文明、文化遗产保护、文化古迹维护的联合研究与人才培养，培养中国的"埃及通"和埃及的"中国通"，从而夯实中埃长期合作的人才基础。

第五，文化软实力建设必须硬投入，有实体性机制与平台来提升合作机制，建议积极推进双方互设文化中心、历史博物馆、文化艺术馆，推动中埃人文交流合作更加常态化、科普化。打造服务中埃商业、传播中埃文化、联结中埃智库、整合中埃资源的常设平台。常规性定期举行两国的艺术绘画展、电影演出、传统艺术展示、书刊和出版物的互换、体育团体和运动员互相访问和友谊比赛等活动。

第六，积极探索开展中埃文化旅游产业交流合作，使双方丰富的文化资源转化为经济发展资源，增加就业机会与百姓收入，推动中埃文化合作更加惠民化。加强系统调研，制定扶持政策，努力推进中埃文化产业、旅游产业的进一步合作，加强产业互补，推进双方职业技术培训合作，在博物馆展览、古文明展览、文化遗产保护与开发、民族特色与历史文化旅游产业等文化产业方面推进合作，提升两国人民的物质和文化生活水平。

第七，完善文化互动机制，丰富活动内涵，提升合作水平，推动中埃文化合作更加品牌化。完善中埃"文化聚焦""欢乐春节"和"中埃文化人士互访计划"等品牌，加强孔子学院、中国文化中心等平台建设；拓宽活动的渠道与对象，加强语言、绘画、影视、歌舞、学校等具体领域及单位的直接对接，使品牌更具体化和专业化，满足双方民众多样化、多层次的精神需求。

第八，加强中埃相互翻译工作，推进出版对方国家的传统经典文献与当代著名作品，联合编纂《中埃文明交流史》。中国与埃及都是世界上最古老的文明古国，都有几千年悠久历史和文献经典。历史、文化、艺术、科学等文献的互译出版有助于中埃人民的理解和认同，能将异域文明的智慧传递给对方，丰富双方的精神世界与文化内涵，今后应投入专项基金加强这方面的系统化工作。

案例 5　区域：整合资源，将浙江打造为中非合作高地①

2021年9月1日，浙江省"一带一路"研究智库联盟（以下简称联盟）启动仪式在浙江师范大学举行。由浙江师范大学非洲研究院牵头，来自浙江省内其他15家国别区域研究机构成为联盟首批成员单位。此次受省社科联委托，牵头组建浙江省"一带一路"研究智库联盟，既是对浙江师范大学非洲研究院以往工作成效的积极肯定，也是浙江师范大学非洲研究院转型升级发展的重要契机。浙江师范大学一直把"主动服务国家战略"作为三大办学使命之一，深耕非洲研究，已成为中国非洲研究的学术重镇、非洲事务咨询的重要智库、涉非人才培养的重要基地和对非民间外交的重要力量。峰会前后，我校智库团队深度参与峰会工作，在中央电视台、《人民日报》等各类媒体上积极发出浙江声音。2019年9月10日，时任浙江省委书记车俊调研非洲研究院，听取研究院负责人工作汇报做出指示：继续高水平办好非洲研究院。长期以来非洲研究院在不同层面做了大量工作以助力浙江省、金华市省市两级地方政府对非经贸、人文、科技交流与合作。尤其是2018年5月车俊题为"坚持'一带一路'统领全面推进开放强省"的重要讲话和2018年6月《浙江省打造"一带一路"枢纽行动计划》发布之后，非洲研究院作为智库联盟首批成员单位，成为浙江省"一带一路"建设智库支持单位，在助力浙江省省、市二级地方政府推进浙非合作和浙非民间交往的步伐更加有力度，有速度。2019年

---

① 许慧霞、章明卓、俞明祥、王宪平、刘修敏等对本文有贡献。

进入浙江省"一带一路"建设成果清单。

一、背景及意义

非洲是全球发展中国家最为集中的大陆,也是"一带一路"建设重点面向的三个大陆之一。中国和非洲历来是休戚与共的命运共同体、合作共赢的利益共同体。加强同非洲国家团结合作,是中国外交政策的重要基石。2015年12月,中非合作论坛约翰内斯堡峰会把中非关系提升为"全面战略合作伙伴关系"。2017年5月习近平主席在"一带一路"国际合作高峰论坛指出:"'一带一路'建设植根于丝绸之路的历史土壤,重点面向亚欧非大陆。"2018年9月,中非合作论坛峰会将在北京召开。今年可以说是中国外交的"非洲年"。

浙江市场"多元化"和"走出去"一直处于全国前列,与非洲的经贸往来密切。浙江民营资本、民营企业通过境外经贸合作区、运营中欧班列(义乌)、承接"一带一路"沿线基础设施大项目等途径参与"一带一路"建设,越来越多的浙江企业走进非洲,成为浙江服务国家战略的亮点。2017年7月,浙商代表马云奔赴非洲,对谈十国总统,打造浙江企业家外交的新样板。可以预见:浙江民企进军非洲大有作为,将在未来全球化进程中发挥更大作用。

二、现状与动态

当前,浙江与非洲之间的交往呈现层面丰富、内容多元的格局。

国家层面,有中非合作论坛,该机制是中华人民共和国和非洲国家之间在南南合作范畴内的集体对话机制,成立于2000年。宗旨是平等互利、平等磋商、增进了解、扩大共识、加强友谊、促进合作。论坛成员包括中国、与中国建交的52个非洲国家以及非洲联盟委员会。每三年举行一届。浙江师范大学于2011年创立的中非智库论坛,被纳入中非合作论坛框架。国家层面还有中非第一个高级别人文交流机制:中国南非人文交流机制。于2017年4月底在南非召开机制第一次会议。

省部级层面,浙江金华与南非豪登省是友谊城市。浙江省牵头的中非经贸合作园区有越美尼日利亚纺织工业园、博茨瓦纳纺织工业园等。数千名非洲政治领袖、教育官员等到商务部、教育部授权的浙江师范大学援外培训基地接受相关培训。学员中甚至产生了中非共和国的总统。

民间层面，2015年，中非民间合作论坛在义乌举行。2017年，浙江师范大学非洲研究院拍摄的《我从非洲来》(又名《非洲人在义乌》)在坦桑国家电视台、中央电视台等国内外多家媒体播出。作品记录了非洲人在浙江的故事。更多的案例是浙江民营企业走进非洲，如桐乡华友，一家钴化学品的专业制造商，自2006年开始投资非洲刚果与赞比亚交界的加丹加省。目前华友在刚果总投资逾3亿美元，独资或控股的境外子公司有7家，控制钴探明储量60万吨，约占全球的9%，每年运回国内0.5万吨钴。仅正式员工就有1200多名，非洲当地人以在此工作为荣。

三、成效与不足

2018年11月20日，刘鸿武受邀在省政府专题学习会授课，刘鸿武教授做题为《抓住历史机遇加强浙非合作》的报告，提出了在国家对非战略背景下浙江省如何主动融入和服务国家对非战略，在对非合作中走在全国前列的建议。袁家军听后评价道"讲得很精彩，研究很深入，听了以后很受启发"。12月24日，刘鸿武教授受邀为省发改委做专题学习报告。

2018年12月22日，非洲研究院受省社科联委托主办了"讲好浙江故事，助力'一带一路'"智库论坛，来自国内外各领域近100名专家学者出席研讨会，与会中外专家围绕浙江如何与"一带一路"沿线国家共商共建共享主题进行了深入研讨，并提出了相关对策建议：一是强化"浙江经验"的研究能力，构建浙江发展知识经验新体系；二是强化"浙江故事"的传播能力，构建浙江发展经验传播新机制；三是强化"浙江智慧"的激发能力，构建浙江特色学科平台新体系；四是强化"浙江方案"的执行能力，开创"一带一路"枢纽行动新局面。时任省长袁家军、副省长成岳冲对本次会议成果综述分别作出重要批示。

与此同时，非洲研究院还积极助力金华市"中非文化合作交流示范区"建设工作。2018年5月，浙江省委、省政府推出了十项对外开放重大举措，明确将金华建设成为中非文化合作交流示范区。当天下午，金华市副市长邵国强率队调考察非洲研究院听取非洲研究院学者对建设示范区的专家意见。

对此，刘鸿武院长表示建设中非文化合作交流示范区，需要传承与创新金华三千年文脉传统，走"融通中外、连接中非"的创新之路，将金华地域文化与非洲异地文化精巧融通，将金华打造成中国的非洲之都，提出了系统思考和整体设计，向金华市政府主要领导呈交了《在金华北山山麓建造"丽泽书院·非洲会堂：中非文化会展园区"的建议》方案。方案得到了金华市政府领导、相关职能部门的认可。

2018年以来，编者所在的浙江师范大学非洲研究院和市贸促会一道，根据全省开放大会提出的"建设中非经贸文化合作交流示范区"的要求，持续深入推进与非洲国家的合作往来，已连续三年举办中非文化合作交流周暨中非经贸论坛。吸引30多个非洲国家政府官员、驻华使（领）馆官员、非洲相关商协会和采购商代表，近百名国内外中非合作交流研究领域专家学者，以及在金非洲留学生、企业和市民积极参与。非洲特色商品展销会有上万人进场采购，中非之夜嘉年华、中非商品直播带货等活动的网络直播在线点击量超百万次，社会反响良好，得到外交部等多家部委肯定、国内外多家媒体报道。2021年即将举办的第四届中非经贸论坛，将升格为部省合作项目，由浙江省人民政府、中国国际贸易促进委员会、中国人民对外友好协会共同主办。

非洲研究院还与金华市共建一带一路战略研究院。研究院负责人多次受邀为金华市政府理论学习中心组、市发改委、市文化局等领导和部门做理论辅导报告。2018年6月22日，金华市举行浙中论坛报告会，刘鸿武院长应邀做题为《全面开放新时代的习近平外交思想与实践——暨浙中发展新机遇新思维》的专题报告。报告为金华市全面对外开放，拓展与非洲交流合作，打造"一带一路倡议支点提出中肯建议。

但是，浙江与非洲国家的交往还缺乏系统性、规划性、战略性。为响应"一带一路"倡议，响应"走出去"呼声，顺应"产能转移"的需求，浙江应提高政治站位，进一步提升对与非洲国家合作与交流的重视程度，从战略高度进行顶层设计，着力创建特色小镇"非洲之都"，全面推进浙江在"一带一路"建设进程中"干在实处，走在前列"。

四、思路与建议

2018年9月3—4日，习近平主席主持中非合作论坛北京峰会取得圆满成功和丰硕成果。这是迄今为止中国举办的规模最大、规格最高的主场外交活动。峰会通过的2个重要文件是未来一段时期发展中非关系的纲领和指南。后峰会时代，浙江师范大学将深入思考、积极作为，努力落实峰会精神，更好助力中非合作大局。

（一）做实经贸合作，提供中非产能合作的"浙江经验"

组建浙江在非企业联盟。发挥浙江民营经济的活力优势和产业集群的机制优势，改变自发、松散的对非投资现状，推动浙资企业在非洲发展壮大；发挥浙江互联网、数字经济的产业优势，扩大浙非产能合作规模，加速浙非经贸互通进程。定期举办中非民营经济论坛。设立中非经贸与产能合作数据中心。实现涉非经贸数据共享，开展投资环境与经济走势研判，为浙资企业走进非洲提供精准服务。举办中非博览会并争取永久落户浙江。建议浙江省相关部门尽早向国家部委提出申请，由商务部、贸促会和浙江省政府共同主办国家级、国际性经贸会展活动"中非博览会"。创建世界第一个非洲园区。参照亚洲博鳌论坛建设与发展模式，把非洲园区打造成融经贸交流、智库合作、商务办公、会展服务、文化休闲等功能为一体的综合体，成为全国对非投资贸易的重要引擎、中非经贸文化活动的重要国际化平台。

（二）做特人文交流，打造中非文明互鉴的"浙江品牌"

加强在非孔子学院建设。利用国家汉办孔子学院研修中心设在杭州的优势，支持更多高校在非洲创办孔子学院，充分发挥其在中非人文交流中的重要作用。加强中非人文经典互译。深入实施浙江"文化工程"，设立中非人文经典互译专项，推动浙学经典和非洲百部人文经典双向传播。加强教育部中国—南非人文交流研究中心建设。定期发布《中国—南非人文交流年度报告》，将新形势下中国—南非人文交流的新路径、新模式推广至其他非洲国家。加强中非影视及旅游交流。依托横店影视城，推动影视剧、纪录片走进非洲，讲好浙江故事，传播中国文化，积极实施赴非文体旅游项目，助力中非民心相通、文明互鉴。加强"中非人文合作交流示范区"建设。大力支持金华中非人文合作交流示范区建设，将其打造成学术性与通俗性兼具，面向民间、面向基层、面向群众的文化活动品牌，积极促进中非人文交流。加强浙非友好城市建设。鼓励我省相关城市与非洲国家的姐妹城市结对共建，开展在政治、经济、文体、青年、妇女、卫生、环保等领域的深度合作。

（三）做强非洲研究，贡献服务国家战略的"浙江智慧"

争取设立中国非洲研究院浙江分院。习近平主席在主旨讲话中明确将"设立中国非洲研究院"作为实施中非人文交流行动的首要内容。据悉，中国非洲研究院拟由中国社科院筹建。发挥我省相关高校非洲研究的独特优势，加强与中国社科院的沟通交流，力争设立中国非洲研究院浙江分院。争取非洲研究院成为国家高端智库。借峰会东风，加大支持力度，努力把浙江师范大学非洲研究院打造成国家级高端智库，深入开展中非外交、中非经贸、人文交流、法律服务、科技合作等领域的战略研究，积极贡献浙江智慧。继续办好中非合作论坛—智库论坛。创办于我省的"中非智库论坛"已成功举办7届，从2012年起就已纳入中非合作论坛框架。习近平主席主旨讲话和《北京行动计划》均明确指出，"继续举办中非合作论坛—智库论坛"，表明中非智库论坛已升格为国家级官方论坛。浙江可充分挖掘资源，做好做优智库论坛品牌，为中非知识发展、共享、共生提供高端平台，成为中非思想交流的重要载体。

（四）做精人才培养，构建人力资源开发的"浙江模式"

创办世界第一所中国非洲大学。培养知华、友华、亲华的非洲籍人才和对非外交、经贸、法律、科技等高端人才，即非洲的"中国通"和中国的"非洲通"人才。建议省委、省政府在非洲研究及人才培养有良好基础的高校，先行设立非洲学院，择址建设独立校区，3至5年内向教育部申请设立中国非洲大学，争取与外交部、教育部、商务部联合共建，努力打造世界一流的对非合作特色高校，建成世界一流的"非洲学"特色学科，助力浙江省"双一流"和教育强省建设。组建中非合作浙江高校联盟。充分发挥我省高校在政治外交、人文交流、绿色发展、数字经济、卫生健康、网络安全、海洋科学、乡村振兴等领域的学科专业优势，整合力量，协同推进，积极助力中非交流合作。加强非洲高技术技能人才培养。鼓励相关高校，在省内或非洲建立高技术高技能人才培养培训基地，积极为非洲的相关产业培训高素质技术技能人才，也可为浙资企业培训赴非员工和非洲本土员工。

希望以上经贸合作、人文交流、非洲研究、人才培养"四位一体"的设想能够付诸实施，有力推动北京峰会成果在浙江的落地生根，同时及早谋划，为下届峰会注入更多的"浙江元素"，全力提升浙江在"一带一路"国际合作中的贡献力。

图书在版编目（CIP）数据

中非人文交流简论 / 王珩编著. — 杭州：浙江大
学出版社，2022.12
非洲区域国别学教材 / 徐薇主编
ISBN 978-7-308-23227-2

Ⅰ. ①中… Ⅱ. ①王… Ⅲ. ①中外关系－文化交流－
中国、非洲－教材 Ⅳ. ①G125②G140.5

中国版本图书馆CIP数据核字（2022）第205045号

中非人文交流简论

王　珩　编著

责任编辑	陆雅娟
责任校对	徐　旸
封面设计	周　灵
出版发行	浙江大学出版社
	（杭州市天目山路148号　　邮政编码　310007）
	（网址：http://www.zjupress.com）
排　　版	杭州林智广告有限公司
印　　刷	广东虎彩云印刷有限公司绍兴分公司
开　　本	710mm×1000mm　1/16
印　　张	15.75
字　　数	238千
版 印 次	2022年12月第1版　2022年12月第1次印刷
书　　号	ISBN 978-7-308-23227-2
定　　价	58.00元